Guido Steinberg

Der nahe und der ferne Feind

Guido Steinberg

Der nahe und der ferne Feind

Die Netzwerke des islamistischen Terrorismus

Verlag C.H. Beck

Für Julia und Moritz

Umschlagentwurf: roland angst + stefan vogt, München
Umschlagabbildung: Das Titelbild zeigt eine abgewandelte Version des Logos der Organisation *at-Tauhid wa-l-Jihad* (Einheitsbekenntnis und heiliger Krieg) des Jordaniers Abu Mus'ab az-Zarqawi, wie es 2004 in militanten Webforen kursierte.
Satz: Fotosatz Otto Gutfreund GmbH, Darmstadt
Druck und Bindung: Druckerei C.H. Beck, Nördlingen
Gedruckt auf säurefreiem, alterungsbeständigem Papier (hergestellt aus chlorfrei gebleichtem Zellstoff)
Printed in Germany
ISBN 3 406 53515 1

www.beck.de

Inhalt

Zu diesem Buch

In der Terrorismusforschung und in weiten Teilen der Öffentlichkeit ist heute die Vorstellung verbreitet, *al-Qa'ida* und die mit ihr verbündeten oder in Verbindung stehenden Gruppierungen seien ein ausschließlich globales Phänomen. Ihre Zielrichtung sei in erster Linie international, der Sieg über die USA und den Westen oder auch die «Ungläubigen» allgemein. Eine lokale Verankerung in den Herkunftsgesellschaften ihrer Aktivisten – wie beispielsweise Saudi-Arabien, Ägypten, Jemen oder Marokko – sei nicht festzustellen, sie seien vielmehr nicht ortsgebunden und schlügen zu, wo sich gerade die Gelegenheit biete. Der beste Beleg hierfür seien weltweite terroristische Anschläge, von Indonesien über Pakistan, Afghanistan, den Vorderen Orient, Nordafrika, Europa und bis in die USA. Um den globalen Charakter dieses «neuen» Terrorismus zu beschreiben, werden seit 2001 häufig die Neologismen *Jihadismus* oder *Globaljihad* benutzt.

In dem vorliegenden Buch wird es darum gehen, ein alternatives Erklärungsmuster anzubieten, eines, das den transnationalen Charakter dieser Gruppierungen nicht leugnet, lokale Bestimmungsfaktoren des Phänomens jedoch stärker mit einbezieht als dies bisher geschehen ist. Das, was wir gemeinhin als «islamistischen Terrorismus» bezeichnen, hat seine Wurzeln in einer Reihe von innenpolitischen Konflikten in den Ländern der arabischen und islamischen Welt, die seit mittlerweile mehr als drei Jahrzehnten zwischen islamistischen Bewegungen und den jeweiligen Regierungen ausgetragen werden. Islamistischer Terrorismus ist insofern nur eine besonders gewalttätige Ausprägung militanter islamistischer Gruppierungen.

Bis Ende der 1990er Jahre ging die islam- und regionalwissenschaftliche Forschung mehrheitlich davon aus, dass der Protest islamistischer Bewegungen in der Region primär gegen die eigenen Regierungen gerichtet war und sie in ihren jeweiligen Heimatländern die Macht zu übernehmen oder aber zumindest die gesellschaftliche

Entwicklung entscheidend zu beeinflussen suchten. Ihre oft Aufsehen erregende antiwestliche und antiisraelische Rhetorik war gemäß der vorherrschenden Interpretation lediglich Propaganda mit dem Ziel, möglichst viele Menschen für ihre Sache zu mobilisieren. Dies galt selbst für Organisationen wie die libanesische *Hizballah* (Partei Gottes), die trotz ihrer Anschläge auf amerikanische und israelische Ziele in den 1980er und frühen 1990er Jahren zunächst die Errichtung einer islamischen Republik im Libanon und – nach der zumindest öffentlich geäußerten Abkehr von diesem Ziel – die Konsolidierung ihrer eigenen Position nach dem Bürgerkrieg verfolgte. Nach dem 11. September jedoch verlor dieses in der Regionalwissenschaft vorherrschende Erklärungsmuster an Einfluss, auch, weil es oft nicht gelang, diese Sichtweise einer breiteren Öffentlichkeit zu vermitteln. Daran hat sich nichts geändert.

Der islamistische Terrorismus bewegt sich in einem komplizierten Spannungsfeld zwischen regionaler Verankerung und globaler Orientierung. Es gibt – wenn überhaupt – nur wenige Terroristen, denen es allein um den Kampf gegen den Westen und eine islamistische Weltherrschaft geht und die jegliche Beziehung zu ihrem Herkunftsland verloren haben. Gleichgültig, welche Lebensläufe und welche Gruppierungen man genauer untersucht, immer werden sie sich an einem Heimatland orientieren, wie schwach diese Ausrichtung in einigen Fällen auch sein mag. Die meisten militanten Bewegungen, die mittlerweile dem transnationalen Terrorismus zugerechnet werden, betreiben den Sturz der Regierungen in ihren Herkunftsländern. Dies gilt beispielsweise für Usama Bin Laden und Saudi-Arabien, für seinen Stellvertreter Aiman az-Zawahiri und Ägypten sowie für den im Irak operierenden Abu Mus'ab az-Zarqawi und Jordanien. Die Zielvorstellungen islamistischer Terroristen bewegen sich in einem Kontinuum zwischen der Machtübernahme in einem Heimatland über den «Rückzug» der Amerikaner aus der Region, die Zerstörung Israels, die Rückeroberung ehemals muslimischer Gebiete bis hin zur Errichtung islamistischer Gottesstaaten in einem meist sehr diffusen Rahmen, der von der Einheit der islamischen Welt bis hin zu einem weltumspannenden Kalifat reicht. Oft bleiben die politischen Ordnungsvorstellungen und der geographische Zielrahmen ihrer Aktivitäten jedoch unklar. Nur der Wille zur Machtübernahme und Etablierung eines «islamischen

Staates» in ihrem Heimatland ist nachweisbar und konkret. Zu diesem Zweck versuchen sie, die USA und ihre Verbündeten zum militärischen, politischen und wirtschaftlichen Rückzug zu zwingen. Seit 2003 konzentrieren sie sich dabei auf den Irak.

In militanten Kreisen wird seit Jahren eine Debatte über die Ziele ihrer Aktivitäten geführt. Dabei bewegen sich die Diskussionen zwischen zwei Polen: Die einen fordern den Kampf gegen den «nahen Feind», das heißt gegen die Regierungen der einzelnen Nationalstaaten der arabischen und der islamischen Welt. Die anderen zielen auf den Westen, die USA oder Israel ab und nennen diese den «fernen Feind». Die Auseinandersetzung über die Frage, wer zuerst angegriffen werden muss, prägt den islamistischen Terrorismus seit den 1980er Jahren.

I. Islamistischer Terrorismus

1.1. Militanz oder Terrorismus?

Der Terrorismusbegriff ist und bleibt umstritten. Dies gilt für die deutsche, europäische und westliche Debatte, mehr aber noch, wenn man die oft wütenden Reaktionen vieler Araber und Muslime auf die im Westen verbreitete Verwendung des Begriffes berücksichtigt. Schon in den 1970er Jahren wehrten sich die Staaten der so genannten Dritten Welt und der Blockfreien gegen eine Definition, die den Terrorismus lediglich mit Blick auf bestimmte Aktionen wie beispielsweise Entführungen und Bombenanschläge definierte. Sie forderten vielmehr, Terrorismus auch nach seinen Zielen zu definieren, das heißt «Befreiungsbewegungen» von dieser Bezeichnung auszunehmen. Hier schwang die Furcht mit, dass Gruppierungen, die in vielen Staaten die Entkolonisierung getragen hatten, in künftigen Fällen von der internationalen Gemeinschaft als terroristisch gebrandmarkt würden. Die Debatte entbrannte vor allem am Kampf der Palästinenser gegen Israel. Schon damals war «Terrorismus» ein Begriff, der vielen Regierungen dazu diente, den Ambitionen ihrer nichtstaatlichen Gegner jegliche Legitimität abzusprechen.

Heute bestehen diese Auseinandersetzungen um die richtige Terminologie fort, werden aber immer häufiger zwischen Arabern und/oder Muslimen einerseits und westlichen Kommentatoren andererseits ausgetragen. Bevorzugtes Streitobjekt bleibt weiterhin der israelisch-palästinensische Konflikt. Hier wehren sich die meisten Araber und Muslime gegen eine Kategorisierung palästinensischer militanter Aktivisten als Terroristen, weil diese als Freiheitskämpfer betrachtet werden. Israel hingegen betreibe Staatsterrorismus gegen ein wehrloses Volk. Dieser Konflikt behindert auch die Suche nach einer Terrorismusdefinition in der UN-Generalversammlung, wo sich bis heute keine Lösung abzeichnet. Insofern hat er auch weitreichende Konsequenzen für eine multilaterale Terrorismusbekämpfung.

Ein weiteres Problem zeigt sich häufig, wenn Nichtmuslime Begriffe wie «islamistischen» oder «islamischen Terrorismus» verwenden. Viele Muslime lehnen jedwede Nennung von Islam und Terrorismus in einem zusammenhängenden Begriff ab. So ereiferte sich beispielsweise der türkische Ministerpräsident Recep Tayyip Erdoğan im November 2003, kurz nach den Anschlägen von Istanbul, die Formulierung «islamischer Terrorismus» (*islâmci terör*) sei unerträglich. Es verbiete sich, so Erdoğan, die Worte Terrorismus und Islam in einem Atemzug zu nennen. Hier zeigt sich, dass die Geschichte des Kampfbegriffes «Terrorismus» tiefe Wunden geschlagen hat. So empfiehlt es sich, den Terminus primär als ein analytisches Instrument zu betrachten. Dies fällt schwer, da Neutralität gegenüber demjenigen, der um einer politischen Botschaft willen mehr oder weniger Beteiligte in einer möglichst Aufsehen erregenden Weise tötet, nicht möglich ist. Wer Gewalt wegen ihrer kommunikativen Wirkung einsetzt, muss geächtet werden. Gleichzeitig sollte sich jeder darüber im Klaren sein, dass die Verwendung des Terrorismusbegriffes in Politik und Wissenschaft in vielen Fällen dem Ziel dient, den Gegner von vornherein zu stigmatisieren. Im Verlauf des «Kampfes gegen den Terrorismus» seit dem 11. September 2001 häufen sich diese Beispiele. Die prominentesten «Opfer» sind die Taliban, die mittlerweile meist in einem Atemzug mit *al-Qa'ida* genannt werden, obwohl sie bis 2001 nie terroristisch aktiv waren. Dass es sich um ein besonders menschenverachtendes Regime handelte, hat auf diese Kategorisierung keinen Einfluss. Schwerwiegender jedoch sind diejenigen Fälle, in denen Regierungen die gegenwärtige Konjunktur nutzen, ihre Oppositionsgruppen ebenfalls mit dem Terrorismusvorwurf zu belegen, um auf diese Weise internationale Unterstützung für ihre Politik zu gewinnen. Ein Beispiel hierfür ist der Umgang Usbekistans mit der Islamischen Befreiungspartei (*Hizb at-Tahrir*). Ohne je einen Beleg für terroristische Aktivitäten dieser Gruppierung liefern zu können, nennt die usbekische Regierung sie in einem Atemzug mit *al-Qa'ida* und der militanten Islamischen Bewegung Usbekistans (*Ozbekiston Islom Harakati*).

Aus diesen Gründen bietet es sich an, den Terrorismusbegriff zurückhaltend zu verwenden. Terrorismus ist eine Methode oder Taktik, die von militanten Organisationen oder Individuen angewandt wird. Der militante Islamismus ist ein sehr viel weiteres Feld und der Terrorismus nur eine Teilmenge, da er lediglich eine Gewaltmethode beschreibt, die gewählt werden kann, aber nicht immer gewählt wird. Deshalb wird im Folgenden in der Regel von militanten Gruppen die Rede sein und nur in einzelnen Fällen, in denen die terroristische Methode überwiegt, werden Gruppen als terroristisch oder Individuen als Terroristen bezeichnet. Dies betrifft beispielsweise den Chefplaner der Attentate des 11. September 2001, Khalid Shaikh Muhammad, der sich ausschließlich terroristischen Aktivitäten widmete, darüber hinaus aber auch Usama Bin Ladens *al-Qa'ida*. Folgende Voraussetzungen müssen erfüllt sein, wenn nachstehend von Terrorismus die Rede ist:

Es handelt sich zunächst um ein substaatliches Phänomen. Das heißt nicht, dass staatliche Terrorakte weniger verwerflich sind. Gruppen wählen terroristische Methoden allerdings nur, wenn es ein großes Machtungleichgewicht zwischen ihnen und ihren Gegnern gibt. Terroristen sind *per definitionem* machtlos, greifen doch substaatliche Gruppen nur in Situationen großer militärischer Asymmetrie zu terroristischen Mitteln. Für den staatlichen Terror gilt dies nicht. Dieser ist ungleich wirksamer, da Staaten über sehr viel größere Machtmittel verfügen als Gruppen. Daher bietet sich m. E. eine Unterscheidung zwischen staatlichem Terror und substaatlichem Terrorismus an.

Terroristen verfolgen zweitens politische Ziele und versuchen, durch ihre Tat eine Botschaft zu vermitteln. Es handelt sich also um einen Akt «kommunikativer Gewalt» (P. Waldmann). Das bedeutet, dass sie Gewalt einsetzen, um ihrer Botschaft Gehör zu verschaffen und ihren Gegner zu einer Reaktion zu zwingen. Erwartet wird dabei häufig eine Überreaktion gegen den «interessierten Dritten». Diesen wollen die Terroristen durch ihre Aktivitäten für sich gewinnen.

Eine solche Kategorisierung betrifft nicht die politischen Ziele der Terroristen, die häufig – und im Gegensatz zu ihren Methoden – vollkommen legitim sind. Dies gilt beispielsweise für den Unabhängigkeitskampf der algerischen Nationalen Befreiungsfront (Front de Libération Nationale/FLN), aber auch für militante palästinensische Organisationen, die terroristische Methoden anwenden, deren Ziel jedoch, die Schaffung eines unabhängigen Staates Palästina, nicht zu beanstanden ist, wenn sie denn das Existenzrecht Israels anerkennen.

1.2. Islamismus und Salafismus: Ein historischer Überblick

Die Angehörigen aller Gruppierungen, von denen im Folgenden die Rede sein wird, sind militante Islamisten. Islamismus bezeichnet dasselbe wie die ebenfalls verbreiteten Begriffe «politischer Islam», «islamischer Fundamentalismus» oder – meist im französischen Sprachraum verwandt – «Integrismus». Hinter diesen Termini steht die Forderung, das gesamte private und öffentliche Leben müsse durch den Islam bestimmt werden, und die Behauptung, für jedes in einer Gesellschaft auftretende Problem könne eine religiös fundierte Lösung bereitgestellt werden. Diese Einstellung geht zurück auf die Überzeugung, dass der Islam sowohl Religion als auch ein politisches System sei. Ihren prägnantesten Ausdruck findet diese Ideologie in dem Verlangen nach Einführung der *shari'a*, des geoffenbarten Gesetzes des Islam, in dem die Islamisten eine allumfassende Rechts- und Werteordnung sehen, die unmittelbar auf den Texten der Offenbarung (Koran und Sunna) gründet. Von nichtislamistischen Muslimen unterscheiden sie sich in der Regel dadurch, dass sie ihre eigene Interpretation des Islam als politisches Programm verkünden und die Positionen Andersdenkender zumindest implizit mit Unglauben gleichsetzen. Islamismus ist eine Variante des politischen Aktivismus, deren Vertreter nach Macht streben.

Islamistische Bewegungen zeigen einen starken Rückbezug auf eine idealisierte Frühzeit des Islam, die Zeit der «frommen Altvordern» (*as-salaf as-salih*). Hiermit schließen sie an die «klassische» *Salafiya* an, die Ende des 19. Jahrhunderts im Vorderen Orient entstand. Mit der europäischen Expansion setzte damals eine Debatte über die Ursachen der Schwäche der Muslime ein, die bis heute andauert. Die Diskrepanz zwischen fremder, christlicher Herrschaft und dem Bewusstsein, im Besitz von Gottes abschließender und unverfälschter Offenbarung zu sein, nahmen viele Muslime als erklärungs- und änderungsbedürftig wahr. Während säkular orientierte Gläubige damals eine vollständige Modernisierung nach dem Muster westlicher Staaten forderten, entstand mit der *Salafiya* eine Gegenbewegung. Ihre Protagonisten wie Jamal ad-Din al-Afghani (1839–1897), Muhammad 'Abduh (1849–1905) und 'Abdarrahman

Kawakibi (1849–1902) vertraten die Meinung, nur eine Rückbesinnung auf den Islam werde wieder zu alter Stärke führen. Zu diesem Zweck entwickelten sie die Vision einer stark idealisierten Urgesellschaft in Medina, deren ethischem Vorbild nachgeeifert werden müsste, wollte man dem Islam wieder zu seiner alten Stellung in der Welt verhelfen. Ihr Ziel war jedoch eine Modernisierung muslimischer Gesellschaften auf dieser Grundlage, nicht eine Imitation des prophetischen Zeitalters nach Art der Taliban, so dass sie häufig auch als Modernisten bezeichnet werden. Mit ihrem Rückbezug auf die Zeit der frommen Altvordern folgten sie einem in der islamischen Geschichte häufig wiederkehrenden Motto vieler Reformbewegungen.

Ging es den Salafis vorwiegend um die friedliche Erneuerung der Gesellschaft aus der Kraft der eigenen, wiederbelebten Tradition, fasste eine der *Salafiya* eng verbundene und in vielen Fällen nur analytisch trennbare Strömung Reform weniger geistig-moralisch als vielmehr politisch auf. Diese hatte ihren Ursprung in mehreren Bewegungen, die im 18. und 19. Jahrhundert in Zentralarabien, im nordwestlichen Britisch-Indien, im Jemen, in Nordnigeria und der nördlichen Sahara entstanden waren. Die «Schule» von Deoband in Indien und die arabische *Wahhabiya* sind prominente Beispiele. Während politisch orientierte Strömungen innerhalb der *Deobandi*-Gelehrsamkeit gemeinsam mit weiteren Reformbewegungen das geistige Rüstzeug für viele südasiatische Islamisten lieferten, nahm im arabischen Raum die *Wahhabiya* Einfluss auf viele Islamisten des 20. Jahrhunderts. Einer von ihnen war der Ägypter Rashid Rida (1865–1935), der oft in einem Atemzug mit den Vertretern der klassischen *Salafiya* genannt wird, jedoch eher eine Synthese aus *Wahhabiya* und *Salafiya* verkörpert. Rida wurde zum wichtigsten geistigen Ziehvater Hasan al-Bannas (1906–1949), des Begründers der ägyptischen Muslimbruderschaft.

Trotz seines starken Vergangenheitsbezuges entwickelte sich der Islamismus in erster Linie als Reaktion auf die Herausforderungen der Moderne, meist als Protestbewegung gegen die eigenen, als «tyrannisch» wahrgenommenen Regierungen, die für sozioökonomische Probleme, kulturelle Entfremdung und politische Ohnmacht verantwortlich gemacht werden. Dass er ein durchweg modernes Phänomen ist, zeigt sich auch an der islamistischen Rezeption moderner Ideen, wie beispielsweise dem Konzept der Revolution, an Organisationsformen und Techniken. Darüber hinaus setzen sich die Gruppierungen mit dem als übermächtig wahrgenommenen Westen auseinander, den sie für einen Großteil der Misere der muslimischen Welt verantwortlich machen. Diese Kritik blieb bis zu den 1990er Jahren allerdings vorwiegend rhetorisch, da man in erster Linie auf die Machtübernahme in den Heimatstaaten hinarbeitete und sich gegen nichtreligiös fundierte indigene Deutungsangebote wehrte.

Die ersten islamistischen Bewegungen entstanden ab den 1920er Jahren. In Ägypten gründete der Volksschullehrer Hasan al-Banna im Jahr 1928 die ägyptische Muslimbruderschaft (*al-Ikhwan al-muslimun*) und wurde neben dem Inder (und späteren Pakistani) Sayyid Abu l-A'la Maududi (1903–1979) zum wichtigsten Wegbereiter des politischen Islam im 20. Jahrhundert. Er und seine Anhänger strebten eine Erneuerung, Einigung und damit Stärkung der ägyptischen Gesellschaft (vor allem gegenüber westlichen Einflüssen) und der muslimischen *umma* auf der Grundlage einer politischen Interpretation des Islam an, deren Kernstück die *shari'a* sein sollte.

Bis Ende der 1930er Jahre zielten die Muslimbrüder auf allmähliche Veränderungen ab, die in erster Linie durch die Erziehung der Jugend, Öffentlichkeitsarbeit und sozial-karitative Dienstleistungen erreicht werden sollten. Neben der Aufhebung aller Gesetze, die der *shari'a* widersprachen, verlangte Banna die Abschaffung des Parteiensystems, das nach seiner Ansicht eher zur Spaltung der Nation statt zu ihrer Einigung beitrug. Die Muslimbrüder forderten also keine bewaffnete Revolution, lehnten Gewaltanwendung jedoch nicht prinzipiell ab. Im Jahr 1939 formulierte Banna ein Stufenmodell, nach dem die Phase der graduellen geistig-moralischen Vorbereitung beendet sei und fortan eine intensivierte Ausbreitung der Botschaft der Muslimbruderschaft betrieben werde. Obwohl er Gewaltanwendung immer noch als letzten Ausweg definierte, setzten Teile der Organisation nunmehr vermehrt auf Militanz. Anfang der 1940er Jahre erfolgte der Aufbau des so genannten «geheimen Apparates» (*al-jihaz as-sirri*), dessen Angehörige in den folgenden Jahren für Gewaltakte gegen ägyptische Politiker, aber auch ausländische Institutionen verantwortlich gemacht wurden.[1] Als ein Muslimbruder 1948 den Ministerpräsidenten ermordete, schlug der

Staat erstmals zurück: Im Februar 1949 wurde Banna – angeblich vom ägyptischen Geheimdienst – ermordet.

Den entscheidenden Wendepunkt in der Geschichte der Muslimbruderschaft bildete die Unterdrückung ihrer Aktivitäten ab 1954 durch das Regime der Freien Offiziere, nachdem ein Anschlag auf Präsident Nasser gescheitert war. Fortan wurde ihr Verhältnis zum Staat durch Repression bestimmt. 1965 folgte eine zweite Verhaftungswelle, in deren Folge Sayyid Qutb (1906–1966), der wichtigste Vordenker der militanten Muslimbrüder, hingerichtet wurde. Dass die ägyptische Regierung Qutb, der seit 1954 mit Unterbrechungen im Gefängnis gesessen hatte, exekutieren ließ, weist darauf hin, für wie gefährlich sie das von ihm ausgehende Gedankengut hielt. Qutbs Erfahrung in der Haft scheint maßgeblich zu seiner Radikalisierung beigetragen zu haben, die anhand seiner im Gefängnis entstandenen Schriften rekonstruiert werden kann. Sein Buch «Wegzeichen» (*Ma'alim fit-tariq*) wurde zum Manifest des militanten Islamismus in der zweiten Hälfte des 20. Jahrhunderts.[2] In prägnanter Form war darin eine revolutionäre Ideologie zusammengefasst, die sich weitestgehend vom Kurs Hasan al-Bannas abwandte. Qutb behauptete, Ägypten befinde sich in einer neuen Periode der Unwissenheit (*jahiliya*). Mit diesem Begriff wird im Arabischen die Epoche vor der Offenbarung des Islam bezeichnet und als Zeit des Unglaubens beschrieben. Qutb aber übernahm eine Neuinterpretation dieses Begriffes von Maududi, der die *jahiliya* nicht mehr ausschließlich als eine historische Epoche, sondern als einen Geisteszustand bezeichnete, der auch moderne Gesellschaften betreffen konnte. Dafür, dass im Ägypten der 1960er Jahre der Unglaube herrschte, machte er seine Regierung verantwortlich und rief zum gewaltsamen Kampf (*jihad bi-s-saif*) gegen Nasser auf. Hierauf beriefen sich später zahlreiche ägyptische militante Aktivisten der 1970er Jahre, und bis heute prägen die Werke Sayyid Qutbs die Ideologie der gewaltbereiten Islamisten. Die Entstehung militanter Gruppen innerhalb der Muslimbruderschaft verlief parallel zur Mäßigung der Kernorganisation. Letztere machte ihren Frieden mit dem ägyptischen Staat, der ihr unter Präsident Anwar as-Sadat (1918–1981) die Möglichkeit zur Reorganisation bot. Bis heute jedoch ist die Muslimbruderschaft verboten, auch wenn sie in einem eng gesteckten Rahmen politisch agieren kann, einige ihrer Mitglieder bei Parlamentswahlen kandidieren und sie umfangreiche sozial-karitative Tätigkeiten entfaltet.

Die militanten Islamisten beziehen sich überdies auf eine zweite Traditionslinie, die in der Reformbewegung der *Wahhabiya* gründet. Diese entstand im 18. Jahrhundert in Zentralarabien (arab. *Najd*) in der Nähe des heutigen Riad. Angeführt wurde sie von ihrem Namensgeber, dem Religionsgelehrten Muhammad b. ʻAbdalwahhab (ca. 1704–1792). Nach anfänglichen Misserfolgen verbündete er sich 1745 mit einem lokalen Herrscher namens Muhammad b. Saʻud, worauf die wahhabitisch-saudische Allianz in wenigen Jahrzehnten fast die gesamte Halbinsel eroberte. Aus dieser Keimzelle entstand der heutige saudi-arabische Staat. Die Ideologie der *Wahhabiya* ist von einer deutlichen Unterscheidung in Gläubige und Ungläubige geprägt. Als gläubig gilt aber nicht der gewöhnliche Muslim, sondern nur derjenige, der die Verhaltensvorschriften der *Wahhabiya* minutiös befolgt und ihre theologischen Ansichten vorbehaltlos übernimmt. Ihre Anhänger glaubten in Koran und Sunna ein detailgetreues Abbild der idealisierten Frühzeit gefunden zu haben und versuchten unerbittlich, Gottes Gebote wortgetreu in die Tat umzusetzen. Im Najd des 18. und 19. Jahrhunderts waren das Rauchen, das Musizieren und das Tragen seidener Kleidung verboten. Außerdem wurde das fünfmalige Gebet in der Gemeinschaft verpflichtend. Eine Religionspolizei, ähnlich der der Taliban, sorgte dafür, dass alle Vorschriften eingehalten wurden. Nach außen lieferte die *Wahhabiya* das ideologische Rüstzeug für die Expansion des saudischen Staates. Alle Nichtwahhabiten galten ihr als Ungläubige, die in einem heiligen Krieg (*jihad*) bekämpft werden sollten.[3]

Die Bewegung hatte großen Einfluss auf die militanten Islamisten in Saudi-Arabien selbst, aber auch darüber hinaus, da die wahhabitischen Gelehrten eine enorm wichtige Rolle in der saudischen Politik bewahren konnten und diese ab den 1960er Jahren nutzten, um ihre Lehren weltweit zu verbreiten. Sie schlossen sich einem bereits bestehenden Trend zur Internationalisierung an und versuchten diesen im Rahmen der 1962 gegründeten Islamischen Weltliga (*Rabitat al-ʻAlam al-Islami*) in Mekka zur Verbreitung ihrer eigenen Lehre einzusetzen. Die Weltliga bildete in den folgenden Jahrzehnten die Spitze einer Reihe von Institutionen, die sich um die wahhabitische

Mission mit Schwerpunkten in Indonesien, West- und Ostafrika und auf dem indischen Subkontinent bemühten.

Die *Wahhabiya* wurde zu einem wichtigen Motor einer Strömung, die seit den 1970er Jahren weite Teile der islamischen Welt erfasste und in der arabischen Öffentlichkeit ebenfalls *Salafiya* genannt wird, sich aber deutlich von der oben erwähnten «klassischen *Salafiya*» unterscheidet. Im Folgenden wird deshalb der deutsche Begriff Salafismus zur Bezeichnung dieses Phänomens verwandt und seine Anhänger werden als Salafisten bezeichnet. Es handelt sich hierbei um eine Spielart des Islamismus, der in der arabischen Welt und seit einigen Jahren zudem in der Forschung als eigenes Phänomen betrachtet und auch «traditioneller Islamismus» genannt wird.[4] Dennoch ist es lediglich die Gewichtung, die Islamisten und Salafisten voneinander unterscheidet. Islamisten streben primär nach politischer Macht in einem zu errichtenden islamischen Staat. Ein Musterbeispiel hierfür war beispielsweise die Ideologie des Ayatollah Khomaini, dem es tatsächlich gelang, mit der Islamischen Revolution von 1979 die Macht in Iran zu übernehmen. Salafismus hingegen bezeichnet den Versuch, islamische Idealgesellschaften nach dem Muster der Frühzeit der Muslime im Mekka und Medina des 7. Jahrhunderts zu schaffen, dies aber zuallererst durch einen Wandel des sozialen, kulturellen und ökonomischen Lebens nach dem Vorbild der Gesellschaft zur Zeit des Propheten und seiner Gefährten.

Auch Salafisten verlangen eine Durchsetzung der *shari'a*, nur messen sie der persönlichen Lebensführung ein größeres Gewicht bei. Nach dem Vorbild der *Wahhabiya* berufen sie sich in diesem Zusammenhang auf die Pflicht jedes Muslims, «das Gute zu gebieten und das Schlechte zu verbieten» (*al-amr bi-l-ma'ruf wa-n-nahy 'ani l-munkar*), eine Aufforderung, die sich im Koran (Sure 3, Verse 104 und 110) findet und die viele muslimische Reformbewegungen zur Maxime ihres Handelns gemacht hatten. Nach Auffassung von Wahhabiten und Salafisten ist demnach jeder einzelne Muslim gehalten, die Gebote und Verbote der Religion in der gesellschaftlichen Praxis anzuwenden, ohne Rücksicht auf die Folgen. Was geboten und was verboten ist, entnehmen die Salafisten einer sehr schriftgläubigen Interpretation des Koran und der Sunna, das heißt der Sammlung der Überlieferungen über Aussagen und Taten des

Propheten Muhammad und seiner Gefährten. Man erkennt Salafisten meist daran, dass sie großen Wert auf Äußerlichkeiten legen. Sie trimmen beispielsweise ihre Oberlippenbärte, rasieren jedoch ihre Kinnbärte nicht, sie tragen knöchellange Gewänder und putzen ihre Zähne mit einem Stöckchen einer bestimmten Holzart, um auf diese Weise Aussehen und Lebensart des Propheten möglichst genau zu imitieren. Für eine Diskussion des militanten Islamismus sind sie deshalb von großer Bedeutung, weil viele, wenn auch bei weitem nicht alle Gewaltbereiten aus ihren Reihen stammen. Sie lehnen jede Zusammenarbeit mit den Staaten der islamischen Welt ab und kritisieren all diejenigen Islamisten heftig, die sich, wie beispielsweise die jordanischen Muslimbrüder, in das politische System ihrer Heimatländer integrieren ließen. Daher war für sie der Schritt zur Militanz nicht mehr weit, und diejenigen Salafisten, die versuchten, ihre Ziele mit Gewalt durchzusetzen, werden heute meist als «jihadistische Salafisten» bezeichnet. Es handelt sich dabei nicht um eine Organisation oder Bewegung, sondern um eine ideologische Strömung, die in unterschiedlichen Ländern unterschiedliche Formen annimmt.

1.3. *al-Qa'ida* und der «neue» Terrorismus

In der Forschung hat sich für *al-Qa'ida* und andere international agierende militante Islamisten mittlerweile der Begriff eines «neuen» oder auch «transnationalen» Terrorismus weitgehend durchgesetzt. Als herkömmliche Spielarten gelten dabei der nationale und der internationale Terrorismus.

Was den nationalen Terrorismus angeht, so entfalten dessen Akteure innerhalb eines Staates terroristische Aktivitäten gegen andere Bürger desselben Staates. Hierbei handelt es sich um eine beinahe «klassische» Form, der die meisten terroristischen Organisationen des 20. Jahrhunderts zuzuordnen sind. Prominente Beispiele sind der Leuchtende Pfad in Peru, die Befreiungstiger von Tamil Eelam (LTTE) in Sri Lanka, die baskische ETA, die irische IRA, die kurdische PKK und schließlich die deutsche Rote Armee Fraktion (RAF).

Doch auch die Bewegung des Islamischen Widerstands (*Hamas*) und der Islamische Jihad (*al-Jihad al-Islami*) gehören zu diesem Spektrum. Sie alle haben oder hatten eine gemeinsame Zielsetzung, nämlich eine bestehende nationale Ordnung in ihrem Sinne zu verändern oder sich von einem Staat abzuspalten. Um dies zu erreichen, verübten sie Anschläge im Lande selbst. Obwohl diese Form des Terrorismus mittlerweile sehr viel weniger im Fokus der Öffentlichkeit steht als die transnationalen Netzwerke, ist sie dennoch weiterhin weltweit dominierend.

Als internationalen Terrorismus hingegen bezeichnet die Forschung all diejenigen terroristischen Aktionen, bei denen Täter und Opfer Angehörige verschiedener Staaten sind. Entweder wird dabei grenzüberschreitend agiert oder aber die Ziele sind Ausländer oder ausländische Einrichtungen. In der Regel versuchen die Terroristen auf diese Weise, die internationale Öffentlichkeit auf ihren jeweiligen nationalen Konflikt hinzuweisen, entweder, um ihre Erfolgschancen zu erhöhen, oder aber, weil sie aufgrund des Verfolgungsdrucks des Gegners ins Ausland haben ausweichen müssen. Mehrere palästinensische Gruppierungen, wie zum Beispiel die Volksfront für die Befreiung Palästinas (PFLP), die Abu Nidal-Gruppe und der «Schwarze September», waren die Pioniere dieser Spielart des Terrorismus, die in den späten 1960er Jahren entstand. So gilt die Entführung einer Maschine der israelischen Fluglinie El Al durch Aktivisten der PFLP im Juli 1968 als Epochendatum des internationalen Terrorismus. Durch die Internationalisierung ihrer Strategie glaubten die Palästinenser die Aufmerksamkeit der Welt auf das Schicksal ihres Volkes lenken zu können und sie hatten damit durchaus Erfolg.

Der wichtigste Nachteil der Internationalisierung war, dass terroristische Akteure zunehmend von Staaten abhängig wurden, die versuchten, deren Aktivitäten zu steuern. Kaum einer Organisation gelang es nämlich, sich den Forderungen derjenigen Länder zu entziehen, deren logistische Unterstützung sie gewonnen hatte. Viele Gruppierungen wurden so von weitgehend unabhängigen Akteuren zu Klienten, die die Politik ihres Patrons durchsetzen halfen und ihre ursprünglichen Ziele darüber oft genug opfern mussten. Wie entscheidend diese Hilfe war, zeigte sich in aller Deutlichkeit nach dem Ende des Kalten Krieges. Im Schatten des Ost-West-Konfliktes war es die Protektion durch die Sowjetunion gewesen, die es Staaten wie Libyen, Syrien und dem Südjemen ermöglicht hatte, antiwestliche und antiisraelische terroristische Aktivitäten zu unterstützen. In der Welt nach 1990 wurde dies immer schwieriger, so dass alle diese Staaten – wenn sie überhaupt fortbestanden – ihre Unterstützung schrittweise aufgeben mussten. Dies wurde beispielsweise am Fall des Venezolaners Illich Ramírez Sánchez, genannt Carlos, «der Schakal», deutlich, der, nachdem er seine Rückzugs- und Vorbereitungsräume in Osteuropa und im Jemen verloren hatte, 1994 von der sudanesischen Regierung an Frankreich ausgeliefert wurde. Von dieser Entwicklung ausgenommen blieben mehrere palästinensische Gruppierungen, die heute noch in Syrien oder im Libanon Büros unterhalten und von dort terroristische Aktivitäten in Israel und den besetzten Gebieten fördern. Syrien bezahlt für seine Unterstützung der *Hamas*, des Islamischen *Jihad* und der libanesischen *Hizballah* mittlerweile seit Jahren mit einer weitgehenden internationalen Isolation und stetigem Druck der USA, der 2005 darin gipfelte, dass das Land gezwungen wurde, seine Truppen aus dem von ihm besetzten Libanon zurückzuziehen. Auslöser war der bisher ungeklärte Mordanschlag auf den libanesischen Spitzenpolitiker und ehemaligen Ministerpräsidenten Rafiq al-Hariri im Februar 2005. Infolge dieses Anschlags sah sich Damaskus auch gezwungen, die Büros palästinensischer Gruppierungen in der syrischen Hauptstadt zu schließen, auch wenn sie faktisch fortbestehen. In der unipolaren Welt ist die Förderung terroristischer Organisationen – selbst wenn ihre Bezeichnung als solche umstritten ist – mit Nachteilen verbunden, die kaum ein Staat mehr tragen will.

Die Akteure des neuen oder transnationalen Terrorismus versuchen nun, diesen entscheidenden Nachteil – die Abhängigkeit von staatlichen Sponsoren – aufzuheben, indem sie auf substaatlicher Ebene netzwerkartige Strukturen schaffen, die unabhängig agieren können. Dazu gehört vor allem eine nichtstaatliche Finanzierung und Logistik. Dabei profitiert diese Spielart von der Ausweitung transnationaler, weltweiter Kommunikation und des globalen Austauschs von Waren und Finanzströmen. Die Globalisierung hat insofern erst die Voraussetzungen für die Entstehung von Organisationen wie *al-Qa'ida* geschaffen, die über alle Ländergrenzen hinweg aktiv ist.

Als Charakteristika des neuen Terrorismus werden in der Forschung in erster Linie seine internationale Zielsetzung, die Multinationalität seiner Aktivisten, seine internationalistische Ideologie, die oft fundamentalistisch-religiös begründet ist, seine dezentralen, netzwerkartigen Strukturen, multiple private Finanzquellen, die häufige Anwendung des Selbstmordattentats bei gleichzeitiger taktischer Flexibilität und nicht zuletzt sein hohes Zerstörungspotential genannt. Untersucht man jedoch die einzelnen Punkte aus einer Sicht, die regionalpolitische Aspekte einbezieht, so zeigt sich, dass *al-Qa'ida* weniger eine neue Erscheinungsform als vielmehr eine eigentümliche Kombination von Elementen des transnationalen und des herkömmlichen, auf eine nationale Zielsetzung beschränkten Terrorismus darstellt. *al-Qa'ida* ist eher die Summe vieler nationaler Gruppierungen, die sich in einer gemeinsamen Organisation die verbesserten terroristischen Arbeitsbedingungen der globalisierten Welt zunutze machen, um sowohl global als auch lokal zu agieren.

Ihre Zielsetzung geht über die der internationalen Terroristen hinaus. Diese führen – wie beispielsweise die palästinensischen Organisationen, die Anschläge außerhalb des historischen Palästinas verübten – einen nationalen Kampf, in dem ihnen dessen Internationalisierung entscheidende Vorteile verschaffen sollte. *al-Qa'ida* hingegen geht darüber hinaus und ist bestrebt, internationale Ordnungen zu verändern, wobei sie auch lokale und regionale Ziele hat. So ist Bin Ladens Kampf zwar gegen das Regime der Familie Saud in Saudi-Arabien gerichtet, er führt überdies jedoch mit seiner Organisation einen «heiligen Krieg» gegen alle herrschenden Regime zumindest der arabischen, wahrscheinlich aber der gesamten islamischen Welt. Dazu kommt der Wunsch nach der Befreiung Palästinas von den Juden, und ihre stark antiamerikanische Ideologie lässt vermuten, dass es ihr zwar zunächst um den Rückzug der USA aus der islamischen Welt geht, dass ihr Ziel aber letzten Endes die Vernichtung der USA (oder auch die Bekehrung der Amerikaner zum Islam) einschließen würde. Zumindest versucht *al-Qa'ida*, die Dominanz der Amerikaner in der Welt zu brechen. Eindeutig indes sind die Aussagen Bin Ladens nur zum Sturz der Regime in der islamischen Welt, zum Rückzug der USA und des Westens und zur Zerstörung Israels. Seine weitergehenden Vorstellungen sind nur in Umrissen erkennbar, was dafür spricht, dass seine konkret bekannten Ziele die ihm wichtigeren sind.

al-Qa'ida kam nie ganz ohne – zumindest passive – staatliche Unterstützung aus. Der Ausbau ihrer Organisation gelang nur, weil sie im Afghanistan der Taliban über eine territoriale Basis verfügte, von der aus weitgehend ungestört operiert werden konnte. Tatsächlich profitieren militante und terroristische Organisationen von «schwachen» Staaten, die ihr Gebiet nicht vollständig kontrollieren können. Weltweit zeigt sich seit den 1990er Jahren verstärkt, dass einzelne Länder nicht mehr in der Lage sind, ihre Funktionen zu erfüllen und deshalb «scheitern». Dennoch scheinen militante Gruppierungen eher schwache Staaten wie Pakistan, den Jemen oder auch Saudi-Arabien, die noch nicht gescheitert sind, als Rückzugsgebiete zu wählen, da sie hier einerseits von der mangelhaften Kontrolle durch die Zentralregierungen profitieren, andererseits seltener Gefahr laufen, von einer auswärtigen Macht – wie in erster Linie den USA – auf dem Territorium dieser Staaten wirksam verfolgt zu werden.

al-Qa'ida war eine multinationale Organisation. Sie bestand bis 2001 aus Aktivisten aller Herren Länder. Kurden, Uiguren aus dem chinesischen Xinjiang, Usbeken, Indonesier, Philippinos und einige Pakistanis hielten sich in ihrem Umkreis auf, wobei nur wenige Nichtaraber sich ihr anschlossen. Bindungen an ein Heimatland verloren in der transnationalen Organisation etwas an Bedeutung, aber trotzdem gaben die einzelnen «Landsmannschaften» ihre nationalen Ziele ebenso wenig auf wie ihre nationale Identität. Erstens war und ist *al-Qa'ida* trotz des Anschlusses einiger anderer Nationalitäten und trotz ihres Bündnisses mit den Taliban eine arabische Organisation geblieben, die von Ägyptern sowie Saudi-Arabern dominiert wird und die Zielsetzungen ihrer anderen Gruppierungen nur am Rande berücksichtigt. Zweitens zeigten beispielsweise die Ägypter, Saudis und Jordanier innerhalb der *al-Qa'ida* ein sehr viel stärkeres Zusammengehörigkeitsgefühl mit ihren Landsleuten als mit Militanten anderer Nationalitäten. In den Lagern und Gästehäusern in Afghanistan wurden die Rekruten deshalb häufig zumindest nach Herkunftsregionen getrennt. Bruchlinien wurden zum Beispiel zwischen den Maghrebinern einerseits und Arabern aus Ägypten und der Arabischen Halbinsel andererseits sichtbar.

Es ist in erster Linie die religiöse Motivation der *al-Qa'ida*, die sie als Prototypen eines neuartigen Terrorismus ausweist. Der Bezug auf den «Islam» ermöglicht es ihr, innerhalb eines großen transnationalen Raums zu rekrutieren, der im Prinzip alle Gesellschaften umfasst, in denen Muslime leben. Die religiösen Beweggründe haben darüber hinaus Konsequenzen für das Zerstörungspotential. Dies betrifft nicht nur islamistische Gruppen, wie der Giftgasanschlag der japanischen Sekte Aum Shinrikyo im Jahr 1995 auf die U-Bahn von Tokio zeigte, bei dem 12 Menschen starben und über 1000 verletzt wurden. Die meisten solcherart motivierten Gruppen sind bereit, deutlich höhere Opferzahlen in Kauf zu nehmen als herkömmliche terroristische Organisationen. Letztere müssen, da sie sehr viel konkretere politische Ziele haben, darauf achten, nicht zu viele tatsächliche oder potentielle Sympathisanten, die «interessierten Dritten», durch exzessive Gewaltanwendung abzuschrecken. Wenn jedoch vorausgesetzt wird, dass eine Tat als gottgefällig gelten kann, wird die Anzahl menschlicher Opfer schnell zur Nebensache und auch tote Kinder werden zu «Kollateralschäden». Islamistische Terroristen haben dementsprechend häufig einen weiteren Feindbegriff, der im Zweifelsfall alle diejenigen umfasst, die nicht auf ihrer Seite stehen. Die strikte Trennung in «Gut» und «Böse», «gläubig» und «ungläubig» ist typisch für den neuen Terrorismus der *al-Qa'ida* ebenso wie für die islamistischen Bewegungen, aus denen sie hervorgegangen ist. Deshalb wächst die Zahl der Opfer bei Anschlägen seit den 1980er Jahren, obwohl die Zahl der Attentate zumindest bis zum Beginn des Irak-Krieges 2003 deutlich abnahm.

Die dualistische Weltsicht der religiös motivierten Terroristen hat auch Auswirkungen auf die Wahl der Mittel. Seit dem Ende des 19. Jahrhunderts sind Bomben und Schusswaffen die bevorzugten Instrumente gewalttätiger Aktionen geblieben. Im Zuge der Enthemmung terroristischer Gewalt in den letzten Jahren des 20. Jahrhunderts zeigt sich jedoch immer mehr der Trend hin zu dem Bestreben, Massenvernichtungswaffen einzusetzen, so dass mittlerweile häufig der Begriff «katastrophischer» als Synonym für den «neuen» Terrorismus benutzt wird. Auch hier war der 1995er Giftgasanschlag in der Tokioter U-Bahn ein erstes Fanal, und Versuche der *al-Qa'ida*, sich Nuklearmaterial zu verschaffen, sowie ihre Experimente mit Giften wie Rizin und chemischen Kampfstoffen sind mittlerweile einer breiteren Öffentlichkeit bekannt geworden. Der *al-Qa'ida*-Aktivist José Padilla, der im Mai 2002 bei der Einreise in die USA gefasst wurde, soll im Auftrag der Organisation Pläne zum Bau einer so genannten «schmutzigen Bombe» verfolgt haben. Dabei handelt es sich um Sprengsätze, denen beispielsweise in der Medizin genutztes Nuklearmaterial in einer Weise beigegeben wird, dass ihre Explosion zu einer Verseuchung kleinerer Landstriche führen würde und dadurch die materiellen und psychologischen Folgen des Anschlags sich vervielfachten.

Ob der Trend hin zu einer Maximierung der Opferzahl sich fortsetzen wird, ist bisher noch nicht abzusehen. Während Terroristen fraglos versuchen werden, einsatzbereite Massenvernichtungswaffen zu erwerben, erscheint es derzeit unwahrscheinlich, dass es ihnen gelingen wird, militärisch nutzbares Gerät in ihre Gewalt zu bringen. Darüber hinaus ist nicht klar, inwieweit sie bereit sind, dieses einzusetzen. Eher politisch denkende und agierende Terroristen wie Usama Bin Laden würden es wahrscheinlich nicht in Saudi-Arabien oder einem anderen Herkunftsland der *al-Qa'ida*-Aktivisten anwenden, wenn dies zu Zerstörungen und zum massenhaften Tod von Muslimen führen würde. Zu deutlich ist hierfür weiterhin der Heimatbezug. Bin Laden vertrat 1996 beispielsweise die Meinung, dass Angriffe auf die saudi-arabischen Ölanlagen unterbleiben sollten, um diese nach einer islamistischen Machtergreifung als Einnahmequelle nutzen zu können. Ob er bereit wäre, Massenvernichtungswaffen beispielsweise in den USA einzusetzen, ist seriös nicht zu beantworten.

In der Praxis beschränkt sich der Trend hin zu Attentaten mit höherer Opferzahl bisher meist auf herkömmliche terroristische Taktiken, hauptsächlich auf Anschläge mit Bomben, die seit den 1980er Jahren immer häufiger mit Automobilen transportiert und in diesen zur Explosion gebracht werden. Immer öfter werden diese Anschläge von Selbstmordattentätern verübt, wobei es sich hierbei nicht um ein Charakteristikum des religiös-fundamentalistisch motivierten Terrorismus handelt. Es war die auf Sri Lanka operierende LTTE, die das Selbstmordattentat sehr früh und massiv einsetzte und dieses Instrument noch häufiger als die libanesische *Hizballah* nutzte. Das Selbstmordattentat hat vor allem taktische Vorteile: Wenn der Täter seinen Rückzug nicht mehr planen muss, kann er sich vollkommen auf seinen Einsatz konzentrieren. Er ist in der Lage, sein Ziel sehr viel genauer und effektiver zu treffen als ein Attentäter, der seine eigene Sicherheit gewährleisten will. Das ist der wichtigste Grund für die zunehmende Verbreitung dieser Anschlagsform. Darüber hinaus erleichtert die Erwartung, nach einem Attentat als Märtyrer ins Paradies einzuziehen, den Organisationen die Rekrutierung.

Ein wichtiges Charakteristikum des neuen Terrorismus sind außerdem seine dezentralen, netzwerkartigen Strukturen. Hier handelt es sich um eine Weiterentwicklung bereits bestehender Modelle. Auch herkömmliche nationale Gruppierungen wie die ETA waren und sind stark netzwerkartig organisiert. Neu ist aber der materielle Rahmen, in dem die Terroristen sich bewegen. Die Revolution der Informationstechnik in den 1990er Jahren erlaubt es terroristischen Organisationen, über große Entfernungen hinweg zu kommunizieren. Dies betrifft zum Beispiel Absprachen zu operativen Zwecken über Internet. Dadurch wurde ein Trend hin zu immer komplexeren Anschlagsplanungen ausgelöst, was dem Feind suggerieren soll, er habe es mit einem äußerst starken und wohl organisierten Gegner zu tun. Die Anschläge des 11. September 2001 waren ein erster Höhepunkt in dieser Entwicklung. Die Verbreitung moderner Massenmedien wie vor allem des Satellitenfernsehens hat einen Trend hin zu immer dramatischeren Attentaten und ihrer medialen Inszenierung begründet. Hierdurch lässt sich einerseits der «interessierte Dritte» mit relativ wenig Aufwand mobilisieren, während andererseits die kommunikative Wirkung eines Anschlags durch fernsehgerechte Präsentation vervielfacht wird. Darüber hinaus gelingt militanten Islamisten über das Internet die Verbreitung ihrer Ideologie. Die Schriften aller ihrer Vordenker sind mittlerweile ohne Probleme abzurufen und leicht zu vervielfältigen. So konnte *al-Qa'ida* ihre Weltsicht global bekannt machen und Anhänger außerhalb der arabischen Welt, in den USA, Australien und Europa gewinnen.

al-Qa'ida agiert in einem komplizierten Spannungsfeld zwischen regionaler Verankerung und globaler Orientierung. Dieses Buch wird die Organisation aus der regional- und islamwissenschaftlichen Perspektive untersuchen, um so einen historisch tieferen Einblick in die Strukturen der militanten islamistischen Gruppen zu gewinnen. Zunächst wird im ersten Teil *al-Qa'ida* in ihrer Genese, ihrem Aufbau und ihrer Entwicklung dargestellt werden, wobei immer wieder auf die lokalen Bezüge ihrer Protagonisten und Gruppierungen hingewiesen wird. Im zweiten Teil hingegen stehen die islamistischen Bewegungen der wichtigsten Herkunftsländer der Terroristen im Mittelpunkt: Ägypten, Jordanien, Saudi-Arabien, Jemen und Algerien. Die Beschränkung auf diese fünf arabischen Staaten ergibt sich aus der Beobachtung, dass die einflussreichsten Akteure des transnationalen islamistischen Terrorismus aus entsprechenden Bewegungen dieser Länder hervorgegangen sind und ein tieferes Verständnis ihrer Ausgangspositionen nur hier gewonnen werden kann.

Im dritten Teil schließlich wird das Netzwerk des Abu Mus'ab az-Zarqawi im Zentrum der Betrachtung stehen, das sich im Kampf gegen die US-Truppen im Irak seit 2003 zur dynamischsten Kraft im transnationalen militanten Islamismus entwickelt hat. Hier zeigt sich, dass nach einer Phase der Dezentralisierung und Regionalisierung islamistischer Netzwerke sowohl *al-Qa'ida* als auch Zarqawi einen neuen Versuch transnationaler Mobilisierung unternehmen, der, wenn er gelingen sollte, zur Entstehung einer Organisation führen könnte, die weitaus gefährlicher sein wird als die alte *al-Qa'ida*. Doch auch im Fall Zarqawi wird deutlich werden, wie sehr er und seine Anhänger dem Islamismus ihres Heimatlandes Jordanien verhaftet geblieben sind, denn er verfolgt weiterhin das Ziel, das jordanische Königshaus zu stürzen und Palästina zu «befreien».

2. *al-Qa'ida* zwischen dem «nahen» und dem «fernen» Feind

2.1. Die Genese der *al-Qa'ida*

Die arabischen Freiwilligen in Afghanistan

Das Jahr 1979 war epochemachend für die islamische Welt, die durch mehrere kurz aufeinander folgende Ereignisse erschüttert wurde. In Iran gelang es schiitischen Islamisten unter der Führung des Religionsgelehrten Ayatollah Ruhollah Khomaini (1902–1989), sich an die Spitze von Massenprotesten zu stellen, die Regierung von Shah Reza Pahlewi zu stürzen und die Islamische Republik zu errichten. Dies war das erste Mal, dass Islamisten in ihrem Bemühen erfolgreich waren, die Macht in einem Staat zu übernehmen, noch dazu in einem, in dem die Regierung aufgrund hoher Öleinnahmen, eines gut ausgebauten Sicherheitsapparates und ihres Bündnisses mit den USA übermächtig zu sein schien. Ihr Erfolg beflügelte nicht nur Schiiten, sondern auch sunnitische Islamisten in der gesamten muslimischen Welt.

In Saudi-Arabien besetzten im November jenes Jahres sunnitische Islamisten die Große Moschee von Mekka (*al-Haram ash-Sharif*) und nahmen mehrere hundert Pilger als Geiseln. Sie hatten vermutlich gehofft, auf diese Weise einen Volksaufstand gegen die – wie sie meinten – unislamische Herrschaft der Familie Saud auszulösen. Erst nach einer Belagerung, die mehrere Wochen andauerte, nahmen saudische Sicherheitskräfte das Moscheegelände ein. Etwa gleichzeitig erschütterten Unruhen der Schiiten in der ölreichen Ostprovinz Saudi-Arabiens auch die Golfregion. Diese Ereignisse zeigten das Vorhandensein einer starken Oppositionsbewegung, der es gelingen könnte, die Regierung zu stürzen.

Ägypten, das bis 1973 der Vorreiter des Kampfes gegen Israel gewesen war, schloss 1979 den Friedensvertrag von Camp David mit dem jüdischen Staat. Hatte der pan-arabische Nationalismus schon seit 1967, der Niederlage im Sechstagekrieg, viel an Attraktivität verloren, wurde sein Scheitern nun vollends deutlich. Dem ägyptischen Staat ging es in erster Linie darum, die von Israel besetzte Sinai-Halbinsel zurückzuerhalten, so dass er die Interessen der anderen Nachbarstaaten und der Palästinenser nur am Rande berücksichtigte. Vom Niedergang des arabischen Nationalismus profitierten islamistische Denkmodelle.

Im Dezember jenes Jahres marschierte die Rote Armee in Afghanistan ein. Bereits 1973 hatte Mohammed Daoud den letzten König, Zahir Shah, gestürzt und die Republik ausgerufen. Daoud war ein Vetter und Schwager Zahir Shahs, versuchte jedoch, das Land umfassend zu modernisieren. Nach einem Staatsstreich der Kommunisten im Jahr 1978 brachen Unruhen aus, die die neue Zentralregierung nicht in den Griff bekam. In dieser Situation marschierten sowjetische Truppen ein und installierten ein moskautreues Marionettenregime unter der Führung von Babrak Kamal.

Nach der Logik des Kalten Krieges mussten die USA auf den sowjetischen Vormarsch reagieren. Sie fanden in Pakistan, wo seit 1977 der Militär Zia ul-Haq (1924–1988) regierte, schnell einen Partner. In Islamabad fürchtete man zunächst, Moskau könne die Expansion nach Süden fortsetzen, um auf diese Weise Zugang zum Indischen Ozean zu erlangen. Darüber hinaus dominierte der Konflikt mit Indien die Afghanistanstrategie. Zunächst ging es Islamabad darum zu verhindern, dass eine Kabuler Regierung pro-indisch ausgerichtet sein könnte, idealerweise aber um die Etablierung eines pro-pakistanischen Regimes. Langfristig hoffte die Führung, in Afghanistan die strategische Tiefe zu gewinnen, deren Fehlen sie in der Auseinandersetzung mit Indien immer als Nachteil wahrgenommen hatte. Um sich im Fall einer indischen Offensive zurückziehen und neu formieren zu können, plante die pakistanische Armee die Erweiterung ihres Rückzugsraumes in das Gebiet westlich des Indus nach Afghanistan hinein. Schon 1980 begann man deshalb unter der Federführung des militärischen Geheimdienstes ISI (Directorate of Inter-Services Intelligence), der gerade erst zu diesem Zweck gegründet worden war, den afghanischen Widerstand gegen die sowjetischen Truppen zu fördern. Da infolge der Invasion Hunderttausende über die Grenze geflohen waren, gelang es Islamabad schnell, die Kontrolle über die afghanischen Gruppierungen zu gewinnen und steuernd in ihre Aktivitäten einzugreifen. Die USA waren nur indirekt beteiligt, indem sie über die pakistanische Regierung Finanzhilfen an den afghanischen Widerstand fließen ließen und Ausbildungshilfe leisteten. Auf die Verteilung der Gelder nahm Washington keinen Einfluss.

Islamabad unterstützte ausschließlich islamistische Gruppierungen. Diese hatten bis dahin in der afghanischen Politik nur eine untergeordnete Rolle gespielt, da sie über keinerlei Rückhalt in der Bevölkerung verfügten. Seit dem Staatsstreich von 1973 wurden sie sogar verfolgt. Diejenigen, die sich der Verhaftung entziehen konnten, flohen ins Nachbarland. Sie wurden damals angeführt von Burhanuddin Rabbani (geb. 1940), einem jungen Professor an der *Shari'a*-Fakultät der Universität Kabul. 'Abd Rabb ar-Rasul Sayyaf (geb. 1946), der ebenfalls an der Universität Kabul unterrichtete, wurde verhaftet und konnte erst 1979 nach Pakistan fliehen. Auch dem jungen Ingenieur Gulbuddin Hekmatyar (geb. 1947) und dem Studenten Ahmed Shah Mas'ud (1953–2001) gelang die Flucht über die Grenze. Dort nahm sich der ISI der Neuankömmlinge an und förderte ihre Bemühungen, schlagkräftige Oppositionsgruppen aufzubauen.[1]

Nach der sowjetischen Invasion baute Pakistan seine Unterstützung für die afghanischen Islamisten aus. Es ging Islamabad zunächst um die pro-pakistanische Orientierung der in Afghanistan siegreichen Gruppe. Darüber hinaus hatte diese Politik auch eine ideologische Dimension. Die Afghanen um Rabbani unterhielten schon seit längerem enge Kontakte zur pakistanischen «Islamischen Gemeinschaft» (*Jama'at-e Islami*). Mit der Machtübernahme General Zia ul-Haqs gewann diese verstärkten Einfluss auf die Politik der Regierung, die selbst islamistisch ausgerichtet war. Von den sieben Gruppierungen, die von Pakistan (und damit indirekt den USA) unterstützt wurden, waren vier islamistische Hardliner, während die drei anderen etwas gemäßigtere Haltungen vertraten.[2] Ein besonders enges Verhältnis verband den ISI mit Gulbuddin Hekmatyar und seiner «Islamischen Partei» (*Hezb-e Islami*), der dementsprechend bevorzugt Förderung genoss. Mit den nun zur Verfügung stehenden Geldern wurden die Islamisten schnell zur dominierenden Kraft unter den rund 3 Millionen afghanischen Flüchtlingen. Das nordwestpakistanische Peschawar wurde zur Hauptstadt des Widerstands.

Neben den USA finanzierte auch Saudi-Arabien die afghanischen Kämpfer. Riad befürchtete eine sowjetische Expansion an die Küsten des Indischen Ozeans, die Moskau in die unmittelbare Nachbarschaft des Persischen Golfes geführt hätte. Wichtiger noch war, dass dem Königreich in der Islamischen Republik Iran ein regionaler Konkurrent erwachsen war, der einen Export der Revolution in die Golfstaaten propagierte und die rechtmäßige Verwaltung der Heiligen Stätten von Mekka und Medina durch die Familie Saud bestritt. Riads Engagement in Afghanistan diente deshalb vor allem der Wahrung religiöser Legitimität und religiösen Prestiges in der islamischen Welt. Im Gegensatz zu Washington förderte Riad auch direkt seinen Klienten 'Abd Rabb ar-Rasul Sayyaf. Dieser hatte in Ägypten und Saudi-Arabien studiert, sprach fließend Arabisch und verfügte über hervorragende Beziehungen zur Herrscherfamilie. Er war überdies derjenige afghanische Islamistenführer, der sich ideologisch am engsten an der *Wahhabiya* orientierte. Aufgrund großzügiger saudischer Unterstützung und der Anerkennung durch den ISI wurde er zu dem neben Hekmatyar und Rabbani wichtigsten *Mujahidin*-Führer. Viele der in den folgenden Jahren nach Afghanistan strömenden Araber schlossen sich seiner Gruppierung Islamische Union (*Ittihad-e Islami*) an. Unter ihnen befand sich zunächst auch der Saudi Usama Bin Laden.

In der arabischen Welt löste die sowjetische Invasion Afghanistans große Empörung aus, die erst dann in ihrem vollen Ausmaß verständlich wird, wenn man berücksichtigt, wie erfolgreich islamistische Bewegungen in den 1970er Jahren für ihre Ideologien geworben hatten. In Afghanistan griff nun – so die Wahrnehmung vieler Araber – eine «ungläubige» Weltmacht ein kleines, fast wehrloses muslimisches Land an. Viele Gläubige hielten es für ihre Pflicht, den bedrängten Glaubensbrüdern im Kampf gegen die übermächtige Sowjetunion beizustehen. Vor allem in den ebenso reichen wie konservativen Golfstaaten fand dieser Gedanke Widerhall, zuvorderst in Saudi-Arabien. Organisationen wie die von Riad dominierte Islamische Weltliga begannen, über Wohlfahrtsorganisationen Hilfe für die afghanischen Flüchtlinge in Pakistan zu organisieren. Reiche Geschäftsleute und sonstige Privatpersonen finanzierten einen Teil dieser Bemühungen, Freiwillige vor Ort sorgten für die wunschgemäße Weitergabe der Hilfe. Parallel dazu riefen Gelehrte in den

Golfstaaten, Ägypten und auch in anderen Ländern zum *jihad* gegen die Sowjetunion auf und begeisterten junge Freiwillige. Nach herkömmlicher sunnitischer Auffassung handelte es sich im Falle Afghanistans um einen defensiven *jihad*, da das Land von Nichtmuslimen besetzt worden war. Der Kampf gegen die sowjetischen Truppen wurde deshalb für die gesamte muslimische Gemeinschaft verpflichtend. Problematisch war allerdings, dass viele dieser Organisationen und Einzelpersonen den afghanischen *jihad* auf substaatlicher Ebene förderten. Zwar wussten sie sich mit dem saudischen Staat und einigen weiteren Regierungen einig, doch zeigte sich bereits hier eine Transnationalisierung religiös-politischer Netzwerke, die sich teils privat finanzierten und später auch zur Entstehung transnationaler militanter Gruppierungen beitrugen.

Bis 1984 beschränkte sich die Hilfe für die Afghanen weitgehend auf Geldmittel, die entweder über den pakistanischen Staat an die *Mujahidin* flossen oder – wie im Falle Sayyafs – direkt gezahlt wurden, oder aber es handelte sich um humanitäre Hilfe vor Ort. Die meisten Araber, die sich in den ersten Jahren in Peschawar aufhielten, arbeiteten für Hilfsorganisationen, in Medienbüros oder als Ärzte. Im Jahr 1984 sollen es nur wenige Dutzend Personen gewesen sein.[3] Sie bildeten eine stetig wachsende islamistische Gemeinde, die sich der Kontrolle ihrer Heimatregierungen weitgehend entziehen konnte. So entwickelte sich Peschawar immer mehr zu einem attraktiven Reiseziel für arabische Islamisten und ab Mitte der 1980er Jahre nahmen erste arabische Kontingente an den Kämpfen der einzelnen *Mujahidin*-Gruppierungen teil. Regierungen in der Region, allen voran Saudi-Arabien und Ägypten, förderten ihren Weggang nach Afghanistan, da sie glaubten, sich auf diese Weise eines innenpolitischen Problems entledigen zu können. Die staatliche saudi-arabische Fluggesellschaft stellte beispielsweise subventionierte Flugtickets zur Verfügung. In Ägypten erlaubte die Regierung den Aufruf zum *jihad* und die Rekrutierung von Freiwilligen in den ansonsten streng überwachten Moscheen des Landes.[4] Je mehr Araber aber bereits in Peschawar und unter den *Mujahidin* lebten, umso größer wurde der Anreiz für ihre Landsleute ebenfalls zu folgen, weil sie dadurch der teils brutalen Repression der Islamisten in ihren Heimatländern entkommen konnten.

Es ist bis heute nicht bekannt, wie viele Araber und andere nicht-afghanische Muslime am Kampf gegen die Rote Armee teilnahmen. Schätzungen zwischen 10 000 und 20 000 für die Jahre 1980 bis 1992 scheinen realistisch zu sein, wobei die meisten von ihnen erst ab 1988 eintrafen, als der sowjetische Rückzug sich bereits abzeichnete. Nach 1985 nahmen jeweils nur wenige Hundert Araber an Kämpfen teil. Gegenüber bis zu 250 000 afghanischen *Mujahidin* war dies eine geringe Zahl.[5] Die Araber spielten keinerlei militärische Rolle, auch wenn sich einige im Kampf auszeichneten. Es waren die Afghanen selbst, die die Sowjets mit amerikanischer, pakistanischer und saudischer Hilfe zum Abzug zwangen. Kriegsentscheidend wurde unter anderem die Entscheidung der Reagan-Administration im Jahre 1986, die *Mujahidin* mit schultergestützten Flugabwehrraketen des Typs Stinger auszustatten. In der Folge verloren die sowjetischen Truppen ihre bis dahin absolute Lufthoheit und waren nicht mehr in der Lage, das Land zu kontrollieren. Auch deshalb beschloss Moskau 1988 – schon in der Endphase des Ost-West-Konfliktes – den Abzug seiner Armee.

Der afghanische *jihad* bot den arabischen Freiwilligen die bis dahin einzigartige Gelegenheit, sich transnational zu organisieren, was zunächst einmal hieß, Kontakte zwischen Militanten verschiedener Nationalitäten herzustellen. Bis zu den 1980er Jahren hatten sich diese nahezu ausschließlich an innerstaatlichen Konflikten orientiert. Ägypter hatten ihren Präsidenten Sadat ermordet, Syrer sich zwischen 1979 und 1982 gegen den Staat der Baath-Partei Hafiz al-Asads erhoben und Saudis die Große Moschee von Mekka besetzt. Es bestanden zwar Kontakte zwischen den Islamisten der Region, doch gelang es den entsprechenden Staaten, diesen Austausch weitgehend zu kontrollieren und, falls notwendig, zu unterbinden. Erst in Pakistan und Afghanistan war es den militanten Gruppen möglich, ihre Kontakte weitgehend ungestört aufzubauen, und erst der *jihad* gegen die Sowjetunion erlaubte ihnen, sich gemeinsam zu organisieren und eine gemeinsame Ideologie und gemeinsame Zielvorstellungen zu entwickeln. Im Mittelpunkt dieser Bemühungen stand der Palästinenser 'Abdallah 'Azzam (1941–1989).

'Azzam wurde 1941 im Umland von Jenin geboren, das damals zum britischen Mandatsgebiet Palästina gehörte und 1948 an das Königreich Transjordanien fiel. Er arbeitete zunächst als Lehrer, bevor er zum Studium der Religionswissenschaften an die *Shari'a*-Fakultät der Universität Damaskus wechselte. Dort scheint er sich auch der Muslimbruderschaft angeschlossen zu haben. Kurz nachdem er 1966 seinen ersten Abschluss gemacht hatte, kehrte 'Azzam in seine Heimat zurück, die im Juni 1967 von Israel erobert wurde. Er soll an Kämpfen gegen die Besatzungsmacht teilgenommen und Widerstandsgruppen unter Flüchtlingen in der Gegend der jordanischen Städte Irbid und Zarqa aufgebaut und geleitet haben. Sein Verhältnis zu den palästinensischen Gruppen war allerdings gespannt, weil diese stark nationalistisch und säkular geprägt waren. Anschließend setzte 'Azzam sein Studium an der *Azhar*-Universität in Kairo fort, wo er 1969 sein Magisterexamen in der Methodik der Rechtswissenschaft (*Usul al-fiqh*) ablegte. Er arbeitete ab 1970 zunächst an der *Shari'a*-Fakultät in Amman, wurde von dort allerdings zur Promotion, die er 1973 abschloss, wiederum an die *Azhar* geschickt. In den folgenden Jahren setzte er seine Lehrtätigkeit in Amman fort, wurde jedoch 1980 wegen seiner Zugehörigkeit zur Muslimbruderschaft entlassen. Wie so viele andere islamistische Hochschullehrer begab er sich nach Saudi-Arabien, wo er in Jidda eine Anstellung an der König-'Abdal'aziz-Universität fand.

Es kursieren verschiedene Versionen zu der Frage, wie 'Azzam anschließend den Weg nach Afghanistan fand. In jedem Fall stellte ihn Jidda ab 1981 für die Lehre an der Internationalen Islamischen Universität Islamabad ab, die im Jahr 1980 gegründet worden war. 'Azzam wurde schnell zum wichtigsten Vordenker und organisatorischen Kopf der Araber in der pakistanisch-afghanischen Grenzprovinz. Mit saudi-arabischer Unterstützung gründete er 1984 in Peschawar das «Dienstleistungsbüro» (*Maktab al-Khidamat*), eine zentrale Anlaufstelle für Freiwillige und für Financiers des *jihad*. Von dort aus koordinierte und kontrollierte 'Azzam die Aktivitäten und gewann Einfluss auf die Verteilung der Gelder.[6] So versuchte er auch zu verhindern, dass Araber in die Konflikte, die unter den afghanischen Gruppierungen an der Tagesordnung waren, hineingezogen wurden.[7] Parallel dazu gab 'Azzam die Zeitschrift *al-Jihad* heraus, in der er Propaganda für den Krieg in Afghanistan betrieb. Schnell hatte er sich als Führungspersönlichkeit etabliert.

'Azzam machte sich zeitgleich einen Ruf als Vordenker der Afghanistankämpfer: In seinem Hauptwerk «Die Verteidigung der Länder

der Muslime ist die wichtigste der individuellen Glaubenspflichten» (*ad-Difa' 'an aradi l-muslimin ahamm furud al-a'yan*) erarbeitete er die theoretische Grundlage für den bewaffneten *jihad* gegen die sowjetischen Besatzungstruppen und verbreitete sie in Predigten und Schriften.[8] Wenn Feinde in das Gebiet des Islam eindringen, wird demnach der *jihad* zur Pflicht jedes einzelnen Muslims (*fard 'ain*): «Wir haben lange über die Beurteilung des *jihad* heute in Afghanistan und Palästina und in ähnlichen vergewaltigten muslimischen Ländern geredet. Dabei haben wir bekräftigt, was Traditionsforscher (*muhaddithun*), Koranexegeten (*mufassirun*), Rechtsgelehrte (*fuqaha*) und Rechtsmethodiker (*usuliyun*) gestern wie heute beschlossen haben: Wenn auch nur ein Fußbreit muslimischen Landes angegriffen wird, wird der *jihad* zu einer individuellen Glaubenspflicht für die Bewohner dieser Region [...], wenn aber die Zahl der Leute in dieser Gegend nicht ausreicht, oder wenn sie nicht zum Kampf befähigt sind oder aber die Untätigkeit bevorzugen, wird der *jihad* zur individuellen Glaubenspflicht der Bewohner der Nachbarterritorien, und dies immer weiter, bis die Pflicht für die gesamte islamische Welt gilt, so dass kein Muslim sie ablehnen darf, genauso wenig, wie er das rituelle Gebet (*salat*) oder das Fasten (*saum*) aufgeben darf.»[9]

Während die Verpflichtung zum *jihad* zunächst nur für die Bewohner der betreffenden Region galt, weitete sie sich auf die gesamte muslimische Weltgemeinschaft aus, wenn diese Hilfe benötigte. Für den *jihad* in Afghanistan galt 'Azzams These ohne Zweifel. Er trat hiermit denjenigen Religionsgelehrten entgegen, die argumentierten, bei dem *jihad* in Afghanistan handele es sich lediglich um eine «kollektive Glaubenspflicht» (*fard kifaya*), die von der Gemeinschaft ganz nach Gutdünken der politischen Herrscher wahrgenommen werde.

'Azzam betonte immer wieder, dass der *jihad* auch mit einem Erfolg in Afghanistan nicht ende: «Die individuelle Glaubenspflicht erlischt nicht mit dem Sieg in Afghanistan, und der *jihad* bleibt eine solche, bis jede andere Region, die muslimisch war, an die Muslime zurückfällt, damit dort wieder mit dem Islam regiert wird: Vor uns liegen Palästina, Bukhara, der Libanon, Tschad, Eritrea, Somalia, die Philippinen, Burma, der Südjemen und andere, Taschkent, Spanien (*al-Andalus*) [...] .»[10] Alle Länder, die einmal muslimisch regiert worden sind, müssten also auch wiedererobert werden, auch wenn der betreffende Staat sich bereits – wie Spanien – seit Jahrhunderten in christlicher Hand befindet.

'Azzam vertrat zwar offensichtlich eine internationale Zielsetzung, ohne jedoch die starke Bindung an sein Heimatland Palästina aufzugeben. So wiederholte er häufig, wie sehr er seiner Heimat und ihren Bewohnern verbunden sei und dass er vor allem Palästina befreien wolle. In seinen Texten finden sich zahlreiche Belege dafür, dass er den Kampf gegen die Sowjetunion als ersten Schritt zur Befreiung Palästinas betrachte. So schreibt er in «Die Verteidigung der Länder der Muslime», die Islamisten müssten ihre Bemühungen auf Afghanistan und Palästina konzentrieren, weil dies ihre zentralen Probleme seien. An anderer Stelle sagt er ausdrücklich, «Palästina ist das wichtigste Problem des Islam», und nur derjenige Araber, der nicht imstande sei, den *jihad* gegen Israel zu führen, solle nach Afghanistan kommen. Da der dortige Kampf von Islamisten dominiert werde, während die Aktivisten in Palästina einen säkularen Staat errichten wollten und sogar Hilfe von der Sowjetunion annähmen, böte sich dies an. Darüber hinaus würden die palästinensischen Grenzen scharf überwacht, wohingegen es verhältnismäßig einfach sei, nach Afghanistan zu gelangen.[11] Es waren also vor allem praktische Vorteile und der damals stark säkular geprägte Charakter des palästinensischen Widerstands, die das Land am Hindukusch für 'Abdallah 'Azzam zum Ausgangspunkt für den internationalen *jihad* machten.

'Azzam führte mit seiner Haltung eine palästinensische Tradition fort. Viele seiner Landsleute waren bereits 1948 aus ihrer Heimat geflohen oder vertrieben worden und mussten sich in den Nachbarländern ansiedeln. Von dort versuchten sie in den folgenden Jahrzehnten erfolglos, ihr Land zurückzugewinnen. Zunächst spielten Islamisten im Kampf gegen Israel kaum eine Rolle. Unter den palästinensischstämmigen Jordaniern bildeten sich jedoch einige Gruppierungen, die versuchten, den *jihad* gegen Israel zu internationalisieren, das heißt, nicht-palästinensische Araber und Muslime in ihre Organisationen einzubinden und eine entsprechende Ideologie zu entwickeln, um ihre Erfolgschancen in diesem Konflikt zu verbessern.

Das erste Beispiel für eine palästinensisch dominierte, aber transnationale Organisation war die Islamische Befreiungspartei (*Hizb at-Tahrir al-Islami*), die 1953 von dem palästinensischen Muslimbruder Taqi ad-Din an-Nabahani (1904–1978) in Amman gegründet wurde. Nabahani und seine Anhänger kritisierten die fehlende Unterstützung der nicht-palästinensischen Muslimbrüder für den Kampf ihrer Glaubensgenossen gegen Israel und zielten ursprünglich primär auf eine «Befreiung» Palästinas ab, daher ihr Name. Seit den 1970er Jahren aber hat die Bewegung – vor allem nach dem Tode Nabahanis – ihren starken Palästinabezug zugunsten der Forderung nach einem Kalifat verloren, das die gesamte Gemeinschaft der Gläubigen umfassen soll. Ihr besonders stark ausgeprägter Antisemitismus verweist jedoch noch heute auf ihre Wurzeln. Palästinenser aus der jordanischen Diaspora stellten auch in den folgenden Jahrzehnten immer wieder Vordenker eines transnationalen militanten Islamismus.

Usama Bin Laden und 'Abdallah 'Azzam

Einer der eifrigsten Anhänger 'Abdallah 'Azzams wurde der junge Saudi Usama Bin Laden, der bereits im Frühjahr 1980 nach Peschawar gereist war und 'Azzam möglicherweise schon aus dessen Zeit in Jidda kannte.

Bin Laden wurde 1957 als siebzehnter von 25 Söhnen des erfolgreichen saudi-arabischen Bauunternehmers Muhammad Bin Laden (gest. 1968) und einer syrischen Mutter in Riad geboren und wuchs in Jidda auf. Sein Vater war um 1930 aus dem jemenitischen Hadramaut nach Jidda ausgewandert. Hadramaut war ein sehr armes Wüstental im südöstlichen Jemen, aus dem seit dem 19. Jahrhundert viele Bewohner emigriert waren. Sie zogen nach Ostafrika, Indien, Malaysia, Indonesien und in die Hafenstädte des Roten Meeres. Im saudi-arabischen Hijaz, das heißt der Region an der Küste des Roten Meeres, in der die Heiligen Stätten von Mekka und Medina liegen, bildeten sie eine der wichtigsten Zuwanderergruppen. Muhammad Bin Laden gelang es, in Jidda eine eigene Baufirma zu gründen, die er ab den 1950er Jahren mit öffentlichen Aufträgen zur größten des Landes machte. Eine seiner prestigeträchtigsten Arbeiten war die Erweiterung der Großen Moschee von Mekka und der Prophetenmoschee von Medina. Er wurde zu einem der wichtigsten Unternehmer des Landes und verfügte über enge Beziehungen zum Königshaus.

Die bisher bekannten Angaben über Usama Bin Ladens Kinder- und Jugendzeit in Saudi-Arabien sind denkbar knapp. Insbesondere ist unklar, inwieweit er schon in seiner Jugend islamistische Ansichten vertrat. Allerdings ist es sehr wahrscheinlich, dass die streng religiöse Erziehung der saudischen Schulen und die religiös-politisch aufgeheizte Atmosphäre im Mekka und Medina der 1970er Jahre auch ihn beeinflussten. Nach seiner Schulzeit studierte er in Jidda Ökonomie, wobei er sich bis zu seinem Abschluss 1979 auch mit Ingenieurswissenschaften befasste. Ganz offensichtlich war seine Ausbildung dahin gehend ausgelegt, anschließend in die Familienfirma überzuwechseln.

Ob Bin Laden schon in seiner Heimatstadt mit 'Abdallah 'Azzam zusammentraf, der erst 1980/81 von Jordanien nach Jidda zog, ist nicht bekannt. Es scheint eher der Gelehrte Muhammad Qutb gewesen zu sein, der den jungen Saudi beeinflusste. Muhammad Qutb war Ägypter, ein prominentes Mitglied der Muslimbruderschaft und der Bruder des 1966 hingerichteten Sayyid Qutb, dessen Lehren er in einer etwas weniger expliziten Form in seinen zahlreichen Schriften verbreitete. Seit den 1950er Jahren schon hatte der saudische Staat islamistische Intellektuelle und Gelehrte aufgenommen, die in ihren Heimatstaaten verfolgt wurden. Ägypter, Syrer, Palästinenser und Jordanier fanden Anstellung im saudi-arabischen Erziehungssystem und propagierten die Ideologie der Muslimbruderschaft in allen ihren Ausprägungen. Muhammad Qutb lehrte an der König-'Abdal'aziz-Universität in Jidda und brachte seinen Studenten den aktivistischen, revolutionären Islamismus seines Bruders Sayyid nahe. Unter ihnen war auch Bin Laden.

Als Bin Laden 1979 sein Studium abschloss, gärte es in Saudi-Arabien, besonders aber im Hijaz. Junge Wahhabiten hatten die revolutionäre Ideologie der Muslimbrüder begeistert aufgenommen und wandten sich nun gegen die Herrschaft der Familie Saud. Sie warfen ihr vor, korrupt zu sein, Bündnisse mit den «Ungläubigen» einzugehen, die Modernisierung des Landes ohne Rücksicht auf die Religion voranzutreiben und sich unislamischen Ausschweifungen hinzugeben. Im November 1979 besetzte eine Gruppe die Große Moschee von Mekka. Nachdem die Moschee von Sicherheitskräften gestürmt worden war, wurden über sechzig der Besetzer hingerichtet. Bin Laden, der die Aktivisten 1984 als «wahre Muslime» bezeichnete, kritisierte die Exekutionen als «skrupellose Morde».[12]

Mindestens ebenso sehr wie die Besetzung der Großen Moschee bewegte ihn die sowjetische Invasion in Afghanistan. Schon 1980 begab er sich erstmals nach Pakistan, und in den folgenden Jahren reiste er hin und her, warb für den afghanischen *jihad*, sammelte Spenden und verteilte die Gelder an seine Partner in Peschawar. Dort verbrachte er ab 1984 die meiste Zeit, da seine Rekrutierungsbemühungen erste Erfolge gezeitigt hatten. Er richtete ein Gästehaus ein, das er «Haus der Helfer» (*Bait al-Ansar*) nannte. Die *Ansar* waren die ersten Unterstützer des Propheten Muhammad in Medina gewesen, nachdem dieser seine Heimatstadt Mekka hatte verlassen müssen. Spätestens 1984 lernte Bin Laden auch 'Abdallah 'Azzam kennen. Er half häufig im Büro der Zeitschrift *al-Jihad* aus und assistierte 'Azzam in der Leitung des «Dienstleistungsbüros». Schon damals scheint er die neben dem Palästinenser wichtigste Persönlichkeit der arabischen Freiwilligen gewesen zu sein. Während 'Azzam eher ihr Ideologe war, dem es gelang, viele junge Leute für die Sache der Muslime in Afghanistan zu begeistern, übernahm Bin Laden logistische Aufgaben und hielt die Verbindung zu den Geldgebern in den Golfstaaten aufrecht. Inwieweit er damals im Auftrag der saudischen Regierung handelte, ist bis heute umstritten. Sicher ist jedoch, dass die Interessen privater und öffentlicher Geldgeber aus der Golfregion weitgehend identisch waren. Die Hilfsleistungen wurden vom Chef des saudischen Auslandsgeheimdienstes, Prinz Turki al-Faisal, koordiniert. Um die Gelder vor Ort zu verteilen oder um deren ordnungsgemäße Verteilung zu kontrollieren, benötigte Prinz Turki verlässliche Vertreter in Pakistan. Bin Laden scheint einer von ihnen gewesen zu sein, so dass er wahrscheinlich in enger Abstimmung mit Riad handelte. Es gibt auch keine Hinweise darauf, dass er bereits zu dieser Zeit der Herrschaft der Familie Saud ablehnend gegenüberstand.

'Azzam und Bin Laden kämpften in jenen Jahren einen Verteidigungskrieg gegen eine Weltmacht, die muslimisches Land besetzt hatte. Vermutlich wollte Bin Laden wie 'Azzam auch anschließend Palästina und andere vorgeblich von den «Ungläubigen» besetzte Länder befreien. In der zweiten Hälfte der 1980er Jahre jedoch gewannen Ägypter an Einfluss, die kaum ein Interesse am *jihad* in Palästina, wie er von 'Azzam gefordert wurde, hatten. Ihnen war daran gelegen, die Regierung ihres Heimatlandes zu stürzen. Damit war ein Konflikt zwischen diesen und den konservativen Verfechtern des defensiven *jihad* um 'Azzam vorgezeichnet.

Ab 1985 wuchs die Zahl der Araber in Afghanistan sprunghaft an und die bestehende Infrastruktur in Peschawar musste ausgebaut werden. Von den Neuankömmlingen aus Saudi-Arabien, dem Jemen, Ägypten und Algerien, aber zunehmend auch aus anderen arabischen Staaten und der weiteren islamischen Welt konnten die meisten keinerlei militärische Ausbildung vorweisen. Sie mussten erst die Trainingslager Sayyafs, Hekmatyars und Mas'uds durchlaufen, die ab Mitte der 1980er Jahre verstärkt ausgebaut wurden, und kämpften anschließend innerhalb der afghanischen Kontingente, bildeten keine eigenen Einheiten. Die Lager befanden sich auf der afghanischen Seite in den unzugänglichen Bergen der pakistanisch-afghanischen Grenzregion. Wahrscheinlich waren nur zwei von ihnen ausschließlich arabisch. Eines der beiden, «die Löwenhöhle» (*al-Ma'sada*), wurde von Bin Laden um 1986 eingerichtet. Es befand sich in der Nähe von Jaji, in der Grenzprovinz Paktia und hier soll er 1987, gemeinsam mit mehreren hundert Arabern, auch an einer Schlacht gegen sowjetische Truppen teilgenommen haben.[13]

Die wichtigsten Neuankömmlinge Mitte der 1980er Jahre waren Ägypter, die aufgrund der staatlichen Repression nach der Ermordung Präsident Sadats 1981 das Land verließen. Unter ihnen war beispielsweise Muhammad 'Atif (gest. 2001), der spätere «Militärchef» der *al-Qa'ida*. 'Umar 'Abdarrahman, der geistliche Führer der Sadat-Attentäter und der ägyptischen Islamischen Gruppe/Gemeinschaft (*al-Jama'a al-Islamiya*), reiste 1985 nach Afghanistan, kehrte allerdings kurz danach wieder nach Ägypten zurück. Die für die weitere Entwicklung der *al-Qa'ida* wichtigste ägyptische Persönlichkeit, die damals nach Peschawar kam, war Aiman az-Zawahiri, der spätere Stellvertreter Bin Ladens.

Zawahiri wurde 1951 in Kairo geboren und entstammte einer prominenten Kairener Familie, wuchs allerdings in eher bescheidenen Verhältnissen auf, da sein Vater, ein Professor für Pharmazie, zu wenig verdiente, um den Lebensstandard seiner Vorfahren zu halten. Der junge Aiman war außergewöhnlich intelligent und entschied sich, Medizin zu studieren. Wie so viele seiner Kommilitonen in den naturwissenschaftlich-technischen Studiengängen schloss er sich den Islamisten an, einigen Quellen zufolge schon in der zweiten Hälfte der 1960er Jahre. 1980 reiste er erstmals nach Peschawar, wo er als Arzt arbeitete. Inwieweit er in die Ermordung Sadats verwickelt war, ist nicht hinreichend geklärt. Er scheint aber keine führende Rolle gespielt zu haben, da er in dem anschließenden Prozess lediglich wegen illegalen Waffenbesitzes zu einer Freiheitsstrafe von drei Jahren verurteilt wurde. Ende 1984 kam er frei und schloss sich 1986 den Arabern in Peschawar an.[14]

Die ägyptischen Neuankömmlinge verfügten über ein durchweg besseres Ausbildungsniveau als die Araber aus anderen Staaten und waren ideologisch bestens geschult. Sie hatten bereits seit den 1970er Jahren Erfahrungen im bewaffneten Kampf gesammelt und waren in den Gruppierungen Heiliger Krieg (*Jihad*) und *al-Jama'a al-Islamiya* organisiert. Infolge das Attentats auf Sadat 1981 hatten viele von ihnen einige Jahre im Gefängnis verbracht. Ihr Ziel war der Sturz des ägyptischen Regimes; so kritisierten sie die Strategie 'Abdallah 'Azzams, die sich auf Afghanistan und weitere, von «Ungläubigen» besetzte Länder beschränkte. Sie befanden sich damit in der Tradition Sayyid Qutbs, wie sie von Aktivisten der 1970er Jahre weiterentwickelt worden war. Ihr wichtigster Vordenker war der Ingenieur Muhammad 'Abdassalam Faraj (1952–1982), ein führendes Mitglied der Gruppe, die Sadat ermordet hatte. In seiner Schrift «Die vergessene Pflicht» (*al-Farida al-gha'iba*) propagierte er in Anlehnung an Sayyid Qutb den bewaffneten Kampf gegen eine Regierung, die nicht islamischen Grundsätzen entsprechend regierte. Nach seinen Vorstellungen stellte der heilige Krieg mit dem Ziel der Errichtung eines islamischen Staates ein religiöses Gebot dar, das in seiner Bedeutung den fünf Säulen des Islam – dem rituellen Gebet, dem Almosengeben, dem Fasten im Monat Ramadan, der Pilgerfahrt nach Mekka und dem Glaubensbekenntnis – entspreche, von den Muslimen jedoch vernachlässigt worden sei:

«Die Errichtung des islamischen Staates ist eine Glaubenspflicht (*fard*) für die Muslime, denn wenn das Notwendige nur durch ihn geschieht, so ist er notwendig. Und wenn der Staat nur durch den Kampf (*qital*) entsteht, dann ist für uns auch der Kampf notwendig.»[15] Ziel dieses Kampfes war die ägyptische Regierung: «Der

Feind befindet sich in den islamischen Ländern selbst, denn er gelangte hier an die Schaltstellen der politischen Macht. Jener Feind sind diese Herrscher, die die Führung der Muslime an sich rissen und der *jihad* gegen sie ist eine individuelle Glaubenspflicht, mehr noch, weil der islamische *jihad* heute jeden Tropfen Blut jeden Muslims benötigt.»[16]

Faraj bezog sich in seiner Schrift ausführlich auf den mittelalterlichen Damaszener Gelehrten Taqi ad-Din b. Taimiya (1268–1328). Die meisten Gelehrten hatten es in der Vergangenheit vermieden, Muslime und muslimische Regierungen für ungläubig zu erklären. Nach traditioneller Ansicht genügte es, das Glaubensbekenntnis («Es gibt keinen Gott außer Gott und Muhammad ist sein Prophet») auszusprechen, um als Muslim zu gelten. Diejenigen militanten Islamisten, die ihre eigenen Regime bekämpften, hatten es deshalb schwer, eine religiöse Begründung für ihre Argumentation zu finden, dass es sich bei diesen um Ungläubige handelte, die in einem *jihad* bekämpft werden müssten. Ibn Taimiya jedoch hatte sich in seinem berühmten «Mongolen-*fatwa*» – dessen Existenz umstritten ist – mit nominell muslimischen Herrschern auseinander gesetzt, die er dennoch für ungläubig erklärte (*takfir*).[17] Als die mongolischen Ilkhane im späten 13. Jahrhundert von Persien aus Syrien angriffen, waren sie bereits Muslime. Für die mamlukischen Herrscher Syriens stellte sich deshalb die Frage, ob es sich lediglich um einen Konflikt zwischen zwei muslimischen Reichen handelte, oder aber der heilige Krieg (*jihad*) gegen Nichtmuslime ausgerufen werden konnte. Ibn Taimiya argumentierte in seinem *fatwa* zugunsten der Mamluken, die freilich ein großes Interesse an der Verkündung des *jihad* hatten, weil sie dadurch die Motivation der Kämpfer stärken, vermehrt Rekruten gewinnen und Sondersteuern erheben konnten. Der Tenor des *fatwas* war, dass ein muslimischer Herrscher zum Apostaten werde, wenn er die *shariʿa* nicht anwende. Die Mongolen aber wendeten ihr noch aus Zentralasien stammendes Gewohnheitsrecht, *yasa* genannt, an, und wurden somit zu Ungläubigen, die im *jihad* bekämpft werden mussten. Faraj übertrug diese Argumentation eines anerkannten sunnitischen Gelehrten auf seinen Kampf gegen den ägyptischen Staat:

«Nach dem endgültigen Untergang des Kalifats im Jahr 1924 und nachdem alle Gesetze des Islam ausgerottet und durch Gesetze der Ungläubigen ersetzt worden waren, befanden sich die Muslime in derselben Situation wie die Mongolen (*at-tatar*)... .»[18] Die Herrscher muslimischer Staaten seien Apostaten, weil sie nicht gemäß islamischem Recht regierten, auch wenn sie sich selbst, wie die Mongolen im 13. Jahrhundert, als Muslime bezeichneten. Die im Islam vorgesehene Strafe für Apostasie – so Faraj – sei der Tod.

Faraj wandte sich nun ausdrücklich gegen die Auffassung, bevor die Islamisten gegen ihre eigenen Regierungen vorgingen, müsse Jerusalem befreit oder der «Imperialismus» besiegt werden. Vielmehr sei die ägyptische Regierung das vorrangige Ziel ihres Kampfes: «Der Kampf gegen den nahen Feind (*al-'aduw al-qarib*) ist sinnvoller als der Kampf gegen den fernen Feind (*al-'aduw al-ba'id*).» Zunächst gegen den «fernen Feind» zu kämpfen, würde die Islamisten schwächen und somit die «ungläubigen» Herrscher ihrer Heimatländer stärken: «Die Grundlage der kolonialen Präsenz in den Ländern des Islam sind diese Herrscher. Deshalb ist es nicht lobenswert und nicht sinnvoll, ja geradezu eine Zeitverschwendung, zu Beginn gegen den Imperialismus vorzugehen. Wir müssen uns zuerst auf unsere eigene islamische Sache konzentrieren, und die besteht in der Einführung des Gesetzes Gottes (*shar' allah*) in unserem Land und darin, Gottes Wort voranzustellen. Es gibt keinen Zweifel, dass das Schlachtfeld des *jihad* die Ausrottung dieser ungläubigen Führungen und ihr Ersatz durch das allumfassende politische System des Islam ist.»[19]

Dieser Theorie folgten auch diejenigen Ägypter, die ab Mitte der 1980er Jahre nach Afghanistan kamen und versuchten, die arabischen Mitkämpfer für ihren *jihad* gegen das Regime Mubarak zu instrumentalisieren. Nachdem es ihnen aufgrund ihrer organisatorischen und ideologischen Überlegenheit schnell gelungen war, führende Positionen einzunehmen, begannen sie, 'Abdallah 'Azzams Konzept eines defensiven *jihad* in Afghanistan, Palästina und anderen von Nichtmuslimen besetzten Ländern zu kritisieren. Dies traf auf heftige Gegenwehr. Sein Schwiegersohn, der Algerier 'Abdallah Anas, berichtete beispielsweise von einem heftigen Streit zwischen 'Azzam und 'Umar 'Abdarrahman, der Mubarak und den pakistanischen Machthaber Zia ul-Haq als ungläubig hinstellte und ihre Ermordung forderte.[20] Über diese Fragen eskalierten in der zweiten Hälfte der 1980er Jahre die Auseinandersetzungen zwischen verschiedenen arabischen Gruppierungen in Pakistan und Afghanistan. Während die Ägypter den Kampf gegen den «nahen Feind» in den Heimatländern forderten, wollten die Anhänger 'Azzams den *jihad* strikt auf die von «Ungläubigen» besetzten Länder und damit den «fernen Feind» beschränken.

Die Ägypter versuchten, Bin Laden, der bis dahin dem Konzept 'Azzams gefolgt zu sein scheint, für ihre Argumentation zu gewinnen, um so Zugang zu seinen Finanzierungsquellen und Kontakten zu erhalten. Vor allem Aiman az-Zawahiri hat wohl bereits damals großen Einfluss auf den Saudi ausgeübt. Während 'Azzam daran festhielt, nur gegen Nichtmuslime in besetzten muslimischen Ländern zu kämpfen, war Bin Laden der Ansicht, dieser Kampf könne in vielen Ländern gleichzeitig gekämpft werden, gegen den «nahen» und den «fernen Feind». Zu diesem Zweck legten er und seine neuen Verbündeten kurz vor dem Abzug der Russen die Datenbank an, die seiner Organisation später den Namen geben sollte: «die Basis» (*al-Qa'ida*). Darin sammelten sie Informationen zu all denjenigen arabischen Freiwilligen, die in Afghanistan gekämpft hatten, um diese später für weitere Aktivitäten zu mobilisieren. Die Gruppe bestand in den folgenden Jahren fort, hatte jedoch nur wenige Mitglieder und schien keine hervorgehobene Rolle unter militanten Islamisten zu spielen. Vielmehr bemühte sie sich in erster Linie, die Kontakte zwischen den nun weltweit verstreuten Militanten aufrechtzuerhalten, und wurde so zur Keimzelle der späteren transnationalen Organisation.[21]

'Abdallah 'Azzam wurde im November 1989 durch die Explosion einer Autobombe getötet. Die Täter sind bis heute unbekannt, wobei seine Anhänger die ägyptischen Aktivisten für den Mord verantwortlich machen. Auch Bin Laden wird zuweilen als Verdächtiger genannt, wobei seine Beziehung zu 'Azzam auch im Jahr 1989 noch verhältnismäßig gut gewesen sein soll. Nicht auszuschließen ist natürlich ein Attentat durch sowjetische Geheimdienste. Jedenfalls übernahmen Bin Ladens ägyptische Verbündete das «Dienstleistungsbüro» und setzten in den folgenden Jahren ihre Ausbildungsbemühungen fort, wenn auch in einem sehr eingeschränkten Rahmen.

Usama Bin Laden und die ägyptischen Militanten im Sudan

Viele arabische Kämpfer blieben nach 1989 in Pakistan und Afghanistan, einige zogen in Kriegsgebiete wie Bosnien und Tadschikistan, andere kehrten in ihre Heimatländer zurück, wo sie – wie in Ägypten und Algerien – an Aufständen der militanten Islamisten teilnahmen. Bin Laden war in den Jahren bis 1996 nur ein Militanter unter vielen in einer großen und heterogenen Szene, die ihr Gravitationszentrum in den Trainingslagern des afghanisch-pakistanischen Grenzgebietes hatte. Diese Lager waren in den folgenden Jahren nie leer, doch handelte es sich nicht um *al-Qa'ida*-Camps. Sie wurden meist von afghanischen Gruppierungen geleitet und bildeten vor allem Pakistanis, Afghanen und einige Araber aus. Daran änderte sich nichts, auch als die afghanischen *Mujahidin* im April 1992 Kabul einnahmen. In den folgenden Jahren führten diese einen erbitterten Bürgerkrieg um die Kontrolle des Landes und setzten deshalb ihre Ausbildungsaktivitäten fort. Bin Laden mag sich an der Finanzierung des Trainings beteiligt haben und hatte auch Anhänger in der Region. Über eigene Lager verfügte er jedoch nicht. Er kehrte 1989/90 zunächst nach Saudi-Arabien zurück.

Bin Ladens Selbstbewusstsein war nach dem Sieg gegen die Sowjetunion, den er auch auf den Einsatz der arabischen Kämpfer zurückführte, deutlich gestiegen. Zudem wusste er einige hundert saudi-arabische Afghanistan-Veteranen hinter sich, so dass er bald begann, das saudische Regime öffentlich für seine pro-westliche Politik zu kritisieren. Er war damals wohl noch kein prinzipieller Gegner der saudischen Herrscherfamilie, stand ihr jedoch – unter dem Einfluss der Thesen der Ägypter zum «nahen Feind» – sehr viel reservierter gegenüber als noch zu Beginn der 1980er Jahre. Als Saddam Husain im August 1990 irakische Truppen in das Emirat Kuwait einmarschieren ließ, eskalierten die Meinungsverschiedenheiten zwischen der Herrscherfamilie und Bin Laden. Dieser soll Verteidigungsminister Prinz Sultan damals angeboten haben, eine Armee von Glaubenskämpfern zusammenzustellen, um Saudi-Arabien vor einem Angriff des Irak zu schützen und die Iraker aus Kuwait zu vertreiben.[22] Die Regierung lehnte jedoch ab und Bin Laden protestierte heftig gegen deren Entscheidung, amerikanische

Truppen zum Schutz vor einem möglichen irakischen Angriff ins Land zu rufen. Für viele saudische Islamisten wurde der amerikanische Truppenaufmarsch im «Land der Heiligen Stätten Mekka und Medina» zu einem Wendepunkt.

Mit seiner Kritik provozierte Bin Laden die Regierung so sehr, dass er sich im Spätjahr 1991 nur noch durch die Flucht seiner Verhaftung entziehen konnte. Nach einem kurzen Aufenthalt in Afghanistan fand er Aufnahme im Sudan, wo sich das Militär im Juni 1989 an die Macht geputscht hatte und eng mit der «Nationalen Islamischen Front» (*al-Jabha al-Islamiya al-Qaumiya*) des Hasan at-Turabi kooperierte. Turabi war bereits damals einer der Vordenker des Islamismus in der arabischen Welt und wurde zur grauen Eminenz des Militärregimes in Khartum.

Seit der Machtergreifung propagierte Turabi seine Vision eines islamistischen Staates in der Region, indem er Kontakte zu islamistischen Persönlichkeiten pflegte und ihnen gegebenenfalls Zuflucht bot.[23] Er verfügte beispielsweise über enge Beziehungen zur algerischen Islamischen Heilsfront (Front Islamique du Salut, FIS) und zur tunesischen Wiedererweckung (*an-Nahda*). Darüber hinaus machte er den Sudan zu einem Refugium für Angehörige militanter Gruppen, die Afghanistan verlassen hatten und aus Furcht vor staatlicher Repression nicht in ihre Heimatländer zurückkehren konnten. Unter ihnen war auch der Ägypter 'Umar 'Abdarrahman, der oft «der blinde Shaikh» genannt wird. Nicht Bin Laden, sondern 'Umar 'Abdarrahman war damals die angesehenste Persönlichkeit unter den militanten Arabern, möglicherweise, weil er ebenso wie 'Abdallah 'Azzam ein ausgebildeter Religionsgelehrter war. Seine Rolle spiegelt auch die führende Position der Ägypter im Sudan wider. Gegen Ende 1991 sollen bis zu 1000 von ihnen im Sudan gelebt haben, darunter Angehörige der beiden großen Gruppierungen, des *Jihad* und der *Jama'a al-Islamiya*. Überall im Land entstanden Ausbildungslager für arabische Kämpfer, die seit damals «die arabischen Afghanen» (*al-Afghan al-'Arab*) genannt wurden. Diese wurden in den umliegenden Staaten aktiv und sorgten dafür, dass Ost- und Nordafrika zum wichtigsten Operationsgebiet islamistischer Militanter der 1990er Jahre wurde.

Auch im Sudan war Bin Laden zunächst einer unter vielen Afghanistanveteranen. Turabi hatte jedoch ein besonderes Interesse an ihm, weil er über Geld und beste Kontakte zu reichen Geschäftsleuten in den Golfstaaten verfügte. Darüber hinaus hatte Turabis Politik eine deutlich antisaudische Komponente: Oft wird behauptet, er habe versucht, Saudi-Arabien seine Position als Führungsmacht in der arabischen Welt streitig zu machen. Dies ist möglich, obwohl Turabi klar gewesen sein dürfte, dass dies für ein armes und von einem Bürgerkrieg zerrissenes Land wie den Sudan ein schwieriges Unterfangen war. Seine Zielsetzung scheint jedoch ein wenig diffuser gewesen zu sein: Turabi wollte einen dynamischen, modernen und revolutionären Gegenentwurf zu dem konservativen Islamismus der saudischen Herrscherfamilie anbieten und unterstützte zu diesem Zweck militante Gruppierungen. Er lud Bin Laden nach Khartum ein, wo dieser eine ganze Reihe von Unternehmen aufbaute, beginnend mit einer Baufirma: In den folgenden Jahren finanzierte er viele Aktivitäten Turabis. Bin Laden selbst errichtete Trainingslager und stellte viele der Kämpfer in seinen neu gegründeten Firmen in der Land- und Bauwirtschaft an. *al-Qa'ida* spielte in der ersten Hälfte der 1990er Jahre nur eine untergeordnete Rolle. Vielmehr zeigte sich damals, wie verschieden die Interessen der Afghanistanveteranen waren und wie schwierig es war, sie – wie von Bin Laden und seinen ägyptischen Verbündeten schon Ende der 1980er Jahre beabsichtigt – in einer transnationalen Organisation zu vereinen.

So scheint auch der spektakulärste Anschlag der 1990er Jahre, der auf das World Trade Center 1993, nicht auf *al-Qa'ida* zurückzugehen. Der Haupttäter war der Kuwaiti Ramzi Yusuf (Yousef, geb. 1968).[24] Er stammte ursprünglich aus dem pakistanischen Belutschistan, doch sein Vater, ein Ingenieur, war in den 1970er Jahren nach Kuwait ausgewandert. Ramzi wuchs in Kuwait und Pakistan auf und studierte in der zweiten Hälfte der 1980er Jahre Elektrotechnik in Großbritannien. Wann und wo er sich radikalisierte, ist unbekannt, doch verbrachte er 1989 bereits die Sommermonate in den Trainingscamps rund um Peschawar, wo er junge Militante im Bombenbau unterrichtete. Nachdem er 1991 nach Pakistan zurückgekehrt war, setzte er seine Lehrtätigkeit in Peschawar fort. Seine technischen Fähigkeiten erlaubten es ihm, unabhängig von größeren Gruppen Anschläge zu planen. Die erste bedeutende Aktion war der Anschlag auf das World Trade Center am 26. Februar 1993. Yusuf war ein halbes Jahr zuvor in die USA eingereist und hatte in der *al-Farouq*-Moschee in Brooklyn einige junge Muslime rekrutiert, die ihm bei der Ausführung seines Plans helfen sollten. Dort predigte – mit einigen Unterbrechungen – seit 1990 'Umar 'Abdarrahman, der später wegen seiner Beteiligung an dem Anschlag in den USA verurteilt wurde und seitdem inhaftiert ist. Yusuf spähte sein Ziel selbst aus, plante und baute eine Bombe, die nur deshalb nicht noch stärker war, weil es ihm an Geld fehlte, um einen größeren Sprengsatz herzustellen. Ursprünglich hatte er beabsichtigt, das World Trade Center zum Einsturz zu bringen. So explodierte die Bombe in einem Auto, das in einer Tiefgarage unter den Twin Towers abgestellt war. Sie tötete sechs Menschen, verletzte mehr als 1000 und richtete große Schäden in dem Gebäude an. Yusuf verließ das Land sofort und reiste über Pakistan nach Afghanistan.

Obwohl unwahrscheinlich ist, dass *al-Qa'ida* oder Bin Laden bei diesem Anschlag bereits eine Rolle spielten, scheint Yusufs Onkel, Khalid Shaikh Muhammad, der 1996 zu der transnationalen Organisation stieß, ein Hintermann des Attentats gewesen zu sein. Mittlerweile ist bekannt geworden, dass er Yusuf zumindest einen kleinen Geldbetrag zukommen ließ.[25] In den folgenden Jahren planten und organisierten die beiden gemeinsam mehrere Anschläge, wobei sich schnell zeigte, dass Shaikh Muhammad die weitaus begabtere Persönlichkeit war. Yusuf scheint sich weitgehend auf den Bombenbau beschränkt zu haben, während sein Onkel die treibende Kraft ihres Terrorunternehmens war.

Khalid Shaikh Muhammad (geb. 1965) stammte ebenfalls aus Belutschistan und war in Kuwait aufgewachsen.[26] Sein Vater war in den 1950er Jahren nach Kuwait eingewandert und sein Bruder Zahid, ein prominentes Mitglied der kuwaitischen Muslimbruderschaft, leitete ab Mitte der 1980er Jahre das Büro einer kuwaitischen Hilfsorganisation in Peschawar. Shaikh Muhammad erhielt seine islamistische Prägung in Kuwait, wo er sich laut eigener Aussage im Alter von 16 Jahren der Muslimbruderschaft anschloss und in deren Sommercamps radikalisierte. Von den meisten Afghanistankämpfern unterschied er sich schon insofern, als er in den USA Ingenieurswesen studiert hatte. 1992 begab er sich nach Karatschi, wo er angeblich als Geschäftsmann lebte. Vermutlich war er damals bereits der Hintermann seines Neffen Ramzi Yusuf und befasste sich vor allem mit der Finanzierung seiner terroristischen Aktivitäten. Nachdem Yusuf aus den USA zurückgekehrt war, entwickelten sie gemeinsam den Plan, zwölf in Ostasien gestartete amerikanische Flugzeuge über dem Pazifik zu sprengen. Zu diesem Zweck reisten beide nach Manila, wo sie im Dezember 1994 zu Erprobungszwecken eine Bombe auf einem Flug der Philippine Airlines nach Tokio versteckten. Sie explodierte und tötete einen Passagier. Gleichzeitig planten sie ein Attentat auf Papst Johannes Paul II. während dessen Besuchs in Manila im Januar 1995. Als jedoch in dem Apartment, in dem Yusuf die Bomben konstruierte, ein Feuer ausbrach, wurde ihr Plan aufgedeckt. Yusuf reiste zurück nach Pakistan, wo er 1995 gefasst und anschließend an die USA ausgeliefert wurde. Shaikh Muhammad begab sich nach Katar, wo er – zumindest formal – als Ingenieur für das Ministerium für Elektrizität und Wasser arbeitete.

Im Sudan dominierten damals die Ägypter die militante Szene und setzten auch die Agenda: Ziel ihrer Aktivitäten war weiterhin die Regierung ihres Heimatlandes. Zum einen unterstützten sie die Gewaltkampagne in Ägypten selbst, wo zwischen 1992 und 1997 ein Konflikt zwischen militanten Gruppen und der Regierung tobte. Darüber hinaus bemühten sie sich, den Ausgang dieses Konfliktes durch terroristische Anschläge vom Sudan aus zu unterstützen. Im Jahr 1993 verübte die *Jihad*-Gruppe Attentate auf den ägyptischen Ministerpräsidenten 'Atif Sidqi und Innenminister Hasan al-Alfi. Die Attentäter scheiterten in beiden Fällen. In Ägypten selbst erlitten die militanten Islamisten in den folgenden Jahren herbe Verluste und schon 1995 zeichnete sich ab, dass sie im Konflikt mit den staatlichen Sicherheitskräften unterliegen würden. Deshalb soll Zawahiri im April desselben Jahres während eines Treffens im sudanesischen Khartum versucht haben, die beiden Organisationen zumindest im Ausland auf eine gemeinsame Vorgehensweise einzuschwören. Der Versuch misslang. Stattdessen griffen Angehörige der *Jama'a al-Islamiya* im Juni 1995 die Fahrzeugkolonne des ägyptischen Präsidenten Mubarak an, die sich während eines Staatsbesuchs im äthiopischen Addis Abeba auf dem Weg vom Flughafen in die Stadt befand.[27] Gesichert ist, dass mit Mustafa Hamza ein führendes Mitglied der *Jama'a* die Operation leitete. Der Angriff scheiterte und mindestens zwei der Täter wurden von Sicherheitskräften getötet. Im November desselben Jahres zerstörte eine Bombe die ägyptische Botschaft im Diplomatenviertel von Islamabad. Eine Teilgruppe des *Jihad*, angeführt von Aiman az-Zawahiri, scheint für den Anschlag, der deutliche Ähnlichkeit mit denen der *al-Qa'ida* in den folgenden Jahren aufwies, verantwortlich gewesen zu sein. Dennoch handelte es sich bei all diesen Aktionen um rein ägyptische Vorhaben, mit denen *Jihad* und *Jama'a* den «nahen Feind», den ägyptischen Staat, treffen wollten. Sie schlugen im Ausland zu, weil sie in Ägypten bereits zu schwach für derartige Aktionen waren.

Usama Bin Laden wandte sich in diesen Jahren schrittweise von der Vision 'Abdallah 'Azzams von einem *jihad* zur Befreiung des von «Ungläubigen» besetzten muslimischen Territoriums ab, ohne dieses Ziel jedoch vollkommen aus den Augen zu verlieren. Der Einfluss der Ägypter in seiner Umgebung sowie seine Erfahrungen mit dem saudischen Königshaus ließen ihn immer mehr eine antisaudische Strategie verfolgen. Dennoch vermittelt eine nähere Betrachtung seiner Jahre in Khartum den Eindruck, er habe zeitweise die Orientierung verloren und nach neuen Zielen gesucht. Dies mag daran liegen, dass es nur wenige gesicherte Informationen für diese Zeit gibt. Sein Zögern wird jedoch verständlich, wenn man bedenkt, dass er in Afghanistan lange im Einklang mit und möglicherweise sogar für die saudische Regierung gearbeitet hatte. In jedem Fall entwickelte er sich nur schrittweise zu einem militanten saudischen Oppositionellen.

Im Herbst 1994 erreichte Bin Ladens Verhältnis zu seinem Heimatland einen Wendepunkt. Damals reagierte die saudische Regierung mit verschärfter Repression auf die immer offeneren Aktivitäten der islamistischen Opposition, die ihre Forderung nach einer umfassenden Islamisierung des Staates im Juli 1992 im so genannten «Memorandum des Guten Rates» (*Mudhakkirat an-Nasiha*) zusammengefasst hatte. Es waren populäre junge Prediger wie Safar al-Hawali (geb. 1954) und Salman al-'Auda (geb. 1955), die der Regierung die größten Probleme bereiteten. Nachdem der Großteil der amerikanischen Truppen und die Vertreter internationaler Medien aus dem Königreich abgezogen waren, beschloss die Regierung, die Opposition zu disziplinieren. In den Jahren 1993 und 1994 wurden viele Islamisten, unter ihnen Hawali und 'Auda, inhaftiert, einige begaben sich ins Exil nach London und Bin Laden, der wie so viele seiner Landsleute zu den Anhängern der beiden Gelehrten gehörte, wurde die saudische Staatsbürgerschaft aberkannt. Ihre Verhaftung trug maßgeblich dazu bei, dass er sich zum bewaffneten Kampf gegen den saudischen Staat entschied. In einem Interview mit CNN im März 1997 bestätigte er dies, deutete mit seiner vorsichtigen Wortwahl jedoch an, dass ihm der Schritt nicht leicht gefallen war: «Als die saudische Regierung sich versündigte, indem sie alle Stimmen der Gelehrten und die Stimmen derjenigen, die zum Islam aufrufen, unterdrückte, sah ich mich gezwungen, insbesondere nachdem die Regierung Shaikh Salman al-'Auda und Shaikh Safar al-Hawali und einige andere Gelehrte daran hinderte, sich frei zu äußern, einen kleinen Teil meiner Pflicht, das Rechte zu gebieten und das Unrechte zu verbieten, zu erfüllen.»[28]

Schon kurz nach den Verhaftungen drohte eine unbekannte Gruppe namens «Bataillone des Glaubens» (*Kata'ib al-Iman*) mit Attentaten und sprach offen vom *jihad* gegen das Königshaus, die USA und Israel.[29] Es ist unbekannt, inwieweit es sich dabei um eine mit Bin Laden assoziierte Gruppe handelte. Anschließend dauerte es noch über ein Jahr, bis im November 1995 der erste große Anschlag in Riad stattfand, vor dem Hauptquartier des US-amerikanischen Sicherheitsdienstleisters Vinnell. Wahrscheinlich handelte es sich damals um die erste Aktion der *al-Qa'ida* in Bin Ladens Heimatland. Möglicherweise bekannte sich Bin Laden deshalb nicht, weil seine sudanesischen Gastgeber sonst unter Druck geraten wären, ihn auszuliefern.

Ohnehin musste Hasan at-Turabi ab spätestens 1995 erkennen, dass seine Politik gescheitert war. Die Unterstützung militanter Gruppen hatte den Sudan international in die Isolation geführt. Die USA hatten ihn 1993 auf ihre Liste der staatlichen Terrorunterstützer gesetzt, da Khartum neben Bin Laden, den ägyptischen und den nordafrikanischen Gruppen mehrere andere Organisationen gefördert hatte. Deshalb blieben auch dringend benötigte westliche Investitionen in die Ölinfrastruktur des Landes aus. Darüber hinaus hatten sich die Beziehungen zu Saudi-Arabien und Ägypten massiv verschlechtert. Insbesondere der fehlgeschlagene Anschlag auf Präsident Mubarak in Addis Abeba sorgte dafür, dass die Nachbarstaaten Sudan verstärkt unter Druck setzten. Turabi soll zunächst noch die Attentäter gepriesen haben, weil sie, wie er ganz im Jargon ägyptischer Aktivisten sagte, «den ägyptischen Pharao» angegriffen hatten.[30] Ägypten und Äthiopien protestierten und behaupteten, Sudan beherberge drei geflüchtete Attentäter. Im Januar 1996 beschuldigte auch der UN-Sicherheitsrat den Sudan, Terroristen zu unterstützen, und verhängte Sanktionen gegen das Land. Da Khartum zunehmend isoliert war, versuchte der sudanesische Präsident Bashir, Turabis Einfluss zu reduzieren. Dieser selbst distanzierte sich unter dem Druck der Ereignisse von den militanten Gruppen. Die Ägypter, Nordafrikaner und Saudis mussten das Land verlassen. Bin Laden reiste im Mai 1996 nach Jalalabad in Afghanistan, wo mehrere seiner alten afghanischen Kampfgefährten hofften, seine Kontakte für ihre Zwecke nutzen zu können.

Usama Bin Laden, Saudi-Arabien und die USA

Bin Laden blieb zunächst in der Gegend von Jalalabad. Hier, weitab von seiner Heimat, gewann seine Vorgehensweise Konturen, die zunächst vor allem davon geprägt waren, dass er nicht mehr wie im Sudan von einem staatlichen Unterstützer abhängig war, der eigene Interessen verfolgte und versuchte, seinen Gast in diesem Sinne zu instrumentalisieren. In Jalalabad konkurrierten einige afghanische Kommandanten, allen voran Gulbuddin Hekmatyar, um seine Unterstützung. Eine funktionierende Zentralregierung gab es nicht. Afghanistan befand sich damals mitten in einem Bürgerkrieg, der erst mit der Eroberung Kabuls durch die Taliban im September 1996 vorläufig endete. Diese Situation ermöglichte es Bin Laden erstmals, seine Ziele öffentlich zu definieren.

Im August 1996 ließ Bin Laden einen Text veröffentlichen, der mit «*Jihad*-Erklärung gegen die Amerikaner, die das Land der Heiligen Stätten besetzt halten» überschrieben war und in dem er den USA den Krieg erklärte.[31] Ganz in der Tradition 'Abdallah 'Azzams verwies er auf die Verbrechen der Allianz der «Juden und Christen» an Muslimen in aller Welt. Er hob Palästina und den Irak hervor und nannte das «Massaker» von Qana im Libanon, wo im April 1996 das israelische Militär einen UN-Stützpunkt beschossen hatte und 106 Zivilpersonen, mehrheitlich Frauen und Kinder, starben.

Seine Aufzählung der Länder, in denen Massaker an Muslimen verübt wurden, umfasste Tadschikistan, Burma, Kaschmir, Assam, die Philippinen, Pattani im Süden Thailands, die äthiopische Provinz Ogaden, Somalia, Eritrea, Tschetschenien und Bosnien-Herzegowina. Für alle diese Verbrechen seien die USA und ihre Verbündeten verantwortlich, während die Vereinten Nationen ihr willfähriger Erfüllungsgehilfe seien. Oberflächlich betrachtet, handelte es sich bei dieser Erklärung um die erste programmatische Aufforderung Bin Ladens zu einem globalen *jihad* gegen die USA und ihre Verbündeten, den «fernen Feind».

Im Hauptteil des Textes zeigt sich jedoch deutlich der ideologische Einfluss, den seine ägyptischen Weggefährten seit der zweiten Hälfte der 1980er Jahre auf ihn ausgeübt hatten. Er liest sich wie eine saudi-arabische Adaption der Lehren Muhammad 'Abdassalam Farajs zum «nahen Feind» in Ägypten. Aufschlussreich ist bereits der Untertitel der Erklärung, der unter Rückgriff auf einen Ausspruch des Propheten Muhammad lautet: «Vertreibt die Polytheisten von der Arabischen Halbinsel». Dieser Satz wurde in den nächsten Jahren zum Schlachtruf der Halbinselaraber innerhalb der *al-Qa'ida*. So beispielsweise in einem Video, das im April 2002 von dem katarischen Fernsehsender *al-Jazeera* ausgestrahlt wurde, in dem der spätere Selbstmordattentäter Ahmad al-Haznawi eine Begründung für den Angriff auf das World Trade Center und das Pentagon vorlas. Als Hintergrund wählte *al-Qa'ida* ein Bild der brennenden Twin Towers und stellte davor den besagten Satz, was verdeutlicht, dass Bin Laden und seine Umgebung die Angriffe im Herzen der Vereinigten Staaten in Verbindung mit ihrem Kampf gegen die saudische Herrscherfamilie setzten. In islamistischen Zirkeln der Arabischen Halbinsel wird der Ausspruch immer wieder als schlüssiger Beleg dafür präsentiert, dass das «Land der Heiligen Stätten», wie sie Saudi-Arabien üblicherweise nennen, von nichtmuslimischen Ausländern befreit werden müsse. Dass Bin Laden diesen Satz an prominenter Stelle in seine «*Jihad*-Erklärung» aufnahm, zeigt bereits, dass der Text sich auch auf sein Heimatland bezog.

Die *Jihad*-Erklärung ist eine ausführliche Abrechnung mit der saudischen Herrscherfamilie, in der alle erdenklichen Details der saudi-arabischen Innenpolitik kritisch beleuchtet werden, von sozio-ökonomischen Aspekten bis hin zum Bündnis mit den USA. Bin

Laden verweist beispielsweise auf Hunderttausende junger Schul- und Universitätsabgänger, die trotz des Ölreichtums des Landes in die Arbeitslosigkeit entlassen werden. Für diese Wirtschaftskrise sei neben verbreiteter Korruption auch das Bündnis mit den USA verantwortlich, da die saudische Regierung ihre Ölpolitik nicht nach den Bedürfnissen des Landes ausrichte, sondern entsprechend den Wünschen der US-Regierung über Fördermengen und Preispolitik entscheide. Darüber hinaus habe sich der saudische Staat als unfähig erwiesen, das Land gegen äußere Feinde zu verteidigen, was den Vereinigten Staaten erst ermöglicht habe, es zu besetzen. Die Kritik Bin Ladens und seine daran anschließenden Forderungen an das Königshaus entsprachen in fast allen Details denen der islamistischen Opposition, wie sie sie im «Memorandum des Guten Rates» dargelegt hatte. Bin Laden verlangte eine vollständige Islamisierung aller Lebensbereiche und die Aufgabe jeglicher Beziehungen zum «ungläubigen» Westen. Diese Ausrichtung des Dokuments an der innenpolitischen Situation des Landes verweist auf Bin Ladens Selbstverständnis als saudischer Oppositioneller. Was seine Darstellung allerdings von den Thesen Farajs unterscheidet, ist, dass er die amerikanische «Besetzung» des Landes als wichtigsten Grund für die Misere identifiziert, ohne allerdings seine Regierung von der Verantwortung freizusprechen:

«Und während wir wissen, dass das Regime die volle Verantwortung trägt für das, was dem Land zugestoßen ist und die Diener Gottes bedrückt, ist der amerikanische Feind und Besatzer die eigentliche Ursache aller Heimsuchungen. Deshalb müssen wir unsere Bemühungen darauf konzentrieren, ihn zu töten und zu bekämpfen [...], bis er besiegt ist.» Bin Laden bezog seine Hoffnung, die militanten Islamisten seien tatsächlich in der Lage, die USA aus Saudi-Arabien zu vertreiben, aus den Auswirkungen vergangener Terroranschläge auf amerikanische Ziele. So verwies er auf das Bombenattentat der *Hizballah* auf ein amerikanisches Armeecamp in Beirut 1983, wo 241 amerikanische Soldaten starben und die US-Regierung wenige Monate später ihre Truppen aus dem Land zurückzog. Noch ausführlicher ging er auf Ereignisse in Somalia im Oktober 1993 ein. Die amerikanische Operation «Restore Hope», in deren Rahmen Truppen nach Somalia verlegt wurden, war als eine humanitäre Aktion geplant worden, die dem von einem Bürgerkrieg geplagten Land auch Stabilität bringen sollte. Sie wurde abgebrochen, nachdem der öffentliche Widerstand gegen die Intervention im Herbst 1993 zu stark wurde: Die Bilder eines toten amerikanischen Soldaten, der von Somalis durch die Straßen Mogadischus gezerrt wurde, gingen um die Welt. Bin Laden verwies nun darauf, dass es genügte, wenn nur einige Dutzend der mehreren zehntausend amerikanischen Soldaten getötet würden und ein Pilot durch die Straßen von Mogadischu geschleift würde, um die USA zum Rückzug zu bewegen. Saudische Glaubenskämpfer könnten die Amerikaner ebenso zum Rückzug aus Saudi-Arabien zwingen. Bis lange nach dem 11. September 2001 zitierte Bin Laden immer wieder diese beiden Fälle, in denen sich die USA als Reaktion auf Terroranschläge oder – wie im Fall von Somalia – sonstige die amerikanische Öffentlichkeit schockierende Ereignisse zurückzogen, um zu belegen, dass es durchaus möglich ist, durch terroristische Aktionen politische Ziele durchzusetzen.

Der Adressat der *Jihad*-Erklärung war vor allem die saudische Öffentlichkeit. Dennoch zeigte sich hier bereits Bin Ladens Bemühen, auch nichtsaudische Muslime für seine Sache zu begeistern. Hierauf verweist vor allem seine These, die USA seien die Wurzel aller Probleme in seinem Heimatland. Obwohl im Text deutlich wird, dass es ihm vor allem um die Beseitigung des «nahen Feindes» ging, der Kampf gegen die USA also Mittel zum Zweck war, forderte er, zunächst gegen den «fernen Feind» vorzugehen. Damit formulierte er eine neue Strategie und widersprach vielen damals prominenten Persönlichkeiten der islamistischen Szene, vor allem Ägyptern, die weiterhin den Kampf gegen ihre eigenen Regierungen führen wollten. Tatsächlich dauerte der Konflikt zwischen den ägyptischen Islamisten und der Regierung damals noch an. Bin Laden argumentierte nun in einer Weise, mit der er hoffen konnte, auch Aktivisten in anderen Staaten der arabischen Welt anzusprechen. Die eigentümliche Kombination einer internationalen mit einer lokalen Strategie ließ Bin Laden in den nächsten Jahren viele Nichtsaudis für seine Organisation gewinnen, da er versprach, ihre lokalen Ziele zum Beispiel in Ägypten, Jordanien oder Jemen in eine globale Strategie einzubeziehen.

2.2. Die transnationale Organisation (1996–2001)

Bin Laden und Aiman az-Zawahiri

al-Qa'ida hatte schon seit Ende der 1980er Jahre als eine kleine Gruppierung bestanden, wobei ihr organisatorischer Zusammenhalt sehr locker war. Wenn sie die Jahre zwischen dem Ende des Kampfes in Afghanistan 1989 und der Begründung der eigentlichen Organisation in den Jahren 1996 bis 1998 fortbestand, so hauptsächlich, weil ihre ägyptischen Mitglieder von den Kontakten und damit von den Finanzen des reichen Saudis Bin Laden profitieren wollten. Es waren vor allem diese Beziehungen zu finanzstarken Sympathisanten in den arabischen Golfstaaten, die Bin Laden vor 1996 zu einer wichtigen Persönlichkeit innerhalb des militanten Spektrums gemacht hatten. Dies machte ihn auch als Partner für die Ägypter attraktiv, von denen immer einige in seiner Nähe zu finden waren. Die Szene war dennoch weitgehend heterogen und nur die *Jama'a al-Islamiya* und der *Jihad* waren Organisationen, die auch über den jeweiligen lokalen Rahmen hinaus bedeutend und damit auch genauer identifizierbar waren.

al-Qa'ida als eine strukturierte Organisation mit einer hierarchischen Führung bestand lediglich zwischen 1997/98 und 2001 und es ist vor allem die Rückschau vor dem Hintergrund des 11. September, die eine realistische Interpretation dieses Phänomens verhindert. Heute wird häufig ein sehr weiter *al-Qa'ida*-Begriff verwendet, der deutlich die verbreitete Unsicherheit beim Umgang mit diesem Namen und der dahinter stehenden Organisation verrät. Dabei werden unter *al-Qa'ida* all diejenigen militanten Islamisten zusammengefasst, die in Afghanistan trainiert worden waren und später im militanten Milieu aktiv wurden. Da *al-Qa'ida* selbst kurz vor dem 11. September nie alle Ausbildungslager in Afghanistan kontrollierte und einzelne Gruppen und Einzelpersonen immer – und oft auch erfolgreich – versuchten, sich ihrer Kontrolle zu entziehen, ist eine solche Begriffsdefinition nicht sinnvoll. Um die erweiterte Szene zu beschreiben, bieten sich eher Begriffe wie «militante Islamisten mit Afghanistan-Bezug» oder «transnationaler militanter Islamismus» an. Die militanten Gruppierungen bestanden bereits seit den 1970er Jahren und waren so heterogen, dass die wenigen Jahre, in denen es *al-Qa'ida* gelang, einige von ihnen in eine größere Struktur zu integrieren, nicht ausreichten, um eine homogene Organisation aufzubauen.

Wenn hier nun von *al-Qa'ida* die Rede ist, handelt es sich um einen viel engeren Begriff, der eine Kernorganisation beschreibt, die sich noch 1996 hauptsächlich aus saudi-arabischen, jemenitischen und – in geringerer Zahl – kuwaitischen Staatsbürgern zusammensetzte, die mit Ägyptern verbündet waren. Dies ist auch der *al-Qa'ida*-Begriff, den die meisten Kommentatoren in der arabischen Welt benutzen. Er verdeutlicht, dass es sich bei ihr um eine fast ausschließlich arabische Organisation handelt, in der Angehörige nichtarabischer Staaten beziehungsweise nichtarabischstämmige Personen nur in Ausnahmefällen eine Rolle spielten. Zur Organisation in derjenigen Form, in der sie im September 2001 bestand, wurde *al-Qa'ida* allerdings erst, als sich ihr in den Jahren 1997 und 1998 weitere Exilägypter aus den älteren Gruppierungen *Jihad* und – seltener – *Jama'a al-Islamiya* unter der Führung von Aiman az-Zawahiri anschlossen. Viele Ägypter lehnten jedoch eine Ausrichtung des Kampfes am «fernen Feind» ab. Sie wollten weiterhin ausschließlich gegen das Regime des ägyptischen Präsidenten Mubarak kämpfen, und auch eine taktische Orientierung auf die USA, wie sie Bin Laden in seiner *Jihad*-Erklärung von 1996 vorgeschlagen hatte, ging ihnen bereits zu weit. Eine so prominente Persönlichkeit wie Muhammad al-Islambuli, der Bruder des Sadat-Attentäters von 1981, schloss sich der *al-Qa'ida* aus diesem Grunde nicht an. Auch Angehörige der *Jihad*-Gruppe spalteten sich deshalb ab, blieben jedoch in Afghanistan.[32] Zawahiri scheint zunächst noch Bedenken gehabt, im Verlaufe des Jahres 1997 jedoch seine Meinung geändert zu haben. In diesem Jahr wurde in Ägypten endgültig deutlich, dass die militanten Islamisten nicht in der Lage sein würden, ihren Kampf gegen die Regierung aufrechtzuerhalten. Insofern bot sich eine globale Strategie als letzte Alternative an, wobei Zawahiri in Kauf nahm, dass sein Strategiewechsel zu einer Spaltung der ägyptischen Organisationen führte. Es waren nur jeweils Teilgruppen des *Jihad* und der *Jama'a*, die sich *al-Qa'ida* anschlossen. Zawahiri legte in seinem Buch «Ritter unter dem Banner des Propheten», das er um den 11. September 2001 schrieb, seine Gründe für die Neuorientierung dar: Der Kampf dürfe sich nicht mehr, wie bisher in Ägypten, auf den zwischen den «*Jihad*-Bewegungen» und den jeweiligen Regierungen beschränken, sondern müsse sich gegen die USA, Russland und Israel richten. Denn die Erfahrung der letzten zwei Jahrzehnte hätte gezeigt, dass die USA die Machtübernahme von Islamisten in einem muslimischen Land nicht zulassen würden:

«Der Kampf für die Errichtung eines islamischen Staates kann nicht als regionaler Kampf geführt werden: Es wird ... deutlich, dass die Allianz der Juden und Kreuzzügler, angeführt von den Vereinigten Staaten, es keiner islamischen Kraft erlauben wird, die Macht in irgendeinem muslimischen Land zu übernehmen. Sie werden alle ihre Ressourcen mobilisieren, um die *Jihad*-Bewegung zu schlagen und von der Macht zu verdrängen. Um dies zu erreichen, werden sie eine die ganze Welt umspannende Front aufbauen und jedem, der ihr hülfe, Sanktionen auferlegen, wenn sie ihm nicht sofort den Krieg erklären würden. Um uns dieser neuen Realität anzupassen, müssen wir uns für eine Schlacht vorbereiten, die sich nicht auf eine einzelne Region beschränken wird, sondern auf eine, die sowohl den nahen Feind als auch den fernen Feind, die Allianz der Juden und Kreuzzügler einschließt.»[33]

Aufgrund ihrer Erfahrung und aufgrund ihres ideologischen Prestiges – die ägyptischen Muslimbrüder und ihre militanten Abspaltungen hatten oft eine Vorreiterrolle für die islamistischen Organisationen gespielt – übten viele der nun endgültig zu *al-Qaʿida* gestoßenen Ägypter schnell großen Einfluss innerhalb der Organisation aus. Zawahiri selbst wird heute meist als Stellvertreter Bin Ladens in der Führung der *al-Qaʿida* bezeichnet, scheint damals aber vor allem der strategische Vordenker gewesen zu sein, der nun, da er sich zum Kampf gegen den «fernen Feind» entschlossen hatte, ihre Ausrichtung entscheidend prägte. Viele Terrorismusforscher sind sogar der durchaus begründeten Meinung, dass Zawahiri die wichtigere Persönlichkeit war und Bin Laden lediglich in der Öffentlichkeit als Führer der Organisation dargestellt wurde.[34] Die Ägypter stellten auch die überwiegende Mehrheit der Führungsriege hinter Usama Bin Laden und Aiman az-Zawahiri. Ein weiteres

Mitglied der *Jihad*-Gruppe, Muhammad 'Atif (Abu Hafs al-Masri) wurde beispielsweise zum Militärchef der neuen Organisation. Sein Nachfolger Saif al-'Adl gehört heute zu den wichtigsten der noch flüchtigen Funktionäre der *al-Qa'ida*.[35] Erst das Bündnis von ägyptischem Know-how mit saudi-arabischer Finanzierung und dem hoch motivierten und opferbereiten Fußvolk aus den Staaten der Arabischen Halbinsel machte *al-Qa'ida* zu *der* terroristischen Organisation der folgenden Jahre.

Bin Laden und Zawahiri besiegelten ihre Allianz in einer öffentlichen Erklärung vom Februar 1998, dem Aufruf der «Islamischen Weltfront für den Jihad gegen Juden und Kreuzzügler», in der sie ihre gemeinsame, antiamerikanische und globale Strategie darstellten. Zawahiri unterzeichnete für den *Jihad*, Rifa'i Ahmad Taha für die *Jama'a al-Islamiya* und ein Pakistani und eine Person aus Bangladesch für dortige Gruppierungen, die innerhalb der *al-Qa'ida* allerdings keine Rolle spielten und vermutlich dazu dienten, den internationalen Charakter der Erklärung zu betonen. Schon die Einleitung ist programmatisch, da die Autoren den so genannten «Schwertvers» aus dem Koran (Sure 9, Vers 5), aus dem bereits Muhammad Faraj die Pflicht zum *jihad* abgeleitet hatte, voranstellten: «Wenn die heiligen Monate abgelaufen sind, dann tötet die Heiden, wo immer ihr sie findet, greift sie, umzingelt sie und lauert ihnen überall auf.» Auch hier verwies Bin Laden auf die Invasion der Arabischen Halbinsel durch die Armee der «Kreuzzügler». Die USA hätten nicht nur das Land der Heiligen Stätten besetzt, sondern nutzten ihre Basen dort, um benachbarte muslimische Länder als Teil ihres Krieges gegen den Islam anzugreifen. Dass Saudi-Arabien besetzt sei, zeige sich insbesondere an den amerikanischen Angriffen gegen den Irak, gegen den Willen der saudischen Herrscherfamilie. Überhaupt sei der Irak ein hervorragendes Beispiel für die Verbrechen der USA, die dort durch Kampfhandlungen und Sanktionen seit 1991 bereits über eine Million Menschen getötet hätten. Die Beweggründe der amerikanischen Regierung seien religiöser und wirtschaftlicher Natur, sollten jedoch auch von den Verbrechen «des Kleinstaats der Juden» in Palästina und seiner Besetzung Jerusalems ablenken. Die Zerstörung des Irak diene diesem Ziel, so wie die amerikanisch-israelische Allianz eine Teilung des Irak, Saudi-Arabiens, Ägyptens und des Sudan in schwache Kleinstaaten beabsichtige, um auf diese

Weise die Sicherheit Israels zu gewährleisten. All dies sei ein klarer Beweis dafür, dass die USA Gott, seinem Propheten und den Muslimen den Krieg erklärt hätten. In einem solchen Fall aber sei es die individuelle Glaubenspflicht jedes Muslims, am *jihad* gegen den Feind teilzunehmen. An diese Erklärung schlossen die Unterzeichner folgendes Urteil (*hukm*) an:

«Es ist eine individuelle Glaubenspflicht jedes Muslims, der dies kann und in jedem Land, in dem dies möglich ist, diese Anordnung in die Tat umzusetzen, indem er die Amerikaner und ihre Verbündeten, Zivilisten und Militärs, tötet. Dies gilt, bis die *al-Aqsa*-Moschee in Jerusalem und die Große Moschee von Mekka aus ihrer Gewalt befreit sind und bis sich alle ihre Armeen aus der islamischen Welt zurückgezogen haben, besiegt und unfähig, irgendeinen Muslim zu bedrohen.» [36]

Usama Bin Laden bettete hier seine bereits 1996 verkündete Strategie, den «nahen Feind» Saudi-Arabien durch den Kampf gegen den «fernen Feind» USA zu besiegen, in eine umfassendere Darstellung ein, in der die amerikanische Besetzung Saudi-Arabiens zwar immer noch einen hervorgehobenen Rang einnimmt, jedoch in einen regionalpolitischen Rahmen integriert wird. Letzten Endes gilt den Unterzeichnern die amerikanische Präsenz als das Grundübel der gesamten arabischen Welt. In der Erklärung versuchen die Autoren nachzuweisen, dass die USA ebenso wie Israel in Palästina oder früher die Sowjetunion in Afghanistan muslimisches Gebiet besetzen und damit der *jihad* gegen sie verpflichtend wird. Es handelt sich bei diesem Konzept um eine Verschmelzung der *jihad*-Theorie 'Abdallah 'Azzams mit der Farajs und der ägyptischen Gruppen.

Dieser Strategie lag die Hypothese zugrunde, dass, sollten sich die USA aus der arabischen Welt zurückziehen und ihre Unterstützung für prowestliche Regime wie Ägypten, Saudi-Arabien, Kuwait und andere einstellen, es den Islamisten hier leichter fallen würde, die Regierungen ihrer Heimatländer zu stürzen. Eine solche Orientierung war der gemeinsame Nenner unter einzelnen Gruppierungen, die nach ihrer gemeinsamen Herkunft weitgehend «landsmannschaftlich» organisiert waren und ihre auf die jeweilige Heimat bezogenen Ziele in eine Gesamtorganisation einbrachten. Dies galt vor allem für die Ägypter, die in den folgenden

Jahren das tragende Element der *al-Qa'ida* waren und ihre Ausrichtung an Ägypten nur zurückstellten, weil ihre bisherige Strategie gescheitert war. Insofern ist die globale Orientierung von *al-Qa'ida* im Jahre 1998 nichts anderes als ein Mittel zum Zweck, den Kampf in den Heimatländern zu ermöglichen, in denen die Islamisten bisher immer auf übermächtige Gegner gestoßen waren.

Der Subunternehmer des Terrorismus

Das ägyptisch-saudi-arabische Bündnis begründete zwar die *al-Qa'ida* in derjenigen Form, in der sie im Jahr 2001 die Anschläge des 11. September verübte, doch gelang es ihr erst durch die Integration des Kuwaitis Khalid Shaikh Muhammad, ihr Operationsgebiet auf die USA auszuweiten.

Der 11. September war der erste große Anschlag der *al-Qa'ida*, der außerhalb ihres eigentlichen Herkunftsgebietes und der Aufenthaltsorte ihrer Kernorganisation durchgeführt wurde. Bis 2001 hatte sich ihr Operationsgebiet und das ihrer ägyptischen, saudischen und jemenitischen Teilgruppen auf die Region zwischen Ostafrika und Pakistan beschränkt, vermutlich, weil sie hier von der weiten Verbreitung und intensiven Vernetzung arabischer Diasporagemeinden an den Küsten des Indischen Ozeans profitieren konnte. Es handelte sich dabei meist um ursprünglich jemenitische Araber aus dem Hadramaut, die eine enge Bindung zu ihrer Heimat auf der Arabischen Halbinsel bewahrt hatten. Belege für ihre aktive Unterstützung von *al-Qa'ida* gibt es nur wenige und ihre Zahl innerhalb der Organisation ist begrenzt. Neben Bin Laden selbst ist nur Ramzi Bin ash-Shaiba (Binalshibh) bekannt geworden, der eine führende Rolle in der Hamburger Zelle um Muhammad 'Atta einnahm, jedoch nie eine wichtige Position in der Gesamtorganisation innehatte. Lediglich in Indonesien sind Hadramis in mehreren terroristischen Gruppierungen an herausgehobener Stelle vertreten und bilden dort wichtige Bindeglieder der *al-Qa'ida* nach Südostasien. Ihr prominentester Repräsentant ist der Kopf der Islamischen Gemeinschaft (*Jemaah Islamiya*), Abu Bakr Ba 'Ashir (Bashir). Darüber hinaus sind es meist Hinweise auf Reise- und Schmuggelrouten, die belegen, dass sich *al-Qa'ida* der Hilfe von in Ostafrika lebenden Arabern bedient. So wurde beispielsweise nach den Anschlägen auf israelische Ziele in Kenia im November 2002 bekannt, dass ihre Organisatoren die Infrastruktur lokaler arabischer Gemeinden und deren Schmuggelrouten von Somalia über die Insel Lamu nach Kenia genutzt hatten.[37]

Schon 1998 soll *al-Qa'ida* diese Schmuggelroute zur Vorbereitung der Anschläge auf die amerikanischen Botschaften in Daressalam und Nairobi genutzt haben. Dies waren die ersten Operationen, die man eindeutig *al-Qa'ida* zuordnen konnte, und logische Folge der Weltfront-Erklärung vom Februar 1998. Am 7. August 1998 explodierten fast zeitgleich Autobomben vor den beiden Botschaften. In Nairobi starben 213 Menschen, in Daressalam 12, mehrere Tausend wurden verletzt. Fast alle Opfer waren Einheimische. Schon kurz nach den Attentaten bekannte sich eine «Islamische Armee für die Befreiung der Heiligen Stätten» (*al-Jaish al-islami li-tahrir al-muqaddasat*) zu ihnen und Bin Laden bestätigte später, dass *al-Qa'ida* verantwortlich war.[38] Der Verweis auf die Heiligen Stätten Mekka, Medina und Jerusalem zeigte bereits einen möglichen Zusammenhang des Anschlags mit Ereignissen in Saudi-Arabien. Noch deutlicher war jedoch die Wahl des Datums: Es handelte sich bei dem 7. August 1998 um den siebten Jahrestag der Bitte des saudischen König Fahds an die US-Regierung, amerikanische Truppen zum Schutz vor einem irakischen Angriff ins Land zu senden. So vermittelten die Täter die Botschaft, dass die Amerikaner Saudi-Arabien zu verlassen hätten, wollten sie ähnliche Attentate künftig vermeiden.

Die Anschläge von Nairobi und Daressalam zeigten mehrere Charakteristika der Vorgehensweise islamistischer Terroristen, wie sie seit den 1990er Jahren immer zahlreicher wurden. Durch die Zündung besonders großer Bomben, die häufig auf Lastwagen transportiert wurden, versuchten die Täter, die Zahl der Opfer zu maximieren. Bin Laden rechtfertigte die vielen unschuldigen Toten und Verletzten der Botschaftsanschläge, indem er sagte, es sei unmöglich, die Amerikaner in anderer Weise zum Rückzug zu bewegen. Wenn diese auch unschuldige Opfer forderten, sei dies durchaus mit dem Islam vereinbar. Insofern waren die Botschaftsanschläge ein Prolog zu denen des 11. September mit fast 3000 Toten.

al-Qa'ida setzte zudem für ihre Aktionen meist verschiedene Teams ein, wobei die eigentlichen Attentäter erst kurz vor der Tat eingeflogen wurden, wenn eine zweite Gruppe vor Ort die Vorbereitungen bereits abgeschlossen hatte. Für die Organisation und Koordinierung waren prominentere Personen mit einer engeren Bindung an die *al-Qa'ida*-Führung verantwortlich, die oft vor Ort die vorbereitenden Tätigkeiten überwachten. Die zentrale Figur der Botschaftsanschläge scheint ein Ägypter namens 'Abdallah Ahmad 'Abdallah (Abu Muhammad al-Masri) gewesen zu sein, ein erfahrenes Mitglied der *Jihad*-Gruppe.[39] In diesem wie in so vielen anderen Fällen zeigte sich, dass Ägypter die meisten wichtigen Funktionen innerhalb der *al-Qa'ida* wahrnahmen. Die Selbstmordattentäter waren und sind hingegen bis heute häufig Saudis, in erster Linie weil sie die Mehrheit des Fußvolkes der Organisation stellen und sich darüber hinaus oft als besonders opferbereit erwiesen. Dass sich einer der beiden saudischen Attentäter von Nairobi, Muhammad al-'Auhali, kurz vor Zündung der Bombe entschied zu fliehen, war eine Ausnahme. Dies zeigte sich wieder bei den Anschlägen des 11. September, bei denen 15 der insgesamt 19 Täter aus Saudi-Arabien stammten.

Ein weiteres Charakteristikum der Anschläge von *al-Qa'ida* ist, dass sie meist zeitgleich an verschiedenen Orten stattfinden, um auf diese Weise die Leistungsfähigkeit der Organisation hervorzuheben und die Wirkung der Botschaft auf die Öffentlichkeit zu verstärken. Dabei spielt die Wahl von symbolträchtigen Daten für die Aktionen eine zusätzliche Rolle.

Die Anschläge von Nairobi und Daressalam waren im Grunde herkömmliche Autobombenattentate, die sich lediglich durch die punktgenaue Koordinierung über Ländergrenzen hinweg von bisherigen Operationen abhoben. Damit war noch nicht die neue Dimension des Terrorismus erreicht, die die Attentate des 11. September 2001 darstellten. Für diesen Qualitätssprung bedurfte *al-Qa'ida* der Expertise Khalid Shaikh Muhammads. Im Unterschied zu allen damaligen Angehörigen der *al-Qa'ida* hatte er bereits Erfahrungen in der Planung und Organisation größerer internationaler Anschläge gesammelt. Er verfügte über außerordentliche technische und organisatorische Fertigkeiten, die er vermutlich während seiner Ausbildung in den USA erworben hatte. Shaikh Muhammad ähnelt denn auch weniger den islamistischen Militanten der Arabischen Halbinsel als professionellen Terroristen der 1970er und 1980er Jahre. Seine Neigung zu einem aufwändigen und auch ein wenig ausschweifenden Lebensstil ist bekannt. So wird beispielsweise auf eine Anekdote aus seiner Zeit in Manila hingewiesen, wo er eine Geliebte zu beeindrucken suchte, indem er mit einem Hubschrauber über dem Hotel kreiste, in dem diese sich aufhielt, und sie von seinem Mobiltelefon aus bat, aus dem Fenster zu schauen.[40] Seine terroristischen Aktivitäten halfen ihm, seinen Lebensstil zu finanzieren. Darin ähnelte er profitorientierten Gewaltunternehmern wie dem Venezolaner Carlos, der von einem prominenten Linksterroristen sehr schnell zu einem «Terrorunternehmer» wurde, dessen Dienste man – wenn sie auch nur grob in sein Weltbild passten – kaufen konnte. Shaikh Muhammad wurde zwar unzweifelhaft von einem ausgeprägten Antiamerikanismus angetrieben, der, wie er selbst aussagte, auf die Unterstützung der USA für Israel zurückging, doch zeigten sich in seiner Biographie die genannten Hinweise, die darauf schließen lassen, dass seine Karriere eine ähnliche Wendung wie die von Carlos genommen hätte, wäre er nicht im März 2003 in Pakistan verhaftet worden.

Shaikh Muhammad musste im Januar 1996 Katar verlassen, wohin er sich aus Manila geflüchtet hatte, weil amerikanische Behörden seine Spur aufgenommen hatten.[41] Er reiste nach Pakistan und anschließend nach Afghanistan, wo er sich zunächst 'Abd Rabb ar-Rasul Sayyaf anschloss, für den er bereits während seines ersten Afghanistan-Aufenthaltes tätig gewesen war. Nachdem Bin Laden im Mai ebenfalls in Afghanistan angekommen war, ließ Shaikh Muhammad ein Treffen organisieren, bei dem er Bin Laden über seine bisherigen Aktionen informierte und verschiedene Anschlagsprojekte vorstellte, darunter eines, bei dem Piloten ausgebildet würden, die anschließend Flugzeuge in Gebäude in den USA fliegen würden. Bin Laden entschied sich damals noch nicht und schien eher skeptisch zu sein, ob ein solcher Anschlag wirklich durchführbar war, forderte Shaikh Muhammad aber auf, sich durch einen Gefolgschaftseid (*bai'a*) formal an *al-Qa'ida* zu binden. Shaikh Muhammad lehnte ab, blieb jedoch in Kontakt mit *al-Qa'ida*, wobei die Verbindung zwischen ihm und der Organisation in den folgenden Jahren immer enger wurde. Bin Laden konnte dem Flüchtigen eine expandierende Infrastruktur und das nötige Geld für seine Anschlagsplanungen bieten, Shaikh Muhammad seinerseits verschaffte der Organisation die Möglichkeit, terroristische Aktionen bisher unerreichten Formats zu planen, organisieren und auszuführen. Da Shaikh Muhammad weiterhin eine gewisse Unabhängigkeit von *al-Qa'ida* wahrte, hob er sich von den Ägyptern und Saudis ab, die den Kern der Organisation bildeten. Seine hohe Professionalität und sein Prestige garantierten ihm eine bedeutende Position in der Organisation, obwohl er keiner wichtigen «Landsmannschaft» entstammte, beziehungsweise nicht als Kuwaiti auftrat. Insofern war er eher eine Art terroristischer «Subunternehmer» der *al-Qa'ida*, der Geld und Personal forderte, gleichzeitig aber keine zu enge Bindung wollte.

Gegen Ende 1998 oder Anfang 1999 zog Shaikh Muhammad endgültig nach Kandahar und kurz darauf gab Bin Laden die Zustimmung zu seinem Plan, Flugzeuge in Gebäude in den USA fliegen zu lassen. Gemeinsam suchten Bin Laden, Muhammad 'Atif und er die Ziele aus und begannen, Personal auszuwählen. Hierbei stellte sich schnell heraus, dass Saudis weniger Probleme als die Jemeniten haben würden, die notwendigen Visa für die Einreise in die USA zu erhalten. Dies ist auch eine Erklärung dafür, warum Saudis die überwiegende Mehrheit der Attentäter stellten. Damit war aber noch nicht das Problem gelöst, wie die Piloten für die Flugzeuge ausgebildet werden sollten. Zunächst scheinen Bin Laden, 'Atif und Shaikh Muhammad geplant zu haben, bereits erprobten *al-Qa'ida*-Angehörigen die Ausführung der Operation zu übertragen. Dann jedoch reisten Ende 1999 vier in Deutschland lebende Freiwillige zur Ausbildung nach Afghanistan: der Ägypter Muhammad 'Atta, der Emirati Marwan ash-Shihhi (Shehhi), der Libanese Ziyad Jarrah und der Jemenite Ramzi Bin ash-Shaiba, die «Hamburger Zelle». Die drei Erstgenannten sprachen fließend Englisch und alle vier hatten bereits mehrere Jahre im Westen gelebt.[42] Darüber hinaus waren sie in technischen Studiengängen eingeschrieben, so dass sie vermutlich leichter als die mehrheitlich unterdurchschnittlich oder nur religiös gebildeten Halbinselaraber das notwendige Flugtraining absolvieren würden. Während ihres Aufenthalts in Afghanistan wurden sie für die Operation gewonnen.

Im Bericht der amerikanischen Untersuchungskommission zum 11. September heißt es sehr vorsichtig, *al-Qa'ida* habe damals wahrscheinlich bereits verstanden, dass ihr ursprünglich für die Anschläge vorgesehenes Team nicht die technischen Kenntnisse und den Ausbildungsstand der Hamburger Freiwilligen aufwies. Deshalb habe Bin Laden die Studenten aus Deutschland sehr schnell rekrutiert. Meines Erachtens geht diese Interpretation nicht weit genug. *al-Qa'ida* verfügte mit dem Saudi Hani Hanjur (Hanjour), der später das Flugzeug in das Pentagon flog, über nur einen ausgebildeten Piloten. Es ist fraglich, ob die Organisation unter ihren Angehörigen weitere Personen hätte finden können, die die nötigen Voraussetzungen mitbrachten, um Kurse an einer amerikanischen Flugschule zu besuchen. Mehrere der saudischen Attentäter sprachen kaum Englisch und scheinen auch nicht in der Lage gewesen zu sein, es in einer akzeptablen Zeit zu lernen. Hier machte sich negativ bemerkbar, dass *al-Qa'ida* aufgrund ihrer starken Prägung durch die Gruppen von der Arabischen Halbinsel nur sehr wenige Aktivisten hatte, die den hohen Anforderungen für Anschläge außerhalb ihrer jeweiligen Heimatländer genügten. Insofern ist auch fraglich, ob *al-Qa'ida* ohne die Hamburger Studenten die Attentate des 11. September hätte durchführen können. Die Einbeziehung zunächst Khalid Shaikh Muhammads und anschließend mehrerer ebenfalls im Westen ausgebildeter und lebender Personen war notwendig, um die Operationen durchzuführen. Die saudisch-jemenitische Kerngruppe war hierzu nicht in der Lage, selbst wenn Ägypter die Planung und Teile der Durchführung übernommen hätten. Die «globale» Terrororganisation war also für ihren größten Anschlag abhängig von drei Studenten, die eigentlich in Tschetschenien am *jihad* teilnehmen wollten und deshalb eher zufällig in die Ausbildungslager in Afghanistan gereist waren. *al-Qa'ida* selbst war so sehr von ihren landsmannschaftlichen Strukturen geprägt, dass die Defizite ihres Fußvolks sich auch auf die Aktionsfähigkeit der Gesamtorganisation auswirkten.

al-Qaʿida *in Afghanistan, 1998–2001*

Bin Laden befand sich Ende 1996 in einer prekären Situation. In Afghanistan tobte ein Bürgerkrieg, in dem sich die Taliban mit der Einnahme Kabuls im September 1996 durchzusetzen schienen. Er selbst befand sich damals in Jalalabad, und wollte er langfristig in Afghanistan bleiben, musste er sich mit den neuen Machthabern arrangieren.

Die Taliban waren ursprünglich Schüler von pakistanischen Religionsschulen (*madrasa*), die in der Tradition der Schule von Deoband standen und von der pakistanischen Gemeinschaft der Gelehrten des Islam (*Jamʿiyat-i ʿulama-i islam*; JUI) geleitet wurden.[43] Bei den *Deobandis* handelt es sich um eine islamische Reformbewegung im Indien des 19. Jahrhunderts, die ihr Zentrum in einer 1867 im nordindischen Deoband gegründeten Hochschule (*Dar al-ʿUlum*) hatte. Mit einer Rückkehr zur Lebensweise der «frommen Altvordern» wollten die *Deobandis* auf den Verfall muslimischer Herrschaft in Indien seit dem Ende des Mogulreiches und die britische Kolonialherrschaft reagieren. Sie bauten ein Netzwerk von religiösen Schulen auf dem gesamten Subkontinent auf. Erziehungsarbeit in der *madrasa* wurde zu ihrem Markenzeichen, wobei sie sich allerdings in verschiedene Untergruppen aufspalteten, von denen einige schließlich das geistige Rüstzeug für viele südasiatische Islamisten lieferten. Eine dieser Gruppen wurde die Gemeinschaft der Gelehrten des Islam, die im Zuge der indischen Unabhängigkeitsbewegung entstand. Sie konstituierte sich aus einer kleinen Schar von *Deobandi*-Gelehrten, die die Gründung eines muslimischen Staates Pakistan im Jahr 1947 begrüßten, während die Mehrheit der *Deobandis* diesen ablehnte. Ihre Spaltung gegen Ende der 1960er Jahre brachte eine stark im paschtunischen Milieu der Nordwestlichen Grenzprovinz und Belutschistans verwurzelte politische Partei hervor, die in diesen Gebieten über erheblichen Einfluss verfügte. Die JUI profitierte anschließend maßgeblich von der Islamisierungspolitik des Militärherrschers Zia ul-Haq, in deren Folge sie ihre Schulen vor allem in den Grenzgebieten zu Afghanistan massiv ausbauen konnte. Es flossen auch massive finanzielle Hilfen aus den Golfstaaten an die JUI, da die *Deobandis* diejenige pakistanische Bewegung mit Massenbasis waren, die der saudi-arabischen *Wahhabiya* am meisten ähnelte. Ihre besonders in der Nordwestlichen Grenzprovinz gelegenen Koranschulen erhielten nach 1979 wachsenden Zulauf auch von afghanischen Flüchtlingen und wurden während des afghanischen Bürgerkrieges nach 1989 schließlich zur Kaderschmiede der Taliban.

Der Ursprung der Bewegung liegt im Dunkeln, wobei der pakistanische Militärgeheimdienst ISI maßgeblichen Einfluss auf die Entwicklung hatte. Da die ursprünglich von Pakistan geförderten *Mujahidin*-Gruppen sich seit 1992 in einem blutigen Bürgerkrieg bekämpften, musste die pakistanische Regierung auf einen neuen Partner setzen, wollte sie ihren strategischen Zielen am Hindukusch näher kommen. Der anfänglich starke Zulauf der Taliban erklärt sich zum einen daraus, dass sie als eine Kraft angesehen wurden, die den anarchischen Zuständen im Land Einhalt gebieten konnte, zum anderen, dass sie eine ethnisch recht homogene paschtunische Bewegung waren und besonders in Südafghanistan auf tribale Solidarität zählen konnten. Im Oktober 1996 schon nahmen sie Kabul ein, im Mai 1997 und ein weiteres Mal im August 1998 Mazar-e Sharif im Nordwesten des Landes, sie waren jedoch bis zur Zerstörung des «Islamischen Emirats Afghanistan» im Herbst 2001 nicht in der Lage, die Nordallianz unter der Führung von Ahmed Shah Mas'ud aus ihren Stellungen nördlich von Kabul zu vertreiben.

Heute werden die Taliban oft mit *al-Qa'ida* in einem Atemzug genannt, obwohl sie mit den Islamisten der arabischen Welt nur wenig gemein haben. Die Unterschiede zwischen den beiden Gruppierungen überwiegen kleinere Ähnlichkeiten bei weitem. Die Interessen der Taliban beschränkten sich weitgehend auf Afghanistan und die westlichen Grenzprovinzen Pakistans. Nicht einmal der Bürgerkrieg in Kaschmir scheint sie sonderlich interessiert zu haben. Sie wollten nie mehr als ihre Interpretation des Islam, die sehr deutlich von paschtunischen Stammestraditionen geprägt war, in diesem Gebiet durchsetzen. Ihr Islamismus war darüber hinaus von großem Respekt vor den (deobandischen) Gelehrten geprägt. Von den Ereignissen in der arabischen Welt, die Bin Laden und seine Gefolgsleute antrieben, verstanden sie nichts. Dass Bin Laden und seine Organisation Rechtsgutachten (*fatawa*, Sg. *fatwa*) erließen, ohne eine formelle religiöse Ausbildung durchlaufen zu haben, war ihnen suspekt, auch wenn dies unter den meist säkular gebildeten islamistischen Intellektuellen gang und gäbe war. Dementsprechend reagierte Mulla 'Umar reserviert auf den ersten Kontaktversuch Bin Ladens, kurz nachdem die Taliban Kabul erobert hatten.[44] Noch gab es aber auch keinen Grund, Bin Laden auszuweisen. Zu Beginn des Jahres 1997 bat Mulla 'Umar seinen Gast, «zu seiner eigenen Sicherheit» nach Kandahar zu ziehen. Bin Laden versuchte nun, genauso wie er es im Sudan getan hatte, sich für das Regime der Taliban unentbehrlich zu machen. Er spendete größere Summen zur Unterstützung des Staatshaushaltes und half auch bei der Finanzierung von öffentlichen Bauvorhaben. Dennoch verschärften sich die Differenzen zwischen *al-Qa'ida* und Taliban Anfang 1998, als Bin Laden ohne vorherige Absprache mit Mulla 'Umar seine Weltfront-Erklärung veröffentlichte.[45] Im Frühjahr führte Mulla 'Umar Gespräche mit dem Chef des saudischen Auslandsgeheimdienstes, Prinz Turki al-Faisal, und sagte zu, Bin Laden ausliefern zu lassen. Die Taliban waren entschlossen, sich ihres ungebetenen Gastes zu entledigen.

Die Anschläge von Nairobi und Daressalam im August 1998 änderten die Ausgangslage. Knapp zwei Wochen nach den Attentaten ließ die Clinton-Administration eine angebliche Giftgasfabrik im Sudan und Trainingscamps von zumeist pakistanischen Militanten in Afghanistan mit Lenkflugkörpern von Kriegsschiffen, die im Indischen Ozean kreuzten, beschießen. Die Taliban und Mulla 'Umar warfen Bin Laden zwar vor, diese Angriffe provoziert zu haben, widerriefen jetzt aber ihre früheren Zusagen. Die amerikanischen Militärschläge hatten die Taliban herausgefordert, die eine Auslieferung Bin Ladens nun als Zeichen der Schwäche angesehen hätten. Als Prinz Turki wenige Wochen später in Kandahar landete, wies Mulla 'Umar ihn ab.[46] Bin Laden und seine Gefolgsleute konnten in Afghanistan bleiben. Dennoch forderten die Taliban von ihm mehrfach, allerdings erfolglos, seine Öffentlichkeitsarbeit zu reduzieren.

Ohne den Schutz durch die Taliban wäre es *al-Qa'ida* nicht möglich gewesen, eine transnationale Organisation dieser Stärke aufzubauen. Seit 1998 hatte man weitgehend freie Hand, militante Islamisten aus aller Herren Länder in Afghanistan zu trainieren und von dort aus Anschläge zu organisieren. Bin Laden und Zawahiri gingen jetzt daran, ihre Organisation zielgerichtet auszubauen und zunehmend hierarchisch zu gliedern. Dazu bemühten sie sich vor allem, die Kontrolle über die verschiedenen in Afghanistan und Pakistan präsenten arabischen Gruppierungen zu gewinnen und ihre Infrastruktur zu erweitern.

Die *al-Qa'ida* war damals weitgehend landsmannschaftlich organisiert und auch der Zentralisierungsprozess der nächsten drei Jahre änderte hieran nichts. Dies mag zunächst befremdlich erscheinen, wenn man bedenkt, dass Bin Laden, Zawahiri und auch viele andere bedeutende islamistische Vordenker immer wieder Bezug auf die überstaatliche Gemeinschaft der Muslime, die islamische *umma*, nehmen. Doch handelt es sich hier häufig um Rhetorik, wobei die zweifellos vorhandene Überzeugung, einer großen Gemeinschaft anzugehören, die keinerlei Binnenschranken kennt, meist hinter politischen Interessen und den Realitäten des Lebens zurückstehen muss. Die heutigen Nationalstaaten in der arabischen Welt haben eine beträchtliche Integrationskraft gezeigt. Dies gilt oft nicht im Innern, wohl aber in Abgrenzung zu anderen arabischen Staaten und ihren Bürgern. Darüber hinaus sind die Staaten der Region bei weitem nicht alle, wie es Nationalisten und Islamisten häufig behaupten, Produkte des europäischen Kolonialismus, der die Grenzen zwischen ihnen willkürlich und ohne Rücksicht auf gewachsene Regionen gezogen habe. Dies mag – mit Einschränkungen – für die Staaten des Fruchtbaren Halbmonds gelten, keinesfalls aber für Marokko, Saudi-Arabien, den Oman oder Jemen, um nur einige Beispiele zu nennen. Hier existierten vor den heutigen Nationalstaaten bereits einheimische Gemeinwesen, deren Grenzen ähnlich der heutigen verliefen. Dementsprechend haben sich in diesen Staaten lokale Dialekte, Mentalitäten, Lebensformen und politische Traditionen entwickelt, die auch ihre Bewohner tief prägen. Diese Unterschiede wirkten sich auch auf die militanten Netzwerke aus.

Innerhalb der *al-Qa'ida* machten sich die nationalen Unterschiede am wenigsten unter den Angehörigen ihres Nukleus aus Saudis, Jemeniten und Kuwaitis bemerkbar. Diese wiesen untereinander religiös-ideologische, kulturelle und tribale Bindungen auf, die die Entstehung einer eng kooperierenden und weitgehend homogenen Kerngruppe begünstigten. Viele ihrer Mitglieder waren miteinander verwandt, stammten aus dem zentralarabischen Najd oder gehörten denselben Stämmen entweder in Zentralarabien und Kuwait oder denen aus dem Westen und Südwesten der Arabischen Halbinsel an. Ein gutes Beispiel hierfür sind die saudischen Attentäter des 11. September, von denen die meisten aus dem Grenzgebiet zwischen dem Jemen und Saudi-Arabien kamen, und einige darüber hinaus denselben Stämmen, den Bani Shihr und den Al Ghamid angehörten. Zudem orientierten sie sich ideologisch alle an einer Islaminterpretation, die eng an die saudi-arabische *Wahhabiya* und das revolutionäre Denken von Teilen der ägyptischen Muslimbruderschaft anknüpft. Probleme tauchten jedoch zwischen den saudischen und jemenitischen Gefolgsleuten Bin Ladens einerseits und den Ägyptern andererseits auf, die, obwohl sie seit 1998 ein integraler Bestandteil der Organisation waren, weiterhin als deutlich identifizierbare Einheit fortbestanden. Auf Widerstand stieß vor allem ihre herausragende Rolle innerhalb der Organisation.[47]

Die Trennung nach Landsmannschaften erstreckte sich darüber hinaus auf die gesamte Infrastruktur der *al-Qa'ida* in Afghanistan und Pakistan. Es gab nach Herkunft getrennte Gästehäuser, wie zum Beispiel das von dem prominenten Logistiker Zainal'abidin Muhammad Husain (Abu Zubaida) geführte in Peschawar, in dem vorwiegend nordafrikanische Rekruten verkehrten. In Kandahar gab es ein Haus, in dem mehrheitlich Angehörige des saudi-arabischen Stammes der Ghamid lebten und das nach ihnen benannt wurde: «Haus der Ghamidis» (*bait al-ghumud*). Von Peschawar schickte Abu Zubaida die Freiwilligen meist zur Grundausbildung in das Lager Khaldan.[48] Dort trainierten die Rekruten nach Nationalitäten separiert und erhielten eine drei- bis sechsmonatige Ausbildung für Guerillakrieg und Straßenkampf, das heißt vor allem Schießtraining, Körperertüchtigung, Infanterietaktik und Kommunikationsmethoden, wurden aber auch religiös geschult. Die Ausbildung übernahm meist ein jeweiliger «Emir» (*amir*) ihrer Landsmannschaft. Möglicherweise war die religiöse Unterweisung ein praktischer Grund für diese Vorgehensweise, da die entsprechende Vorbildung der Rekruten sehr unterschiedlich und von nationalen Besonderheiten geprägt war. Es war aber insbesondere das nationale und regionale Zusammengehörigkeitsgefühl, das hier eine weitere Integration erschwerte. Die Nordafrikaner hatten kaum Kontakt zu den Halbinselarabern. Eine direkte Kommunikation wurde bereits durch sprachliche Unterschiede erschwert. So ist es einem Bewohner des arabischen Ostens kaum möglich, maghrebinische Dialekte zu verstehen. Auch Mentalitätsabweichungen beispielsweise zwischen Diasporamuslimen und Arabern aus der Region dürften sich auf die Kohäsion der Organisation ausgewirkt haben. Da sich darüber hinaus die Zielvorstellungen der einzelnen Gruppen und ihrer Führungspersönlichkeiten stark unterschieden, war die Trennung nach Herkunft eine pragmatische Lösung. Innerhalb der Gesamtorganisation war die Neigung der einzelnen Gruppen, sich nach außen abzuschließen, jedoch immer ein Thema, das kritisch besprochen wurde.[49]

Die *al-Qa'ida* richtete in den folgenden Jahren weitere Trainingslager ein oder übernahm solche, die bisher von anderen pakistanischen, afghanischen oder arabischen Gruppierungen unterhalten worden waren. Dennoch gingen die meisten Rekruten durch die Grundausbildung in Khaldan, nach der einige von ihnen in spezielle Lager geschickt wurden, in denen die Ausbildung einen eher terroristischen als militärischen Charakter hatte. Dort wurden sie in Bombenherstellung, Verwendung und Transport von Autobomben, Ausspähungstechniken und Mordanschlägen unterrichtet. Eines dieser Lager war Darunta, östlich von Jalalabad gelegen. Zwei weitere waren al-Faruq und Abu Jandal in der Nähe der ostafghanischen Stadt Khost, die vor 1996 mehrere Jahre von Ägyptern geleitet worden waren, ab 1997/98 aber ausschließlich von *al-Qa'ida* genutzt wurden.[50] In diesen Lagern war die Trennung nach Nationalitäten etwas weniger ausgeprägt, blieb aber dennoch bestehen, da die Ausbildungsleiter der Teilgruppierungen von *al-Qa'ida* die Rekruten auswählten.

An der Spitze der Organisation stand Bin Laden. Es wurde weiter oben bereits ausgeführt, dass der nominell zweite Mann, Aiman az-Zawahiri, einen bestimmenden ideologischen Einfluss auf den Saudi ausübte. Dennoch scheint Bin Laden in taktischen Fragen, bei der Planung von Anschlägen und der genauen Zielauswahl das letzte Wort gehabt zu haben. Je mehr sich er zur Symbolfigur von *al-Qa'ida* entwickelte, desto deutlicher wurde sein Profil, so dass er sich ab 1995/96 schrittweise von Zawahiri emanzipierte. Dieser Prozess wurde durch die Anschläge von Nairobi und Daressalam im

August 1998 und die darauf folgenden Raketenangriffe der USA auf Trainingslager in Afghanistan beschleunigt, die Bin Laden zu einer wichtigen Persönlichkeit der Weltpolitik machten. Sein Bild tauchte erstmals auf den Titelseiten der amerikanischen Presse auf, und er wurde für viele Araber und Muslime zum Symbol des Widerstands gegen den Westen. Dies half ihm, neue Rekruten zu gewinnen, die nun in immer größerer Zahl nach Afghanistan kamen, stärkte aber auch seine Position innerhalb von *al-Qa'ida*.

Im engeren Umkreis um Bin Laden gab es weitere Führungspersönlichkeiten, die sich meist in seiner Nähe aufhielten, das heißt in Kandahar, wo die Organisation ab 1997 ihr Hauptquartier einrichtete. Neben Aiman az-Zawahiri war Muhammad 'Atif ein enger Vertrauter Bin Ladens und diese drei Personen dominierten die Organisation. 'Atif spielte insbesondere in der Planungsphase der Anschläge des 11. September eine wichtige Rolle, im November 2001 wurde er infolge eines amerikanischen Raketenangriffs auf Kabul getötet. Um diese drei bildete sich ein Beratungsgremium, der *Shura*-Rat, in dem wichtige Fragen im erweiterten Führungszirkel diskutiert wurden. Hierbei handelte es sich nicht um einen fest umrissenen Kreis, sondern um ein informelles Gremium, zu dem je nach aktueller Situation verschiedene Personen hinzugezogen wurden. Neben Bin Laden, Zawahiri und 'Atif nahmen die Vorsitzenden einzelner Fachausschüsse regelmäßig an diesen Beratungen teil.

Unterhalb der Führungsebene gab es vier Ausschüsse, die sich für jeweils ein Arbeitsfeld mit der praktischen Ausgestaltung der Aktivitäten der Organisation befassten, darunter ein Militärkomitee, eines für Finanzen, eines für Religionsfragen und eines für die Medienarbeit. Diese waren ebenso wenig wie der *Shura*-Rat institutionalisiert, sondern beschrieben lediglich die primären Zuständigkeitsbereiche führender Persönlichkeiten. Das Militärkomitee wurde von Muhammad 'Atif geleitet, das Medienkomitee zumindest zeitweise von Khalid Shaikh Muhammad und das für Religionsfragen von Aiman az-Zawahiri und auch von dem Mauretanier Mahfouz Ould al-Walid (Abu Hafs al-Muritani). Für die Finanzen war 2001 ebenfalls ein Ägypter namens Ahmad Sa'id Khadr zuständig, der allerdings weniger einflussreich als seine bereits genannten Kollegen war.[51]

Die *al-Qa'ida* war zur Zeit der Anschläge des 11. September 2001 eine rudimentär strukturierte Organisation mit einem Hauptquartier in Kandahar, zeitweilig auch in Kabul, und drei führenden Persönlichkeiten, die alle wichtigen Fragen entschieden. Sie kontrollierte ein kleines Netz von Trainingslagern in Afghanistan und – über Abu Zubaida – eine Infrastruktur in Pakistan, die dafür sorgte, dass die Rekruten auf die einzelnen Lager verteilt wurden. Angehöriger der Organisation wurde man durch einen Treueid auf Bin Laden, der *bai'a* genannt wurde und mündlich und schriftlich geleistet werden konnte. Dieser war jedoch keine Voraussetzung für die Mitarbeit, wie sich am Beispiel Khalid Shaikh Muhammads zeigte, der erst 2001 den Eid leistete. Auch Aiman az-Zawahiri schloss sich der Organisation formal erst im Juni 2001 an, die sich von da an *Qa'idat al-Jihad* nannte.[52] Sie war zu diesem Zeitpunkt, wie auch der Name zeigt, der sich aus *al-Qa'ida* und der *Jihad*-Gruppe zusammensetzt, ein Bündnis ägyptisch-saudischer Gruppen, das prinzipiell offen war für alle Islamisten, die sich anschließen wollten. Sie verfügte unterhalb der Führungsebene über Operationschefs wie Shaikh Muhammad und den Saudi 'Abdarrahim an-Nashiri, die terroristische Aktivitäten in enger Kooperation mit der Führungsspitze planten und organisierten. Zu diesen Operationen der *al-Qa'ida* gehörten die Botschaftsanschläge 1998, der Anschlag auf den amerikanischen Zerstörer USS Cole im Hafen von Aden im Oktober 2000 und die des 11. September 2001. Aufgrund des Prestiges Bin Ladens und der Finanzmittel der Organisation strömten ihr immer mehr Rekruten zu, aus denen die vielversprechendsten ausgewählt und integriert wurden. Wie viele Personen ihr im Jahr 2001 angehörten, ist unklar, wobei davon auszugehen ist, dass ihre Zahl immer noch niedrig war, schätzungsweise also bei etwas weniger als tausend lag.

al-Qa'ida hatte Mühe, Gruppen und Persönlichkeiten, die außerhalb dieses Kernspektrums standen, in die Organisation einzubinden. Dies zeigte sich beispielsweise am Fall des Jordaniers Abu Mus'ab az-Zarqawi, der von 1999 bis 2001 ein Ausbildungslager für Palästinenser, Jordanier und Syrer bei Herat leitete. In den frühen 1990er Jahren hatten viele solcher Ausbildungslager bestanden, die keiner zentralen Kontrolle unterworfen waren. Ab 1999 aber geriet Zarqawi unter Druck, sich *al-Qa'ida* anzuschließen, was er ablehnte, da er seinen Kampf nur gegen den jordanischen und den israelischen Staat zu führen beabsichtigte. Dennoch wollte er den sicheren

Rückzugsraum in Afghanistan zur Ausbildung seiner Anhänger nutzen, so dass er einerseits kooperierte, sich aber gleichzeitig erfolgreich bemühte, seine Unabhängigkeit zu wahren. Nach 1998 zeigte sich, dass *al-Qa'ida* eine große Anziehungskraft auf Gruppen ausübte, die nicht zu ihr gehörten, nun aber versuchten, ihre eigenen Ziele durch eine Zusammenarbeit mit Bin Laden zu fördern. Sie gingen auf *al-Qa'ida* zu, weil sie sich von ihr die Finanzierung konkreter Operationen erhofften, die sie bereits begonnen hatten zu planen. Diese Gruppen verfolgten ebenso wie *al-Qa'ida* meist lokale Ziele, ohne diese aber in eine umfassendere Strategie einzubetten, und wollten die Infrastruktur der *al-Qa'ida* zu ihren Zwecken nutzen. Die Einzigen unter ihnen, die eher dazu neigten, internationale Ziele anzugreifen, waren Islamisten aus der westlichen Diaspora, vorwiegend Nordafrikaner.

2.3. Von der Organisation zur Ideologie

Der kurze Zentralisierungsprozess der *al-Qa'ida* wurde schon im Herbst 2001 abrupt unterbrochen, als die Truppen der von den USA angeführten Koalition *al-Qa'ida* und die Taliban in Afghanistan angriffen. Der Ablauf der Ereignisse spricht dafür, dass die *al-Qa'ida*-Führung von der entschlossenen Reaktion der US-Regierung überrascht war, zumindest aber dafür, dass sie erwartet hatte, die amerikanischen Truppen in einen langwierigen Guerilla-Krieg verwickeln zu können. Jetzt zeigte sich, dass die Organisation nur rudimentär gefestigt war, so dass sie sofort auseinander brach. Während der amerikanischen Luftangriffe wurden viele Angehörige ihrer Führung getötet. Die meisten Mitglieder zogen sich in das schwer zugängliche afghanisch-pakistanische Grenzgebiet zurück, wo sie stellenweise Widerstand gegen den amerikanischen Vormarsch leisteten. Am heftigsten scheint er in der Gegend von Tora Bora, einem Höhlenkomplex etwa 50 Kilometer südlich von Jalalabad und kurz vor der pakistanischen Grenze gewesen zu sein, wo sich arabische Kämpfer und Taliban noch im Dezember 2001 heftige Gefechte mit amerikanischen Truppen lieferten. Anschließend flüchteten die Überlebenden über die Grenze ins benachbarte Pakistan.

Usama Bin Laden und Aiman az-Zawahiri sind seitdem verschwunden. Einen deutlichen Hinweis auf ihren Aufenthaltsort gaben sie jedoch in einem im November 2003 veröffentlichten Videoband, in dem sie auf einem Spaziergang in einer Bergregion zu sehen sind, die sehr dem afghanisch-pakistanischen Grenzgebiet ähnelt. Seither wird vermutet, dass beide sich mit einem kleinen Kontingent ausgewählter Getreuer irgendwo in dem Grenzstreifen zwischen Belutschistan im Süden und der Gegend von Chitral im Norden aufhalten, da die pakistanische Zentralregierung eine nur oberflächliche Kontrolle über diese Stammesregionen ausübt. Es wurde auch berichtet, dass sie von mehreren hundert usbekischen Kämpfern geschützt werden, die bereits seit den 1990er Jahren hier lebten.[53]

Die *al-Qa'ida*-Operateure und Logistiker aus der zweiten Reihe der Organisation setzten sich mehrheitlich wohl in die großen Städte Pakistans und einige von ihnen anschließend in den Iran ab. In Pakistan wurden seit Beginn des Jahres 2002 immer wieder wichtige Persönlichkeiten festgenommen. Im März 2002 verhafteten Sicherheitskräfte den Logistiker Abu Zubaida in Faisalabad, einer Stadt im Punjab. Mit ihm wurden Militante aus mehreren arabischen Staaten festgenommen, was belegte, dass *al-Qa'ida* im Landesinnern über konspirative Wohnungen verfügte. Abu Zubaida wurde laut Presseberichten anschließend den Amerikanern überstellt und befindet sich seitdem an einem unbekannten Ort in Haft. Im März 2003 schließlich gelang den Pakistanis ihr bislang größter Erfolg im Kampf gegen *al-Qa'ida*: Sie verhafteten Khalid Shaikh Muhammad, der sich in einer konspirativen Wohnung außerhalb von Islamabad aufhielt, und sollen ihn anschließend den Amerikanern übergeben haben. Er war das höchstrangige *al-Qa'ida*-Mitglied, das nach 2001 gefasst wurde. Anfang Mai 2003 folgte schließlich Walid Muhammad Ba 'Attash, ein Jemenit, der eine führende Rolle bei dem Anschlag auf die USS Cole gespielt hatte und als wichtiger Operateur galt. Außerdem gelang es den pakistanischen Sicherheitskräften, eine größere Zahl weniger bedeutender *al-Qa'ida*-Mitglieder zu verhaften.

Auch außerhalb Pakistans wurden wichtige Angehörige der Organisation festgenommen. Im Oktober 2002 traf es mit 'Abdarrahim an-Nashiri den nach Khalid Shaikh Muhammad wichtigsten Operateur und Planer des Anschlags auf die USS Cole. Im Jemen konnte die CIA im November 2002 mit Abu 'Ali al-Harithi den bedeutendsten lokalen *al-Qa'ida*-Mann liquidieren.[54] Sein Nachfolger, Muhammad Hamdi al-Ahdal, wurde im November 2003 verhaftet. Durch den Verlust führender und erfahrener Mitglieder schien die Organisation schrittweise ihre Handlungsfähigkeit zu verlieren. Während Khalid Shaikh Muhammad vor seiner Verhaftung vermutlich noch mit ihrer Führung in den pakistanischen Bergen in Verbindung gestanden hatte, war bis Mitte 2004 nicht einmal mehr klar, ob Bin Laden und Zawahiri noch direkt mit ihren Gefolgsleuten kommunizieren konnten. *al-Qa'ida* schien weitgehend zerschlagen zu sein. Sie hatte jedoch in den Jahren zuvor ein – wenn auch sehr loses – globales Netzwerk aufgebaut, das jetzt verstärkt aktiv wurde, allerdings nicht immer auf Anweisung der *al-Qa'ida*-Führung. An die Stelle der Organisation *al-Qaida* traten eine Reihe von neuen Gruppierungen, deren Angehörige oft nur noch mittelbar mit Usama Bin Laden und Aiman az-Zawahiri in Kontakt standen. In gewisser Weise handelt es sich bei dieser Entwicklung um eine Rückkehr zur Situation der frühen 1990er Jahre, als viele Gruppen und Zellen unabhängig voneinander bestanden, nur vereint durch eine in groben Zügen ähnliche Ideologie und zahlreiche Kontakte untereinander. Die ehemals gefestigte Organisation versuchte, teils aktiv, teils unter dem Druck der äußeren Umstände, ihrer völligen Zerschlagung durch Dezentralisierung entgegenzuwirken.

Von der Organisation zur ideologischen Zentralstelle

Die Führungsspitze von *al-Qa'ida* war nach 2001 immer seltener in der Lage, mit denjenigen Anhängern zu kommunizieren, die sich in ihre Heimatländer oder in Regionen, in denen sie früher bereits gelebt hatten, zurückzogen. Deshalb und auch, weil es zu gefährlich wurde, überregionale Kommunikationslinien aufrechtzuerhalten, erfolgte eine Aufspaltung. Einzelne Teilgruppierungen gewannen in diesem Prozess wieder an Bedeutung, wobei der Grad ihrer Anbindung an *al-Qa'ida* unterschiedlich war. Während Abu Mus'ab az-Zarqawi im Irak und seinen Nachbarländern eine unabhängige Gruppierung schuf, entstand in Saudi-Arabien «*al-Qa'ida* auf der Arabischen Halbinsel», die eng mit der Mutterorganisation verwoben ist. Die einzelnen Angehörigen der *al-Qa'ida* versuchten dabei, sich in verhältnismäßig sichere Gebiete zurückzuziehen. Dies waren vor allem ihre Heimatländer und diejenigen Regionen, in denen viele ihrer Landsleute leben. Militanter Islamismus wurde mithin – ohne dass das transnationale Element verloren ging – wieder zu einem stärker lokalen, beziehungsweise regionalen Problem, das vor allem muslimisch geprägte Staaten betraf. Die einzelnen Zellen waren meist ethnisch-national homogen zusammengesetzt. In Istanbul verübten kurdische Türken Anschläge, in Casablanca Marokkaner und in Saudi-Arabien Saudis.

Schon kurz nach der Schlacht von Tora Bora flüchtete die Mehrzahl der überlebenden *al-Qa'ida*-Mitglieder aus Afghanistan. Im Mai 2002 wurden die Angehörigen einer saudischen Zelle in Marokko verhaftet und äußerten sich detailliert zu den Instruktionen, die sie von Nashiri an einem Ort nahe der Stadt Gardez in der afghanischen Provinz Paktia erhalten hatten. Die meisten Araber sollten lediglich in ihre Heimatländer oder andere Staaten, die sie gut kannten, zurückkehren und anschließend terroristische Anschläge planen, organisieren und durchführen. Einige jedoch, wie die erwähnten Saudis selbst, erhielten detaillierte Aufträge, in ihrem Fall zur Einreise nach Marokko und zu Angriffen auf westliche Kriegsschiffe in der Straße von Gibraltar.[55] In den meisten Fällen scheint *al-Qa'ida* diese Rückkehr in die Heimatländer zwar angeordnet zu haben, überließ es aber den Männern selbst, sich dort zu organisieren. Vieles spricht dafür, dass die Führung keine umfassende Kontrolle über die Fluchtbewegungen hatte. Da es ihr anscheinend auch nicht mehr gelang, regelmäßig mit diesen Gruppen zu kommunizieren, konnte sie auch keine länderübergreifenden Anschläge mehr koordinieren. Solange wichtige *al-Qa'ida*-Operateure noch auf der Flucht waren, waren sie dennoch in der Lage dazu, kleinere Anschlagsplanungen abzuschließen. Ein Beispiel hierfür ist das Attentat auf eine Touristengruppe in einer Synagoge der tunesischen Ferieninsel Jerba im April 2002, wo 21 Menschen starben, darunter 14 Deutsche. Der Attentäter stand noch bis kurz vor seiner Tat in Telefonkontakt mit Khalid Shaikh Muhammad.[56] Auch Nashiri plante weiter, allerdings ohne nennenswerte Erfolge vorweisen zu können. Als auch diese beiden verhaftet wurden, nahm die Fähigkeit der *al-Qa'ida*, terroristische Aktivitäten zu kontrollieren, weiter ab. Deshalb waren es in den Jahren 2003 und 2004 vor allem lokale und regionale Gruppen, vorwiegend von Rückkehrern aus Afghanistan geführt, die Anschläge beispielsweise in Saudi-Arabien verübten. Es ist unklar, inwieweit sie weiterhin in Kontakt mit der *al-Qa'ida*-Spitze standen, aber es ist unwahrscheinlich, dass ihr Handlungsspielraum durch eine zentrale Führung eingeschränkt war.

Ein wichtiges Beispiel für diesen Trend waren die Anschläge von Istanbul im Herbst 2003, bei denen insgesamt 63 Menschen getötet und rund 700 verletzt wurden. Am 15. November 2003 explodierten zwei Autobomben vor den Synagogen Beth Israel und Neve Shalom in Beyoğlu im Zentrum von Istanbul. Nur fünf Tage später folgten ähnlich verheerende Anschläge auf das britische Konsulat und eine Filiale der britischen HSBC-Bank, gerade als sich US-Präsident Bush zu einem Staatsbesuch in London aufhielt. Bei den Tätern handelte es sich mehrheitlich um türkische Kurden, die aus dem ostanatolischen Bingöl und seiner Umgebung stammten. Diese Region war bereits seit langem als stark islamistisch geprägt bekannt. Während die meisten an den Attentaten beteiligten Personen schnell gefasst wurden, gelang den mutmaßlichen Drahtziehern, Habib Aktaş, Azad Ekıncı und Gürcan Baç, die Flucht. Aktaş, der im Jahr 2004 im Irak umgekommen sein soll, war der Emir der Gruppe und, wie mehrere Angehörige der Zelle, in Afghanistan bei *al-Qa'ida* ausgebildet worden. Bin Ladens Militärchef Abu Hafs al-Masri hatte mit Aktaş noch vor dem 11. September 2001 verschiedene Anschlagspläne, beispielsweise auf die amerikanische Luftwaffenbasis Incirlik im Süden des Landes und auf ein israelisches Passagierschiff, besprochen, ohne jedoch eine Verabredung zu treffen.[57] Vor dem Hintergrund des Irakkrieges hatten sich die Täter anschließend entschlossen, jüdische und britische Ziele in Istanbul anzugreifen. Die Anschläge richteten sich zum einen gegen die engen Beziehungen zwischen der Türkei und Israel, zum anderen gegen das britische Engagement im Irak. Möglicherweise hatten sich die Täter von einer Tonbandbotschaft Bin Ladens vom Oktober 2003 inspirieren lassen, in der dieser im Zusammenhang mit dem Irakkrieg zu Angriffen auf britische, italienische und spanische Ziele aufgerufen hatte. Die Attentate von Istanbul zeigten deutlich, dass aus Afghanistan zurückgekehrte Aktivisten zu einer gefährlichen Bedrohung für ihre Heimatländer geworden waren und die erzwungene Dezentralisierung der *al-Qa'ida* die einzelnen Zellen immer unberechenbarer werden ließ. Alle Heimat- und Gastländer der Rekruten in Afghanistan mussten mit Anschlägen rechnen; besonders gefährdet waren fortan jedoch diejenigen Staaten, die Truppen für den Krieg im Irak stellten.

In dem Maße, in dem *al-Qa'ida* als terroristische Organisation an Handlungsfähigkeit verlor und ihre Führungsspitze – Usama Bin Laden und Aiman az-Zawahiri – immer weniger in konkrete Anschlagsplanungen eingebunden war, bemühte sie sich, über eine intensive und professionelle Öffentlichkeitsarbeit aktiv zu werden. *al-Qa'ida* versuchte, über Audio-, Video- und Internetbotschaften die Aktivitäten ihrer Anhänger wie auch militanter Islamisten allgemein anzuleiten, diese zu mobilisieren und neue Rekruten zu gewinnen. So wurde sie von einer Organisation immer mehr zu einer ideologischen Zentralstelle. Ihr kam dabei zugute, dass die amerikanische Militäraktion in Afghanistan Bin Ladens Argumentation, die USA führten einen Krieg gegen den Islam, zumindest in der Wahrnehmung vieler Muslime neue Glaubwürdigkeit verlieh. Der Eindruck verstärkte sich mit dem Beginn des amerikanischen Krieges gegen den Irak Saddam Husains, der zu einem großen Propagandaerfolg für *al-Qa'ida* wurde. Usama Bin Ladens These, die USA verträten israelische Interessen in der Region, schien vielen Bewohnern vor allem der Nachbarstaaten des Irak und Israels einmal mehr bestätigt zu werden. Der *al-Qa'ida*-Führer wurde zum Symbol des Kampfes der islamischen Welt gegen die USA und Israel. Er und sein zweiter Mann Zawahiri gingen dazu über, in unregelmäßigen Abständen Audio- und Videobotschaften zu veröffentlichen, in denen sie Stellung zu fast allen aktuellen Problemen der Region nahmen. Ihre häufige mediale Präsenz erweckte dabei den Eindruck, es gelänge der *al-Qaida*, mit der Weltmacht USA auf Augenhöhe zu kommunizieren. So stärkten sie die in der islamischen Welt verbreitete Wahrnehmung, es handele sich tatsächlich um einen «Krieg» zweier gleichberechtigter Akteure.

Ein erstes Beispiel für die zunehmend professionelle Öffentlichkeitsarbeit der *al-Qa'ida* war eine Videobotschaft Bin Ladens, die *al-Jazeera* am 7. Oktober 2001 ausstrahlte, an dem Tag, als die amerikanischen Luftangriffe auf Afghanistan begannen. Der Text enthielt nichts grundsätzlich Neues im Vergleich zu früheren Verlautbarungen, gewichtete aber den Inhalt anders. Die Besetzung Saudi-Arabiens durch die USA wurde nur noch am Rande erwähnt, im Mittelpunkt standen diesmal Palästina und – etwas weniger ausführlich – der Irak. Bin Laden sagte, dass das, was die USA mit den Anschlägen des 11. September 2001 erlitten, im Vergleich zu den Leiden der islamischen Welt seit 80 Jahren unerheblich sei. Es ist unklar, warum er von 80 Jahren sprach. Gemeint gewesen sein könnte die Abschaffung des Kalifats durch die junge türkische Republik im Jahr 1924, wahrscheinlich aber eher ein Ereignis im Zusammenhang mit dem Palästina-Konflikt. Möglicherweise sprach er von der Balfour-Deklaration von 1917, in der die britische Regierung den Zionisten die Errichtung einer jüdischen Heimstätte in Palästina zusagte, oder aber davon, dass die ehemals osmanischen Gebiete des Fruchtbaren Halbmonds 1919/20 zwischen Großbritannien und Frankreich aufgeteilt wurden. Im Folgenden bezog sich Bin Laden explizit auf den israelisch-palästinensischen Konflikt:

«Als [die Attentäter des 11. September] ihre unterdrückten Söhne, Brüder und Schwestern in Palästina und in vielen islamischen Ländern verteidigten, schrie die ganze Welt auf. Die Ungläubigen schrien und die Heuchler stimmten ein. Eine Million Kinder sind im Irak bisher gestorben, obwohl sie nichts Unrechtes getan haben. Trotzdem haben wir keine Verurteilung durch irgendjemanden in der Welt gehört und auch die Religionsgelehrten der Herrscher (gemeint sind regimeloyale Religionsgelehrte, G.S.) haben sich still verhalten. Israelische Panzer und Kettenfahrzeuge richten auch große Zerstörungen in Palästina an, in Jenin, Ramallah, Rafah, Bait Jala und anderen muslimischen Regionen und wir hören keine Proteste und niemand unternimmt etwas. Aber wenn das Schwert nach 80 Jahren auf die USA niedergeht, dann kommt die Heuchelei hervor und beklagt den Tod dieser Mörder... .»[58]

Bin Laden hatte sich zwar auch in früheren Verlautbarungen in ähnlicher Weise zum Palästinaproblem geäußert, es jedoch nie in den Mittelpunkt gestellt, wie dies hier geschah. Es war für *al-Qa'ida* immer ein Anliegen gewesen, nie jedoch wichtig genug, als dass die Organisation ihre Strategie an ihm orientiert hätte. Bin Laden und

Zawahiri waren viel zu sehr an ihren Heimatstaaten orientiert, um Palästina und andere arabische Länder mehr als nur in zweiter Linie zu berücksichtigen. Erst als die Organisation nach dem 11. September unter Druck geriet, nutzte sie den Propagandawert dieses Themas, um Unterstützung zu mobilisieren. Deshalb blieb das Palästinaproblem ein wichtiger Aspekt vieler Verlautbarungen Bin Ladens und Zawahiris nach 2001. Diese neue Schwerpunktsetzung hatte überdies auch praktische Folgen. Im November 2002 griff *al-Qa'ida* im kenianischen Mombasa erstmals israelische Ziele an. Ungefähr zeitgleich ließ ein Selbstmordattentäter eine Autobombe in der Lobby eines vorwiegend von Israelis frequentierten Hotels explodieren, während Komplizen – mit einer schultergestützten Luftabwehrrakete – ein israelisches Charterflugzeug angriffen. Die Rakete verfehlte das Flugzeug nur knapp. In dem Hotel starben 15 Personen und drei Attentäter. Die *al-Qa'ida* hatte sich offensichtlich darauf besonnen, dass die Zustimmung zu Anschlägen auf Juden und Israelis in der arabischen Welt besonders hoch ist.

Die intensive Öffentlichkeitsarbeit hatte darüber hinaus auch ganz praktische Vorteile. So unterstützte die Führung der Organisation die Rekrutierungsbemühungen ihrer Anhänger weltweit. Je überzeugender die Argumentation, desto größer der Mobilisierungseffekt. Und tatsächlich scheinen weder *al-Qa'ida*-Angehörige noch sonstige militante Islamisten in den letzten Jahren Rekrutierungsprobleme gehabt zu haben. Dies zeigt eine ganze Reihe von Anschlägen nach 2001, bei denen Attentäter agierten, die wahrscheinlich nie in Afghanistan gewesen waren. Die von Casablanca und Madrid sind zwei Beispiele.

Die Anschläge von Casablanca

Am 16. Mai 2003 griffen 14 Selbstmordattentäter, die selbst gefertigte Sprengsätze in Rucksäcken bei sich trugen, ungefähr zeitgleich fünf Ziele im Zentrum der marokkanischen Wirtschaftsmetropole Casablanca an. Es handelte sich um ein jüdisches Gemeindezentrum, den jüdischen Friedhof, das Luxushotel Farah, ein italienisches Restaurant im Besitz eines französischen Juden marokkanischer Herkunft und ein spanisches Restaurant.[59] Die meisten der 33 Toten und rund 100 Verletzten forderte der Angriff auf das spanische Restaurant und Kulturzentrum Casa de España, das bei spanischen Geschäftsleuten und Diplomaten sehr beliebt war. Hier gingen die Täter äußerst zielstrebig und effektiv vor, indem sie dem Türsteher die Kehle durchschnitten, bevor sie in das vollbesetzte Lokal stürmten und ihre Bomben gerade dort zündeten, wo viele Gäste saßen. Ihre Kollegen agierten weniger professionell. So explodierte diejenige Bombe, die auf dem jüdischen Friedhof detonieren sollte, vorzeitig im Rucksack des Attentäters und tötete ihn. Ebenso wenig schafften es die Täter, in das Hotel Farah einzudringen, weil es ihnen nicht gelang, das Wachpersonal zu überwältigen. Sie zündeten ihren Sprengsatz deshalb vor dem Gebäude, töteten aber dennoch acht Menschen. Anstelle des italienischen Restaurants wurde das gegenüberliegende belgische Konsulat schwer beschädigt und zwei wachhabende Polizisten starben. Trotz der großen Zahl eingesetzter Attentäter hielt sich die Opferzahl infolge des wenig professionellen Vorgehens in Grenzen; acht Tote waren Ausländer.

Der Anschlag hatte verschiedene Zielrichtungen, die über Marokko hinausgingen. Angriffe auf Juden garantieren nicht nur internationale Aufmerksamkeit, sondern die Täter konnten in diesem Fall sicher sein, in weiten Teilen der arabischen Welt zumindest stillschweigende Unterstützung zu gewinnen. Dass darüber hinaus jedoch ein spanisches Restaurant angegriffen wurde, verweist auf eine noch weitergehende Agenda der Täter: Sie protestierten gegen die Unterstützung der Irak-Politik der Bush-Administration durch die damalige spanische Regierung unter Aznar. Überdies ist die Zielauswahl auch auf den besonders unter marokkanischen Islamisten weit verbreiteten Hass auf den europäischen Nachbarn zurückzuführen. Ihnen gilt Spanien immer noch als muslimisches Territorium, das die Christen im Verlauf der *Reconquista* in einem «Kreuzzug» eroberten und das deshalb zurückgewonnen werden müsse. Dennoch trafen die Täter unmittelbar den marokkanischen Staat, da sie den Tourismus und damit eine der wichtigsten Einnahmequellen des Landes schädigten. Auch die Auswahl jüdischer Ziele dürfte eine innenpolitische Dimension gehabt haben, da in Marokko bis heute rund 5000 Juden leben und die Regierung des Landes seit Jahren im regionalen Vergleich gute Beziehungen zu Israel unterhält. Insofern müssen die Attentate auch als Protest gegen die israelfreundliche und prowestliche marokkanische Außenpolitik verstanden werden.

Bis heute sind die Hintergründe der Tat nur teilweise geklärt. Es gibt einige Hinweise darauf, dass es sich hier um Anschläge der *al-Qa'ida* handeln könnte. So hatte Usama Bin Laden in einer Audiobotschaft vom 11. Februar 2002 Marokko erwähnt: «Die für eine Befreiung am besten geeigneten Staaten sind Jordanien, Marokko, Nigeria, Pakistan, Saudi-Arabien und Jemen.»[60] Und tatsächlich folgten im Mai 2003 Anschläge in Riad und Casablanca. Auch in Pakistan zerstörte und beschädigte eine Serie von Bomben ungefähr zur selben Zeit 21 Tankstellen. Da zeitgleiche Operationen an weit voneinander entfernten Orten seit 1998 das Markenzeichen der *al-Qa'ida* geworden waren und die Anschläge in Riad nur drei Tage vor denen von Casablanca stattgefunden hatten, kann es sich hier kaum um Zufälle handeln. Unklar ist jedoch, ob eine zentrale Steuerung vorlag oder einzelne Zellen aufgrund der Weltlage und der vorliegenden Aufforderungen Bin Ladens autonom die Entscheidung trafen. Da wohl keiner der Attentäter in Afghanistan gewesen war, scheint eine direkte Koordination durch *al-Qa'ida* unwahrscheinlich zu sein.

Dennoch gibt es ein Bindeglied zwischen *al-Qa'ida* und den Attentätern von Casablanca und Riad, denn mittlerweile haben marokkanische Behörden auf die mögliche Rolle eines franko-marokkanischen Angehörigen der *al-Qa'ida* hingewiesen: 'Abdalkarim al-Majati (1967–2005) soll die späteren Attentäter von Casablanca auf die Aktionen vorbereitet haben.[61] Majati wurde 1967 als Sohn einer Französin und eines – je nach Quelle – reichen Händlers oder begüterten Angestellten aus Casablanca geboren und besuchte ein französisches Gymnasium in der Stadt. Es ist unbekannt, wann Majati sich radikalisierte, aber er reiste zunächst nach Bosnien und anschließend nach Pakistan und verbrachte einige Zeit in einem Ausbildungslager in Kaschmir. Er soll sich auch häufig in Saudi-Arabien aufgehalten und in Marokko junge Islamisten für die Trainingslager der *al-Qa'ida* rekrutiert und sonstige logistische Aufgaben übernommen haben. Sein Name begegnete den marokkanischen Sicherheitsbehörden erstmals 2002 im Zusammenhang mit vereinzelten Gewalttaten einer kleinen militanten Gruppierung. Nach dem Attentat von Casablanca sagten mehrere inhaftierte Verdächtige aus, in Verbindung mit Majati gestanden zu haben. Zudem berichtete die arabische Presse, Majati, der als Sprengstoffexperte galt, habe die Täter von Casablanca in einem Waldstück nahe der marokkanischen Hauptstadt Rabat trainiert und ihnen bei der Präparierung ihrer mit Sprengstoff gefüllten Rucksäcke und der Zünder geholfen.[62] Majatis Verbindung zu den Attentaten von Riad ist noch undurchsichtiger. Als die saudi-arabische Regierung im Dezember 2003 eine Fahndungsliste mit Namen und Bildern von 26 Personen veröffentlichte, die sie verdächtigte, an Anschlägen im Königreich beteiligt gewesen zu sein, fand sich auch Majati unter ihnen. Er war der einzige Marokkaner auf einer Liste, die sonst mehrheitlich Saudis umfasste.[63] Dies und vor allem die Tatsache, dass er Anfang April 2005 während eines Feuergefechtes mit Sicherheitskräften in der saudischen Stadt Rass getötet wurde, spricht dafür, dass er tatsächlich eine Rolle bei den Anschlägen in Saudi-Arabien gespielt hatte. Auch wenn dies kein schlüssiger Beleg ist, so ist es doch ein Hinweis, dass Majati dafür gesorgt haben könnte, dass die Attentate von Casablanca und Riad ungefähr zeitgleich stattfanden. Darüber hinaus scheint er ein wichtiges Bindeglied zwischen *al-Qa'ida* und marokkanischen Militanten gewesen zu sein.

Marokkanische Sicherheitsbehörden bezeichneten Majati als Mitglied der «Marokkanischen Kämpfenden Gruppe» (*al-Jama'a al-Maghribiya al-Muqatila*). Bei ihr handelt es sich weniger um eine fest gefügte Organisation als um einen losen Zusammenschluss militanter marokkanischer Islamisten zunächst außerhalb Marokkos, vor allem derjenigen, die in Afghanistan trainierten. Im Land am Hindukusch hatten sich nur wenige Marokkaner den «arabischen Afghanen» angeschlossen und kamen auch erst, als die sowjetischen Truppen bereits abgezogen waren. Sie kamen mehrheitlich als Personal islamischer Wohlfahrtsorganisationen und spielten innerhalb der militanten Gruppen zunächst keine Rolle. Bis Mitte der 1990er Jahre verblieben nur wenige in Afghanistan. Erst ab 1996, als Bin Laden nach Afghanistan zurückkehrte, reisten immer mehr Marokkaner in seine Trainingslager. Dennoch blieb ihre Zahl im Vergleich zu der der anderen Landsmannschaften gering und sie spielten keinerlei Rolle in den Entscheidungsgremien der *al-Qa'ida*. Vielmehr sahen sie sich ebenso wie alle anderen Araber in Afghanistan dem Versuch Bin Ladens und Zawahiris ausgesetzt, sie einem zentralen

Kommando zu unterwerfen. Möglicherweise verstärkte dieser Druck die Identifikation der Einzelpersonen mit ihren Landsleuten. Um 1998 scheint sich eine etwas stärker vernetzte Gruppe von Marokkanern in Afghanistan gebildet zu haben, die sich fortan «Marokkanische Kämpfende Gruppe» nannte.[64] Im Terrorismusbericht des amerikanischen Außenministeriums wird dementsprechend das Jahr 1998 als ihr Gründungsdatum genannt. Wie gering allerdings ihr Organisationsgrad war, zeigte sich daran, dass sie keine eindeutig bestimmbare Führungsfigur hatte. Meist wird der heute in London lebende Muhammad al-Karbuzi (Guerbouzi) genannt, wobei dies nicht als gesichert gelten kann. Auch wenn immer wieder behauptet wird, die Marokkanische Kämpfende Gruppe sei für die Anschläge von Casablanca verantwortlich, ist die mögliche Verwicklung Majatis der einzige Beleg hierfür. Bisher scheint es vielmehr so, als ob alle Attentäter aus dem Armenviertel Sidi Moumen am Rande von Casablanca stammten, nie nach Afghanistan gereist oder Marokko auch nur verlassen hatten und die Attentate im Land organisiert worden waren. Zumindest die mangelnde Professionalität in der Ausführung der meisten Einzelanschläge spricht für diese These.

Die Attentate schienen die Regierung vollkommen unerwartet zu treffen, obwohl es auch in Marokko bereits seit langem eine militante Szene gab, die mit der anhaltenden Verarmung weiter Teile der Bevölkerung in den 1990er Jahren und der brutalen Repression aller Oppositionellen schnell anwuchs. 1994 verübten marokkanisch- und algerischstämmige Franzosen einen Anschlag auf ein Hotel in Marrakesch, bei dem zwei spanische Touristen starben. Offenbar wurde dieser Anschlag als Ausnahme betrachtet, da er nicht von Marokkanern verübt wurde, die im Land selbst lebten. Dass von Ausländern in Marokko verübte oder geplante terroristische Aktivitäten jedoch meist auch auf Probleme im Land selbst hinweisen, zeigte sich im Mai 2002. Damals verhaftete die marokkanische Polizei drei saudi-arabische Staatsangehörige, die aus dem engeren Umfeld von Usama Bin Laden stammten und nach Dezember 2001 aus Afghanistan geflohen waren. Ihr Anführer hieß Zuhair ath-Thubaiti. Aussagen gefangen genommener *al-Qa'ida*-Angehöriger hatten die CIA und marokkanische Sicherheitsbehörden auf ihre Fährte gebracht. Die Verhafteten sollen geplant haben, westliche Kriegsschiffe in der Meerenge von Gibraltar mit kleinen, mit Sprengstoff beladenen Booten anzugreifen. Auftraggeber war 'Abdarrahim an-Nashiri, der sich im Jahr 2002 im afghanisch-pakistanischen Grenzgebiet aufhielt. Es war den drei Saudis allerdings nur deshalb möglich, in Marokko zu operieren, da zwei von ihnen mit marokkanischen Frauen verheiratet waren und zumindest Thubaiti sich schon in der Vergangenheit häufig im Land aufgehalten hatte. Die Attentäter verfügten über enge Beziehungen in Sympathisantenkreisen in der marokkanischen Gesellschaft.[65]

In Marokko hatte es nach 1994 weitere Hinweise dafür gegeben, dass militante Islamisten aktiv waren. Nach den Verhaftungen der drei Saudis im Mai richteten die Sicherheitsbehörden ihr besonderes Augenmerk auf die einheimische Islamistenszene und verhafteten im Juli Angehörige einer kleinen Vigilantengruppe, die eine ganze Reihe von Andersdenkenden angegriffen und einige ermordet hatte. Diese und ähnliche Gruppierungen agierten bis 2003 besonders in den Armenvierteln der großen Städte Casablanca, Fes, Rabat, Tanger und Meknes. Hier sammelten sie sich in der Regel um einen Bandenchef oder den Imam einer kleinen Moschee und sonderten sich von ihrer Umgebung ab. Sie teilten die Auffassung, dass die marokkanische Gesellschaft ungläubig sei und legitimierten so ihre Gewalt.[66] Nach den Attentaten von Casablanca wurde der Lehrer Muhammad Fizazi aus Tanger als Vordenker dieser militanten Gruppen dargestellt. Obwohl er eine der sichtbarsten Figuren innerhalb der Szene war, hatte er nicht das intellektuelle Format der tatsächlichen Vordenker des militanten Islamismus, wie zum Beispiel der Syrer Mustafa as-Sitt Mariam (Abu Mus'ab as-Suri alias 'Umar 'Abdalhakim) oder die Palästinenser Abu Muhammad al-Maqdisi (sein eigentlicher Name lautet 'Isam al-Barqawi) und Abu Qutada al-Filastini ('Umar Mahmud Abu 'Umar). Vielmehr handelte es sich bei ihm um einen lokal prominenten Aktivisten, der sich intellektuell etwas von seiner Umgebung abhob und auch unter Marokkanern in der europäischen Diaspora Einfluss gewann.

Nach den Anschlägen von Casablanca behaupteten die marokkanischen Behörden, diese Gruppen gehörten zu einer größeren Organisation namens «jihadistische *Salafiya*» (*as-Salafiya al-Jihadiya*), die für die Attentate verantwortlich sei. In den folgenden Monaten wurden mehrere hundert angebliche Mitglieder in verschiedenen Städten des Königreichs verhaftet. Viele wurden zum Tode oder zu langjährigen Haftstrafen verurteilt, Fizazi beispielsweise zu 30 Jahren. Allerdings handelte es sich bei der «jihadistischen *Salafiya*» mitnichten um eine Organisation, sondern um eine Ideologie, die mit dieser Nennung allerdings treffend beschrieben werde.[67]

Zumindest einige dieser Gruppen scheinen auch für die Rekrutierung von Marokkanern für die Trainingslager der *al-Qa'ida* verantwortlich gewesen zu sein und bildeten wichtige Anlaufstellen für zurückkehrende Aktivisten. Wie genau sich allerdings die Beziehungen zwischen der Marokkanischen Kämpfenden Gruppe und den militanten Zellen gestaltete, bleibt weiterhin unklar. Höchstwahrscheinlich waren die Anschläge in Casablanca eine gemeinsame Aktion einiger Marokkaner im Ausland und einheimischer Gruppen, vor allem natürlich in Casablanca. Inwieweit *al-Qa'ida* in diesem Rahmen eine Rolle spielte, ist weiterhin unbekannt. Die Koordinierung der Anschläge mit denen von Riad lässt zwar einen *al-Qa'ida*-Hintergrund vermuten, doch ist dies nicht gesichert. In jedem Fall hatten sie eine innenpolitische Dimension und galten dem marokkanischen Staat, dem «nahen Feind». Es zeigte sich in diesem Fall jedoch, dass *al-Qa'ida* auch ohne direkten Kontakt mit ihren Anhängern weiterhin in der Lage war, Attentäter zumindest zu inspirieren, und dass es möglich war, unter Hinweis auf die ideologischen Vorgaben Bin Ladens und Zawahiris neue Rekruten zu gewinnen.

Die Anschläge von Madrid

In unmittelbarem Zusammenhang zu den Ereignissen in Marokko standen die Anschläge von Madrid am 11. März 2004. Morgens kurz vor acht Uhr explodierten in vier Vorortzügen auf 13 Waggons verteilte Bomben, die in Taschen und Rucksäcken versteckt waren. Die Täter hatten sie in einem Vorortbahnhof in den Zügen deponiert und waren anschließend geflüchtet. Sie sollten alle bei der Einfahrt in den Bahnhof Atocha detonieren, was diesen wahrscheinlich zum Einsturz gebracht hätte. Da einige Züge verspätet waren und eine Bombe nicht zündete, geschah dies nicht. Dennoch starben 191 Menschen. Kurz nach dem Anschlag, am Abend des 13. März, wurde nahe der zentralen Madrider Moschee ein Bekennervideo gefunden, in dem ein Araber, der mit einem nordafrikanischen Akzent sprach und sich Abu Dujana al-Afghani nannte, sich im Namen von *al-Qa'ida*, als deren «Militärsprecher in Europa» er sich ausgab, zu den Anschlägen bekannte. Er rechtfertigte sie als Vergeltung für die spanische Unterstützung der USA im Irak und in Afghanistan und betonte, dass sie genau zweieinhalb Jahre nach dem 11. September ausgeführt worden seien.

Die spanische Regierung vermutete zuerst die baskische ETA hinter den Anschlägen und hielt an dieser Version auch fest, als sich die Hinweise verdichteten, dass die Täter militante Islamisten sein könnten. Viele Spanier werteten dies als Versuch, die wahren Hintergründe – einen Anschlag aufgrund des spanischen Engagements im Irak, wohin 1300 Soldaten entsandt worden waren – zu verschleiern, um eine Niederlage bei den Parlamentswahlen am 14. März zu vermeiden. Die katastrophale Informationspolitik der Regierung Aznar führte prompt zu einem vor dem 11. März eher unerwarteten Wahlsieg der oppositionellen Sozialisten und ihres Spitzenkandidaten José Luís Rodríguez Zapatero. Er hielt sich an ein schon im März 2003 gegebenes Wahlversprechen und zog alle spanischen Truppen bis zum 30. Juni 2004 aus dem Irak zurück. Die Terroristen konnten von nun an glaubhaft behaupten, der Anschlag von Madrid habe zum Rückzug der Truppen aus dem Irak geführt, weil er genau diejenige Regierung an die Macht brachte, die deren Absichten verwirklichte. Tatsächlich handelte es sich aus Sicht der Täter um eine der wirkungsvollsten Operationen in der Geschichte des Terrorismus. Nur die Attentate der *Hizballah* auf die amerikanische Botschaft in Beirut und auf ein Truppencamp ebenda im Jahr 1983 waren ähnlich erfolgreich gewesen – auch sie hatten maßgeblich zum Abzug der US-Truppen aus dem Libanon beigetragen. Wenn auch nicht ausgeschlossen werden kann, dass die Sozialistische Partei auch ohne die Anschläge die Wahlen gewonnen hätte, ist dies nicht der wichtigste Aspekt. Entscheidend ist, dass die Täter und ihre Sympathisanten und darüber hinaus weite Teile der arabischen Welt den Rückzug als die Folge eines terroristischen Anschlags werteten. Deshalb handelt es sich um einen so großen Erfolg für die Befürworter terroristischer Aktionen gegen den Westen.

Währenddessen liefen die Fahndungsmaßnahmen weiter und führten rasch zur Aushebung der gesamten Zelle. Der erste Festgenommene war der Marokkaner Jamal Zougham (Zugham), aus dessen Mobiltelefonladen diejenigen Telefonkarten stammten, die für die Zündung der Bomben benutzt worden waren. Zougham wurde anschließend von Augenzeugen als einer derjenigen Männer identifiziert, die die Taschen in den Zügen deponiert hatten. Eine führende Persönlichkeit der Gruppe war der Algerier Allekama Lamari (al-'Amari), ein Mitglied der algerischen «Bewaffneten Islamischen Gruppe» (Groupe Islamique Armé, GIA), der bereits zwischen 1997 und 2002 in Spanien inhaftiert gewesen war. Nach seiner Freilassung kam er in Madrid in Kontakt zu einem Tunesier namens Sarhan Fakhet (Fakhit), der zu einer kleinen militanten Gruppe im Stadtteil Lavapiés gehörte und gemeinsam mit Lamari die Zelle dominiert zu haben scheint. Den Sprengstoff beschaffte der Marokkaner Jamal Ahmidan, der bereits als Drogendealer auffällig geworden war.[68] Überraschenderweise soll die Zelle die Anschläge auch über kleinkriminelle Aktivitäten abgewickelt haben. Diese Beobachtung passte nicht recht zu der weit verbreiteten Vorstellung, dass eine weltweit operierende und sehr reiche Organisation – *al-Qa'ida* – terroristische Anschläge finanziere. Beunruhigend war hier vor allem, dass der Beitrag von Nordafrikanern, die mehrheitlich bereits lange in Spanien gelebt hatten, sehr groß war und eine Rolle der *al-Qa'ida* nicht nachgewiesen werden konnte. Auffällig ist darüber hinaus, dass die weitaus meisten Mitglieder der Zelle Marokkaner waren. Damit schien eine Beziehung zwischen den Anschlägen von Casablanca im Jahr 2003 und dem in Madrid zu bestehen. Und tatsächlich kannte einer der Attentäter von Madrid, Jamal Zougham, den im Zusammenhang mit den Ereignissen in Marokko genannten Muhammad Fizazi aus Tanger.

Die Attentäter hatten noch weitere Anschläge geplant. Dies zeigte sich Anfang April, als spanische Sicherheitskräfte an den Gleisen einer Eisenbahn-Hochgeschwindigkeitstrasse zwischen Madrid und Sevilla einen Sprengsatz fanden. Wäre er kurz vor dem Eintreffen eines Zuges explodiert, hätte er eine Katastrophe verursacht. Weitere Planungen wurden jedoch zunichte gemacht, als diejenigen Mitglieder der Zelle, die sich zunächst noch hatten verstecken können, am 3. April in einer Wohnung im Madrider Stadtteil Leganés aufgespürt wurden. Sie entzogen sich ihrer Verhaftung, indem sie die gesamte Wohnung sprengten. Dabei starben alle sieben Insassen, unter ihnen Lamari und Fakhet, sowie ein Polizist.

Für eine Beteiligung von *al-Qa'ida* sprach vor allem, dass Usama Bin Laden in einer im Oktober 2003 veröffentlichten Audiobotschaft zu Angriffen auf Italien, Spanien und Großbritannien aufgerufen hatte, weil diese Staaten die Politik der Bush-Administration im Irak unterstützten. Auf diesen Aufruf folgten der Anschlag auf italienische Truppen in der südirakischen Stadt Nasiriya im November 2003, die bereits erwähnten Attentate auf Synagogen und britische Einrichtungen in Istanbul im selben Monat und im März 2004 der Anschlag von Madrid. Zu klären war in diesem Zusammenhang aber vor allem, ob dies eine Anordnung war, der Gefolgsleute Bin Ladens Folge leisteten, oder die Zelle in Madrid gar nicht mit *al-Qa'ida* in Verbindung stand und sich freiwillig ihrer strategischen Marschrichtung unterwarf, um so den Eindruck zu unterstützen, *al-Qa'ida* könne jeden Staat treffen, sobald die Anweisung einer Führungspersönlichkeit erfolgt sei.

Die spanische Polizei verfolgte drei Spuren, die auf eine Beteiligung von *al-Qa'ida* hinwiesen. Die erste war die von 'Imad ad-Din Barakat Jarkas, genannt Abu Dahdah, eines syrischen Islamisten, der bis zu seiner Verhaftung im November 2001 eine spanische Zelle von *al-Qa'ida* geleitet hatte, die über enge Beziehungen zu Bin Laden verfügte und sich vorwiegend um logistische Probleme kümmerte. Zougham, Fakhet und Lamari hatten Abu Dahdah gekannt, so dass die Vermutung nahe lag, dieser, der seit 2001 in Untersuchungshaft saß, habe die Täter angeleitet. Die meisten Beobachter konnten sich nämlich nicht vorstellen, dass die nordafrikanischen Täter die Planung und Organisation der Anschläge ohne Auftrag und Handlungsanleitung von *al-Qa'ida* überhaupt leisten konnten. Obwohl spanische Behörden und Offizielle mehrfach darauf verwiesen, dass Abu Dahdah eine Rolle gespielt haben könnte, fehlten ihnen stichhaltige Beweise.

Der Fall Abu Dahdah ist darüber hinaus jedoch von allgemeinerer Bedeutung, da er nur einer von mehreren syrischen Islamisten ist, die im Netzwerk der *al-Qa'ida* eine wichtige Rolle spielten. Sie alle waren in den späten 1950er oder den frühen 1960er Jahren geboren worden und hatten Syrien infolge der zwischen 1979 und

1982 in ihrem Heimatland tobenden, bürgerkriegsähnlichen Konflikte zwischen aufständischen Islamisten und dem Staat des Hafiz al-Asad in Richtung Europa verlassen. Viele von ihnen hatten jahrelang unauffällig in ihren jeweiligen Gastländern gelebt, einheimische Frauen geheiratet und anschließend die jeweilige Staatsbürgerschaft angenommen. Erst infolge der Ermittlungen nach dem 11. September 2001 wurde deutlich, dass diese Personen wichtige logistische Funktionen für *al-Qaʿida* übernommen hatten. Muhammad Zuwaydi (Zouaydi) beispielsweise war ein enger Vertrauter Abu Dahdahs und galt bis zu seiner Verhaftung im April 2002 als Finanzfachmann. Ma'mun Darkazanli, ein Geschäftsmann aus Hamburg, hatte enge Beziehungen zu einem 1998 in Deutschland verhafteten Logistiker der *al-Qaʿida* und stand in Kontakt zu ihrer Hamburger Zelle um Muhammad ʿAtta. Ein weiterer Syrer, Muhammad Bahaiah (Bahaiya), residierte als Verbindungsmann zur *al-Qaʿida* in Istanbul, von wo aus er als Kurier zwischen Afghanistan und Europa fungierte. Dem prominenten Fernsehjournalisten Taysir Allouni (ʿAlluni) werfen die spanischen Behörden vor, während seiner Reisen nach Afghanistan im Auftrag von *al-Jazeera* als Geldbote für Abu Dahdah tätig gewesen zu sein. Es ist auffällig, dass immer wieder Syrer dieser Generation in Zusammenhang mit Verfahren gegen Gruppen auftauchen, in denen jüngere Marokkaner das Fußvolk bildeten. Offensichtlich gelang es ihnen als Veteranen des bewaffneten Kampfes in Syrien, Führungspositionen im militanten Spektrum einzunehmen, da die einzelnen Freiwilligen ideologisch und operativ weitgehend unerfahren waren.

Die bedeutendste Figur innerhalb dieser Gruppe syrischer Exilanten war der spanische Staatsbürger Mustafa as-Sitt Mariam (Abu Musʿab as-Suri), der bis heute einer der wichtigsten Vordenker des militanten Islamismus ist. Von seinem Exil in London hatte er bis 1996 gemeinsam mit Abu Qutada für die algerische «Bewaffnete Islamische Gruppe» die Zeitschrift *al-Ansar* herausgegeben und sich häufig in Spanien aufgehalten. Aufgrund seiner Spanien-Verbindung verdächtigten die Behörden auch ihn, einer der Hintermänner des Anschlags von Madrid zu sein, ohne dass hierfür nachvollziehbare Beweise vorlägen.

Eine dritte Person, die immer wieder als möglicher Planer der Attentate genannt wurde, war der bereits im Zusammenhang mit den Anschlägen von Casablanca erwähnte Marokkaner 'Abdalkarim al-Majati. Dies war insofern nahe liegend, als die meisten Attentäter Marokkaner waren und auch Beziehungen zu marokkanischen Islamisten nachgewiesen wurden. Die Beweislage war jedoch nicht zufrieden stellend.

Den deutlichsten Hinweis auf die Motivlage und die Planer des Anschlags von Madrid bot ein Dokument zum Krieg im Irak, das bereits im Herbst 2003 im Internet kursiert war und in dem militante Islamisten zu Angriffen auf spanische Truppen im Irak aufgerufen hatten. Erst nach den Anschlägen wurde klar, dass es sich hier um ein Strategiepapier handelte, das möglicherweise von den Attentätern genutzt worden war. Es ist bis heute unbekannt geblieben, wer den Text verfasste. Er entstand jedoch zwischen September und Oktober 2003, ungefähr zeitgleich zu der bereits erwähnten Verlautbarung Bin Ladens, in der dieser zu Attentaten gegen britische, spanische und italienische Ziele aufgerufen hatte. Höchstwahrscheinlich zirkulierte er seit Oktober im Internet.

Der Autor selbst verfügte über enge Verbindungen zu saudi-arabischen Militanten oder war selbst ein Saudi, denn er widmete sein Papier dem Anführer von *al-Qa'ida* in Saudi-Arabien, Yusuf al-'Uyairi, der im Juni 2003 von saudischen Sicherheitskräften erschossen worden war und ein Buch zum *jihad* im Irak verfasst hatte. Der Autor des Papiers nahm die Inhalte dieses Buchs «Die Zukunft des Irak und der Arabischen Halbinsel nach dem Fall von Bagdad» (*Mustaqbal al-'Iraq wa-l-Jazira al-'Arabiya ba'da suqut Baghdad*) auf und ergänzte es durch konkrete Handlungsanweisungen. Einige Kommentatoren halten den Autor jedoch für einen Nordafrikaner, insbesondere weil er Zahlenangaben durchweg mit arabischen Ziffern macht, was nur in Nordafrika üblich ist, nicht aber in Saudi-Arabien, wo ausschließlich indische Ziffern benutzt werden. Da 'Abdalkarim al-Majati in engem Kontakt zu den *al-Qa'ida*-Angehörigen in Saudi-Arabien stand, ist es nicht unwahrscheinlich, dass er der Autor war, vermutlich gemeinsam mit einem oder mehreren Saudis.

Der Autor betont eingangs die Bedeutung eines Siegs im Irak, da das Land nahe der Heiligtümer von Mekka, Medina und Jerusalem liege und somit eine ideale Ausgangsbasis für eine Fortsetzung des Kampfes in der Region biete. Kern seiner Argumentation jedoch ist, dass die Glaubenskämpfer im Irak die finanziellen, militärischen und politischen Kosten für die USA erhöhen müssen, indem sie erstens Staaten, die die USA noch nicht direkt unterstützen, davon abhalten, Truppen in den Irak zu entsenden, und zweitens die Koalitionsstaaten dazu bewegen, ihre Truppen aus dem Irak zurückzuziehen. Zu diesem Zweck sei es notwendig, den Truppen der Verbündeten schwere Verluste, «mit großem medialen Lärm verbunden», zuzufügen. An erster Stelle wird Italien genannt, dann Spanien gemeinsam mit einigen lateinamerikanischen Staaten und anschließend die Ukraine und Polen. Wenn Spanien und Italien sich zurückzögen, so die Argumentation des unbekannten Autors, geriete in der Folge die britische Regierung unter Druck, Truppen abzuziehen. Ohne Verbündete würde die Besatzung des Irak dann für die USA ein immer kostspieligeres Unterfangen und auch deren Rückzug würde damit wahrscheinlicher. Im Falle Spaniens erwähnt der Autor die anstehenden Wahlen, die es ermöglichen könnten, einen Rückzug zu erzwingen:

«Deshalb sagen wir, dass der Widerstand schmerzhafte Schläge gegen die spanischen Truppen austeilen muss, um ihre Regierung zum Rückzug aus dem Irak zu zwingen. Diese Aktionen müssen von einer Öffentlichkeitskampagne begleitet werden, die die tatsächliche Situation im Irak verdeutlicht. Wir müssen es unbedingt nutzen, dass in Spanien die landesweiten Wahlen schon in nächster Zeit – im März 2004 – folgen werden. Wir denken, dass die spanische Regierung nicht einmal zwei oder drei Schläge (*darabat*, Sg. *darba*) maximal aushalten wird, bis sie wegen des öffentlichen Drucks gezwungen sein wird, ihre Truppen zurückzuziehen. Wenn ihre Soldaten jedoch nach diesen Schlägen bleiben sollten, ist ein Sieg der Sozialistischen Partei beinahe garantiert und dann wird der Abzug der spanischen Truppen auf ihrem Wahlprogramm stehen. Schließlich bekräftigen wir, dass der Abzug der spanischen oder italienischen Truppen aus dem Irak großen Druck auf die britische Präsenz hervorrufen wird, dem Tony Blair möglicherweise nicht standhalten wird – und so fallen die Dominosteine schnell, es bleibt jedoch die Schwierigkeit, den ersten Stein umzustoßen.» [69]

Es ist erstaunlich, wie genau der Autor die Funktionsweise der parlamentarischen Demokratie in Spanien durchschaut und tatsächlich gaben ihm die folgenden Ereignisse recht. Dennoch handelt es sich hier nicht um eine konkrete Anleitung für die Anschläge von Madrid, da zumindest explizit nicht die Rede von Angriffen in Spanien selbst, sondern lediglich auf die spanischen Truppen im Irak ist. Beunruhigend ist zunächst, dass auf den Aufruf Bin Ladens und die Veröffentlichung dieses Strategiepapiers tatsächlich Anschläge im Irak folgten. Nach dem Angriff auf die italienischen Truppen im südirakischen Nasiriya gab es Ende November einen Überfall auf spanische Geheimdienstmitarbeiter, die auf einer Straße südlich von Bagdad in einen Hinterhalt gerieten und getötet wurden. Insofern war der Anschlag in Madrid nur der Höhepunkt mehrerer Attacken auf spanische und italienische Ziele, die durch Usama Bin Ladens Zielvorgaben inspiriert worden waren.

Es ist jedoch nicht erwiesen, dass die Attentäter von Madrid diesen Text überhaupt kannten. Ein möglicher Hinweis auf eine Verbindung zwischen den Ereignissen in Spanien und dem Strategiepapier ist die Nennung eines einzigen Gefährten des Propheten Muhammad namens Abu Dujana an prominenter Stelle im Text, wo er als leuchtendes Vorbild für die Glaubenskämpfer präsentiert wird. Wie oben bereits erwähnt, lautete auch der Name derjenigen Person, die auf dem Bekennervideo zum Attentat von Madrid auftaucht, Abu Dujana al-Afghani. Hierbei könnte es sich um einen Bezug der Madrid-Attentäter auf das Strategiepapier handeln. Wahrscheinlich wollten die Täter belegen, dass sie sich mit ihrer Operation in die weltweite Strategie der *al-Qa'ida* eingliederten.

Dies heißt jedoch nicht zwangsläufig, dass *al-Qa'ida* die Attentate auch geplant und organisiert hatte. Bis heute scheint jeder Beleg hierfür zu fehlen, und die meisten Kommentatoren gehen davon aus, dass die Attentäter von Madrid eine eigenständige Entscheidung fällten und sich lediglich an dem ideologischen und strategischen Rahmen orientierten, den Bin Laden und *al-Qa'ida* im Herbst 2003 vorgegeben hatten. Wenn dem so wäre, wäre dies ein erster Beleg dafür, dass militante Islamisten eine Strategie des «führerlosen Widerstands» verfolgen, die erstmals zu Beginn der 1990er Jahre von dem amerikanischen Rechtsextremisten Louis Beam (geb. 1946) ausgearbeitet worden war. Beam hatte beobachtet, dass herkömmliche, hierarchisch strukturierte militante Organisationen mit genau identifizierbaren Kommunikationssträngen zu leicht von den Sicherheitskräften moderner Gesellschaften entdeckt und zerschlagen werden konnten, agierten sie auch noch so professionell. In einer Zeit, in der die Rechtsextremisten großem Verfolgungsdruck ausgesetzt waren, empfahl er eine andere, auf autonom agierenden Zellen ohne zentrale Kontrolle basierende Organisationsform und Strategie, eben den «führerlosen Widerstand».[70] Dabei sollten die Extremisten ihre Zielvorstellungen verbreiten, so dass es einzelnen Zellen ganz ohne organisatorische Verbindung zu einer zentralen Führung gelingen konnte, unabhängig, aber in Einklang mit einer handlungsleitenden Ideologie zu agieren. Dadurch wäre es möglich, eine schnelle Aufdeckung und Zerschlagung der Organisation zu verhindern. Über ihre terroristischen Aktionen würden die Gruppen zueinander finden, um eine landesweite Revolution auszulösen.

Es gab bisher kaum Hinweise darauf, dass Beam mit dieser Strategie durchschlagenden Erfolg gehabt hätte. Dennoch sind die Chancen, sie zu verwirklichen, in der globalisierten Welt des Internets viel größer als noch zu Beginn der 1990er Jahre, als Louis Beam seine Abhandlung veröffentlichte. Heute ist es ohne Weiteres möglich, eine handlungsleitende Ideologie weltweit zu verbreiten. Inwieweit militante Islamisten die Ideen Beams rezipiert haben, ist unbekannt.[71] Dennoch weisen die Versuche Usama Bin Ladens und Aiman az-Zawahiris, über ihre in Satellitenfernsehen und per Internet verbreiteten Botschaften zu mobilisieren und neue Rekruten zu gewinnen, auf eine ähnliche Methodik hin. In Madrid könnten sie bereits einen ersten, spektakulären Erfolg erzielt haben.

Der Anschlag von Madrid scheint denn auch – oberflächlich betrachtet – von lokalen Kontexten in den Herkunftsländern der Militanten losgelöst zu sein. In Spanien lebende Nordafrikaner verüben Attentate in Madrid, um zum Erfolg des Kampfes gegen die USA im Irak beizutragen. Tatsächlich sind es vor allem die militanten Islamisten der europäischen Diaspora, die für die globalen Aspekte der Strategie der *al-Qa'ida* anfällig sind. Da sie häufig weder ihrem Heimatland noch ihrem Gastland hinreichend verbunden sind, sie vielmehr beiden feindselig gegenüberstehen, ist eine integrierte Strategie gegen den «nahen» und den «fernen Feind» für sie besonders attraktiv. Auffällig ist hingegen, dass die weitaus meisten Attentäter Marokkaner waren, und hier gibt es eine deutliche Kontinuität zwischen den Anschlägen von Casablanca und denen von Madrid.

Die Marokkaner folgten mit beiden Aktionen einerseits den Vorgaben militanter Vordenker wie schon 'Abdallah Azzams, der *al-Andalus* als ehemals muslimisches Territorium zum künftigen Schlachtfeld des *jihad* erklärt hatte. Dennoch spiegelten die Angriffe auf spanische Ziele auch den besonders unter marokkanischen Islamisten verbreiteten Hass auf den nördlichen Nachbarn wider. Die Marokkaner handelten also trotz ihrer internationalen Zielrichtung weiterhin in einem marokkanischen Kontext, in dem Spanien, der nächste, reichste und mächtigste Nachbar, zum Feind wurde.

Eine Pakistanisierung der al-Qa'ida?

Trotz aller Anzeichen dafür, dass *al-Qa'ida* mit dem Verlust der Basis in Afghanistan geschwächt war, gab es doch immer wieder Hinweise darauf, dass Usama Bin Laden und Aiman az-Zawahiri durchaus noch handlungsfähig sein könnten. Dafür sprach die Tatsache, dass die Ziele, die die *al-Qa'ida*-Führung in Video- und Tonbandbotschaften nannte, in den Folgemonaten häufig tatsächlich angegriffen wurden. Dies war in Madrid der Fall, aber auch den Attentaten auf den pakistanischen Präsidenten Musharraf Ende 2003 waren zwei aufeinander folgende Botschaften Aiman az-Zawahiris, in denen er zum Sturz des Herrschers aufrief, vorangegangen. Während es sich in Madrid möglicherweise um Täter handelte, die sich von den Botschaften der *al-Qa'ida*-Führung inspirieren ließen, hatten die Botschaften im pakistanischen Kontext eher den Charakter von konkreten Handlungsanweisungen. Seit Ende 2001 versuchte *al-Qa'ida* sich in Pakistan zu reorganisieren und von dort aus Anschläge im Land selbst, aber auch in Großbritannien und den USA zu planen. In mehreren Fällen ist es zwar unklar geblieben, inwieweit die Organisation eine Rolle spielte. Doch zeigt sich ein Trend zur Zusammenarbeit zwischen *al-Qa'ida* und militanten pakistanischen Gruppen, zu denen Bin Laden und seine Gefolgsleute schon seit den 1980er Jahren enge Beziehungen aufgebaut hatten.

Die erste Aufsehen erregende Aktion nach dem 11. September war die Entführung und anschließende Enthauptung des amerikanischen Journalisten Daniel Pearl. Pearl war Leiter des Südasienbüros des *Wall Street Journal* und arbeitete an einem Beitrag zu den pakistanischen Hintermännern des «Schuhbombers» Richard Reid. Reid, ein britischer Konvertit, hatte im Dezember 2001 erfolglos versucht, ein Flugzeug der American Airlines während des Fluges von Paris nach Miami zu sprengen, indem er den in seinen Schuhen versteckten Sprengstoff zündete. Als Pearl Ende Januar 2003 versuchte, einen pakistanischen Islamisten namens Shaikh Ahmad Mubarak Gilani zu kontaktieren, den er verdächtigte, über weitergehende Informationen zu verfügen, wurde er entführt. In einem kurz darauf veröffentlichten Video war Pearl zu sehen, an Händen und Füßen gefesselt auf dem Boden sitzend, während einer seiner Entführer, der nicht zu sehen war, ihm eine Pistole an den Kopf hielt. Die Geiselnehmer forderten eine bessere Behandlung der Gefangenen in Guantanamo und nannten Pearl einen amerikanischen und israelischen Spion. Im Februar erschien dann im Internet ein Video seiner Hinrichtung. Zunächst sagte Pearl: «Mein Vater ist Jude. Meine Mutter ist Jüdin. Ich bin Jude.» Anschließend musste er verschiedene Aspekte amerikanischer Politik kritisieren. So sagte er, der transnationale Terrorismus sei auf die amerikanische Unterstützung für Israel zurückzuführen. Amerikaner würden erst dann wieder sicher sein, wenn sie aufhörten, die Weltpolitik ihrer Regierung und vor allem deren Förderung Israels zu unterstützen. Dabei wurden Bilder angeblicher israelischer Verbrechen an Palästinensern gezeigt. Schließlich wurde gefilmt, wie ein unbekannter Täter Pearl die Kehle durchschnitt und seinen Kopf vollständig abtrennte. In einem späteren Gerichtsverfahren sagte einer der pakistanischen Angeklagten aus, drei Jemeniten seien angereist, um Pearl zu töten und das Video zu drehen.[72] Der Bezug auf den israelisch-palästinensischen Konflikt deutete auf eine Beteiligung von *al-Qa'ida* hin.

Der Haupttäter scheint Ahmed Omar Sheikh (geb. 1973) gewesen zu sein, der als Sohn eines wohlhabenden pakistanischen Geschäftsmannes in London geboren wurde.[73] Zwischen 1987 und 1989 kehrte die Familie nach Pakistan zurück, um anschließend wieder nach London zu ziehen. Sheikh wird als hochintelligent beschrieben und studierte für kurze Zeit an der London School of Economics. Es waren die Bilder von Verbrechen serbischer Truppen an bosnischen Muslimen, die 1992 seine Radikalisierung einleiteten. Als Sheikh 1993 einen Hilfskonvoi nach Bosnien begleitete, begegnete er einem pakistanischen Angehörigen der «Bewegung der

Glaubenskämpfer» (*Harakat al-Mujahidin*)[74], der ihn dazu veranlasste, nach Pakistan zu reisen und sich der Organisation anzuschließen. Schon kurz darauf durchlief er eine militärisch-terroristische Ausbildung in Afghanistan, wo die «Bewegung der Glaubenskämpfer» eigene Lager unterhielt. Im Februar 1994 wurde ein führendes Mitglied der Organisation, Mas'ud Azhar, in Indien verhaftet. Azhar war ein Religionsgelehrter, der mit einem falschen Pass nach Indien eingereist war, um die Aktivitäten der Kämpfer in Kaschmir zu koordinieren. Daraufhin wurde Sheikh beauftragt, nach Indien zu reisen, um Geiseln zu nehmen und Azhar auf diese Weise freizupressen. Sheikh begab sich nach Delhi und entführte drei Briten und einen Amerikaner, die er in einer Wohnung außerhalb der Stadt festhielt. Schon nach kurzer Zeit allerdings konnte die indische Polizei die Geiseln befreien und Sheikh verhaften. Er kam erst 1999 frei, als Terroristen einen Flug der Air India auf der Route von Kathmandu nach Delhi entführten. Sie leiteten die Maschine nach Kandahar um, wo die damals herrschenden Taliban keinerlei Interesse zeigten, gegen die Entführer vorzugehen. Die indische Regierung erfüllte ihre Forderung nach einer Freilassung Mas'ud Azhars und Omar Sheikhs. Schon kurz danach tauchten die beiden wieder in Pakistan auf und wurden sofort wieder aktiv. Azhar gründete im Jahr 2000 die «Armee Muhammads» (*Jaish-e Muhammad*), eine Abspaltung der «Bewegung der Glaubenskämpfer», die seither vor allem in Kaschmir aktiv geworden ist. Sheikh erschien erstmals wieder in Zusammenhang mit der Entführung Daniel Pearls. Er hatte offenbar mit ihm über E-mails in Kontakt gestanden und ihn in Karatschi in eine Falle gelockt.

Der Fall Pearl zeigt deutlich, dass die militante Szene in Pakistan eigenständig agierte. Doch die Nennung der drei Jemeniten, die Pearl angeblich ermordeten, lässt vermuten, dass auch *al-Qa'ida* an der Entführung beteiligt war. Der nächste Anschlag, der Charakteristika eines *al-Qa'ida*-Attentats trug, ereignete sich im Mai 2002. Damals explodierte die Autobombe eines Selbstmordattentäters vor dem Sheraton-Hotel in Karatschi. Das Ziel war ein Bus mit französischen Ingenieuren, die in Karatschi an einem U-Boot-Projekt für die pakistanische Marine arbeiteten. Unter den 14 Opfern befanden sich elf französische Ingenieure. Ein Anschlag gegen westliches Personal, das in einem Rüstungsprojekt für die pakistanische Armee arbeitete, entsprach recht genau der Strategie von *al-Qa'ida*. Dies galt auch für mehrere der folgenden Aktionen.

Am 14. Juni explodierte eine Autobombe vor dem amerikanischen Konsulat in Karatschi und tötete 12 Menschen. Eine Gruppe namens *al-Qanun* (das Gesetz) bekannte sich dazu und drohte mit weiteren Angriffen, sollte Präsident Musharraf nicht zurücktreten. Die Behörden schrieben die Verantwortung für das Attentat zunächst einer pakistanischen Organisation namens «Armee des Jhangwi» (*Lashkar-e Jhangwi*, Jhangwi war eine 1990 ermordete Führungspersönlichkeit der *Sipah-e Sahaba*) zu. Bei ihr handelt es sich um den militanten Flügel einer älteren Organisation namens «Armee der Prophetengefährten» (*Sipah-e Sahaba*), die im Jahr 1985 im südlichen Punjab gegründet worden war. Sie hat sich zum Ziel gesetzt, die Schiiten, die in Pakistan bis zu 20% der Bevölkerung stellen, mit Waffengewalt zu bekämpfen, und war der Hauptakteur in einer Welle antischiitischer Gewalt, die in Pakistan seit Mitte der 1980er Jahre systematisch wütete. Die «Armee des Jhangwi» wurde 1996 als Abspaltung von der «Armee der Prophetengefährten» gegründet, orientierte sich jedoch an deren Zielen, so dass hier wohl eher der Versuch vorlag, durch die Schaffung eines terroristischen Flügels als politischer Akteur auftreten zu können. Schon der Name wies auf große Nähe zur Mutterorganisation hin. Erst seit 2001 häufen sich die Hinweise, dass die «Armee des Jhangwi» vermehrt mit anderen militanten Gruppen zusammenarbeitet, deren Ziele über ihren Antischiismus hinausgehen. Pakistanische Behörden behaupteten nach dem Anschlag auf das Konsulat, *al-Qa'ida* habe diesen ebenso wie den auf die französischen Ingenieure finanziert und die Ausführung einem Bündnis pakistanischer Gruppierungen übertragen, das sich nach dem zweiten Kalifen *Lashkar-e 'Umar* (Armee 'Umars) nenne. Seine Mitglieder entstammten *Jaish-e Muhammad* (Armee Muhammads), *Lashkar-e Tayyiba* (Die vorzügliche Armee) und *Lashkar-e Jhangwi*.[75]

Den offiziellen Verlautbarungen in diesen Fällen sollte man allerdings mit Misstrauen begegnen. Zu sehr war und ist der pakistanische Staat mit verschiedenen militanten Organisationen verwoben und zu undurchsichtig ist seine Innenpolitik. Die *al-Qa'ida* als treibende Kraft hinter Anschlägen in Pakistan zu bezeichnen, dient vor allem dem Interesse Islamabads, seine eigene vergangene und aktuelle Förderung antischiitischer und antiindischer Gruppierungen zu verdecken. Dass *al-Qa'ida* dennoch zumindest indirekten Einfluss auf terroristische Aktivitäten in Pakistan hatte, zeigte sich spätestens Ende 2003. In einer Audiobotschaft, die *al-Jazeera* am 10. September ausstrahlte, rief Aiman az-Zawahiri die Pakistanis auf, sich gegen den «Verräter» Musharraf zu erheben, weil dieser für die Amerikaner arbeite. Daraufhin explodierte am 14. Dezember 2003 in Rawalpindi eine Bombe, während das Auto des Präsidenten Musharraf eine Brücke passierte. Der enorm große Sprengsatz war unter der Brücke angebracht, explodierte jedoch einen Moment zu spät, so dass Musharrafs Wagen unbeschädigt blieb. In Rawalpindi befindet sich das Hauptquartier der pakistanischen Streitkräfte. Dass es islamistischen Terroristen hier gelang, einen beinahe erfolgreichen Anschlag auf den Präsidenten auszuführen, und sie offenbar über Informationen über den Zeitpunkt verfügten, an dem Musharrafs Wagen die Brücke passierte, zeigte, dass es Helfer innerhalb der Sicherheits- und Streitkräfte geben musste. Tatsächlich wurden pakistanische Soldaten wegen ihrer Beteiligung an den Anschlägen verurteilt.[76] Nur zwei Wochen später, am 25. Dezember, verübten islamistische Terroristen wiederum einen Autobombenanschlag auf Musharraf, wiederum in Rawalpindi, der ebenfalls scheiterte. Diesmal versuchten zwei Selbstmordattentäter in einem mit Sprengstoff gefüllten Auto, den Wagen des Präsidenten zu rammen. Wiederum scheiterte der Anschlag, doch 17 Menschen starben. Die anschließenden Ermittlungen ergaben, dass Pakistanis die Operation gemeinsam mit *al-Qa'ida* geplant hatten. Der Hauptattentäter war Amjad Husain Faruqi. Er hatte sich im Verlauf seiner Karriere verschiedenen militanten Gruppen angeschlossen und verfügte über breite und sehr gute Kontakte: Auch an der Ermordung Daniel Pearls soll er beteiligt gewesen sein. Im September 2004 wurde er bei einem Feuergefecht mit pakistanischen Sicherheitskräften im Süden des Landes getötet. Er hatte den Auftrag zu den Anschlägen auf Musharraf und die notwendigen Gelder von dem libyschen *al-Qa'ida*-Angehörigen Abu Faraj al-Libi erhalten, der damals der Operationschef der *al-Qa'ida* für Pakistan war und Anfang Mai 2005 gefasst wurde.

Am Beispiel Libis zeigte sich, dass *al-Qa'ida* durchaus in der Lage war, den Ausfall Khalid Shaikh Muhammads und Abu Zubaidas zu kompensieren. Nachdem diese verhaftet worden waren, rückten mit Libi und seinem Assistenten, dem Ägypter Hamza Rabi'a, weniger erfahrene Angehörige der Organisation in Führungspositionen. Doch waren sie in der Lage, anspruchsvolle Anschläge auf den pakistanischen Präsidenten zu planen. *al-Qa'ida* verfügte Ende 2003 offenbar über genügend einheimische Helfer, um ihren Mangel an eigenen Aktivisten im Land auszugleichen. Darüber hinaus zeigten die Attentate auf Musharraf, dass Bin Laden und Zawahiri nun zielgerichtet versuchten, einen Umsturz in Pakistan herbeizuführen. Dies war folgerichtig, weil Musharraf die USA nach dem 11. September 2001 in ihrem Kampf gegen *al-Qa'ida* unterstützte. Überdies beteiligten sich pakistanische Truppen an der Suche nach der *al-Qa'ida*-Führung im afghanisch-pakistanischen Grenzgebiet. Auch wenn das westliche Fachpublikum eher der Meinung zuneigte, dass Islamabad aus innenpolitischen Gründen nicht mit dem gebotenen festen Willen nach Bin Laden suche, entschloss dieser sich, zurückzuschlagen.

Die *al-Qa'ida* setzte in Pakistan auch Planungen für Anschläge im Westen fort. Dies wurde im Juli und August 2004 deutlich, nachdem Sicherheitskräfte den Computerfachmann Muhammad Naim Nur Khan aus Lahore festgenommen hatten. Nur Khan hatte als eine Zentralstelle für die Kommunikationsverbindungen der *al-Qa'ida* im Land fungiert. In seinen Vernehmungen bestätigte er, dass *al-Qa'ida*-Führer sich in der schwer zugänglichen Bergregion nahe der afghanischen Grenze aufhielten und von dort aus Nachrichten in Form von Briefen oder CD-ROMs mit Kurieren zu Religionsschulen in der Nordwestlichen Grenzprovinz brachten. Von dort wiederum wurden andere Kuriere nach Lahore entsandt, die die Sendungen bei Nur Khan ablieferten. Dieser verschickte die Nachrichten anschließend in kodierter Form an Empfänger weltweit.[77]

Die Festnahme Nur Khans erwies sich als großer Erfolg. Zunächst folgten Verhaftungen von weiteren *al-Qa'ida*-Angehörigen in Pakistan, die den Eindruck bestätigten, dass die Organisation trotz der zahlreichen Festnahmen nach dem 11. September 2001 über ein weit verzweigtes Netzwerk verfügte. Sie stand zwar unter Verfolgungsdruck, konnte jedoch weiterhin operieren. Der erste Festgenommene war Ahmad Khalfan Ghailani, ein Tansanier, der wegen der Anschläge auf die amerikanischen Botschaften in Ostafrika 1998 gesucht wurde und auf den das FBI ein Kopfgeld von 25 Mio.US-$ ausgesetzt hatte. Er wurde gemeinsam mit mehreren anderen *al-Qa'ida*-Angehörigen in Gujarat, einer kleinen Stadt nahe der indischen Grenze, gefasst. Sie gilt als wichtiger Stützpunkt für pakistanische Schleuserbanden, so dass zu vermuten ist, dass die Militanten versuchten, gefälschte Papiere zu erwerben, um das Land zu verlassen. Pakistanische Sicherheitsbehörden interpretierten diese Absetzbewegungen als Ergebnis von Militäroperationen in den Stammesgebieten nahe der afghanischen Grenze, wo viele *al-Qa'ida*-Angehörige Zuflucht gesucht hatten.[78]

Die Verhaftung Nur Khans deckte darüber hinaus auch Planungen der *al-Qa'ida* für weitere Anschläge in den USA und Großbritannien auf. Auf Computerdateien, die in Lahore beschlagnahmt wurden, fanden Ermittler die Ergebnisse jahrelanger Ausspähungen von Gebäuden in New York, Newark und Washington. Es handelte sich um die New Yorker Börse und das Citigroup-Gebäude in New York, ein Gebäude eines der größten und bekanntesten amerikanischen Finanzdienstleister namens Prudential Financial in Newark sowie den Internationalen Währungsfond und die Weltbank in Washington. Die *al-Qa'ida* hatte bereits vor dem 11. September 2001 begonnen, detaillierte Informationen zu Sicherheitsmaßnahmen und ihren eventuellen Schwachpunkten und alle nur denkbaren Details zu den Gebäuden und ihrer Umgebung zu sammeln und in Pakistan zu speichern. Diese Aktivitäten wurden auch nach 2001 noch fortgeführt. Obwohl unklar ist, wie weit die Pläne für Anschläge gediehen waren, scheinen die vorliegenden Informationen in Washington große Sorge ausgelöst zu haben.[79]

Einer derjenigen, der die Gebäude ausgespäht hatte, war der *al-Qa'ida*–Aktivist Abu 'Isa al-Hindi (oder al-Britani). Es handelte sich um einen Briten indischer Abstammung, der zum Islam konvertiert war. Er hatte in den 1990er Jahren an Kämpfen in Kaschmir teilgenommen und sich danach *al-Qa'ida* angeschlossen. Im Frühjahr 2001 schließlich hatte Bin Laden ihn damit beauftragt, mögliche Ziele in den USA auszumachen. Anfang August 2004 wurde er gemeinsam mit 12 anderen Militanten in England verhaftet. Sie sollen möglicherweise auch dort Anschläge geplant haben.[80]

Auch wenn im Zusammenhang mit den genannten Ereignissen häufig von einer Pakistanisierung der *al-Qa'ida* gesprochen wird, bleibt die Kluft zwischen den Zielen der Araber um Bin Laden und denen der Pakistanis groß. Zu beobachten ist aber, dass pakistanische Organisationen entstehen, die ihre Anliegen mit internationalen Zielen verbinden. Als ein Kandidat wird in den letzten Jahren immer wieder die 1993 gegründete «Vorzügliche Armee» (*Lashkar-e tayyiba*) genannt, die sich bisher weitgehend auf Kaschmir konzentrierte.[81] Diese Organisation vertritt in ihrem Programm internationale Ziele wie eine Rückeroberung muslimischen Territoriums (über Kaschmir hinaus) in Indien und wird in den letzten Jahren häufig mit militanten Aktivitäten außerhalb Pakistans in Verbindung gebracht.[82] Sie war wahrscheinlich hauptverantwortlich für einen Angriff auf das indische Parlament am 13. Dezember 2001. Damals stürmten fünf mit Handfeuerwaffen und Handgranaten bewaffnete Männer das Parlamentsgebäude, wurden aber von Polizisten daran gehindert, das Plenum zu betreten. Alle Angreifer und mehrere Polizisten wurden getötet. Indem sie sich gegen indische Ziele wendet, bewegt sich die Organisation allerdings weiterhin im Rahmen des Konflikts um Kaschmir. Über den Subkontinent hinausgehende Planungen werden in der Presse zwar erwähnt, scheinen jedoch nicht hinreichend belastbar zu sein.

Obwohl die pakistanischen Islamisten also hauptsächlich im eigenen Land und im Konflikt gegen den Nachbarn Indien aktiv wurden, bot sich *al-Qa'ida* in der militanten Szene des Landes ein wichtiger Ansatzpunkt zur Neuorganisation. Auch wenn bisher hinreichende Belege dafür fehlen, dass sie sich «pakistanisiert» hätte, liegt in diesem Bündnis eine der «vielversprechendsten» Handlungsoptionen für die Zukunft. Auch die weit verzweigte pakistanische Diaspora kann für die Ziele der *al-Qa'ida* gewonnen werden. Dies zeigte sich am Beispiel der Selbstmordattentäter, die Anfang Juli 2005 Bomben in drei U-Bahnzügen und einem Autobus in London zündeten und 52 Menschen töteten. Drei der vier stammten aus Pakistan und hatten, obwohl sie seit ihrer Geburt in Großbritannien gelebt hatten, weiterhin enge Beziehungen zur Heimat ihrer Eltern. Die Anschläge waren auch Ausdruck des Protests gegen die britische Irak-Politik und ein Indiz für ein wachsendes Interesse auch pakistanischer Militanter an den Vorgängen im Irak.

3. Epizentren des islamistischen Terrorismus

3.1. Ägypten

So wie Ägypten als das Land, in dem die Muslimbruderschaft 1928 gegründet wurde, eine Vorreiterrolle für den Islamismus in der arabischen Welt und darüber hinaus spielte, wurden Ägypter auch zu den frühen Protagonisten des militanten Islamismus. Dabei spielten zwei Faktoren eine wichtige Rolle: Zum einen hatte mit Sayyid Qutb ein prominenter einheimischer Muslimbruder eine revolutionäre Ideologie entworfen, an der sich ägyptische Militante fortan orientieren konnten. Darüber hinaus waren es vor allem die Erfahrung brutaler staatlicher Repression und die langen Gefängnisaufenthalte, die viele junge Islamisten in den 1960er Jahren geprägt hatten. Die meisten von ihnen beriefen sich zwar auf Qutb, einige gingen jedoch einen entscheidenden Schritt weiter als ihr Lehrvater und erklärten auch einzelne ägyptische Muslime zu Ungläubigen. Dabei wollten die einen lediglich den Herrscher und seine engste Umgebung exkommunizieren, andere wiederum hielten alle Ägypter für ungläubig, weil sie ohne Widerstand zu leisten in der angeblich unislamischen Gesellschaft lebten. Sayyid Qutb hatte zwar auf der strengen Unterscheidung von Glauben und Unglauben beharrt, jedoch die Frage nicht beantwortet, inwieweit Individuen auch für ungläubig und damit für vogelfrei erklärt werden dürften. Seine Schüler indessen gingen diesen Schritt. Sie hielten den Kampf gegen den Staat und seine Herrscher, einige auch gegen seine Bewohner, für eine grundlegende religiöse Pflicht. Während die Muslimbruderschaft der Gewalt abschwor, erstarkten militante Gruppierungen, die die ägyptische Regierung mit Gewalt bekämpften.

Anfang der 1970er Jahre fühlten sich die Islamisten im Aufwind. Die Niederlage der arabischen Staaten, allen voran ihrer Vormacht Ägypten im Sechstagekrieg 1967, war gleichzeitig auch eine Niederlage des panarabischen Nationalismus und des ägyptischen Präsidenten Gamal ʿAbdannasir (Nasser). Vielen erschien der Islamismus als die einzige noch unverbrauchte Ideologie, nachdem Liberalismus, Nationalismus und Sozialismus scheinbar alle gescheitert waren. Der Nachfolger Nassers, Anwar as-Sadat, bestärkte die Islamisten, indem er ihnen gegenüber eine wesentlich liberalere Politik führte als sein Vorgänger. Der Staat duldete fortan die Islamisierungsbestrebungen der entsprechenden Gruppen in den Universitäten, ließ Gefangene frei und erlaubte denjenigen Muslimbrüdern, die sich nach Saudi-Arabien und die kleinen Golfstaaten geflüchtet hatten, die Rückkehr; auch ihre Publikationen wurden wieder zugelassen. Sadat glaubte, die Islamisten domestizieren und zur Stabilisierung seiner Herrschaft einsetzen zu können. An den Universitäten zielte ihre Förderung vor allem auf eine Schwächung der nasseristischen und kommunistischen Gruppierungen ab, deren Opposition Sadat mehr fürchtete. Er beging hier einen Fehler, den noch viele Machthaber in der islamischen Welt in den folgenden Jahren kopierten. Sie unterschätzten das Mobilisierungspotential der Islamisten, förderten sie, um andere Oppositionsgruppen umso wirksamer bekämpfen zu können, und trugen auf diese Weise maßgeblich zu deren Aufstieg bei.

Anfänge des militanten Islamismus

Zunächst jedoch war es eine kleine Gruppe mit nur wenigen Querverbindungen zu den Anfang der 1970er Jahre entstehenden islamistischen Organisationen, die mit Waffengewalt einen Umsturz herbeizuführen beabsichtigte. Im April 1974 versuchte eine Gruppierung unter der Führung des Palästinensers Salih Sirriya (1933–1975), die Militärakademie in Heliopolis, einem Vorort von Kairo, in ihre Gewalt zu bringen, um von dort aus einen Staatsstreich anzuführen. Sie wurde deshalb die «Vereinigung der Militärakademie» genannt.[1]

Die Hintergründe dieses Putschversuchs sind bis heute nicht hinreichend geklärt. Sirriya stammte aus demselben Ort in der Nähe von Haifa, in dem auch Taqi ad-Din an-Nabahani geboren worden war, der Begründer der Islamischen Befreiungspartei (*Hizb at-Tahrir al-Islami*). Nabahani und seine Gefolgsleute vertraten die Auffassung, die Macht müsse in einem Staatsstreich einer kleinen Gruppe ergriffen werden, um anschließend die Gesellschaft von oben nach ihren Vorstellungen umzugestalten. Bis heute gilt Sirriya als Mitglied der Befreiungspartei, auch, weil seine Vorgehensweise den Vorgaben Nabahanis so genau entsprach. Im September 1970 hatte Sirriya Jordanien verlassen, nachdem sich die dortige Regierung im «Schwarzen September», in der Auseinandersetzung mit den palästinensischen Gruppen, die mehr und mehr ein Staat im Staate geworden waren, durchgesetzt hatte. Er lebte anschließend für ein Jahr im Irak, wo Mitglieder der Befreiungspartei jedoch ebenso wie in anderen Ländern der Region verfolgt wurden. In Ägypten schließlich scharte er eine kleine Gruppe von mehreren Dutzend Anhängern um sich. Einige von ihnen, die an der Militärakademie in Heliopolis ausgebildet wurden, sollten das Gelände einnehmen, um mit Hilfe des dortigen Waffenarsenals den Zug des Präsidenten, der ganz in der Nähe der Akademie eintreffen sollte, anzugreifen und Sadat zu töten. Die Aktion scheiterte jedoch kläglich, da die Wachen den Sturm auf das Waffenlager verhinderten. Sirriya und sein Stellvertreter wurden hingerichtet, viele Angeklagte inhaftiert.[2]

Die ägyptische Regierung versuchte damals, die Verantwortung für das Attentat Libyen zuzuschreiben. Eine Involvierung ausländischer Mächte ist tatsächlich nicht ausgeschlossen, da mehrere prosowjetische Staaten ein Interesse daran hatten, die ägyptisch-amerikanische Annäherung nach dem Ende des Oktober/Yom Kippur-Krieges 1973 zu hintertreiben. Es gehörte zum geheimdienstlichen Repertoire vieler arabischer Staaten, militante Gruppierungen mit der Ermordung politischer Gegner zu beauftragen. Die Aktion ist vor dem Hintergrund der weiteren Entwicklung allerdings vor allem deshalb bedeutsam, weil die Sadat-Attentäter 1981 eine ähnliche Vorgehensweise wählten. Sie hofften mit der Ermordung des Präsidenten durch eine revolutionäre Avantgarde einen Volksaufstand auszulösen, um dann die Macht übernehmen zu können. Bis zur Mitte der 1990er Jahre hielt die *Jihad*-Gruppe daran fest, dass ein überraschender Schlag einer kleinen militanten Elite das Machtzentrum des ägyptischen Staates ausschalten müsse. Insofern prägte die Strategie der Vereinigung der Militärakademie und der Islamischen Befreiungspartei die Vorgehensweise der ägyptischen militanten Szene.

Die zweite Gruppe, die das militante Milieu im Ägypten der 1970er Jahre prägte, war die «Gemeinschaft der Muslime» (*Jama'at al-Muslimin*) unter der Führung des Agraringenieurs Shukri Mustafa (1942–1977). Mustafa wurde 1965 im oberägyptischen Asiut, einer Hochburg des oppositionellen Islamismus, wo er studierte, verhaftet, weil er Flugblätter für die Muslimbruderschaft verteilt hatte. Er wurde zum Opfer derselben großen Verhaftungswelle, die auch Sayyid Qutb traf, und verbrachte die nächsten sechs Jahre im Gefängnis. Dort schloss er sich einer Gruppe junger Islamisten an, die Qutbs und Maududis Ideen rezipierten, unter dem Eindruck brutaler staatlicher Repression jedoch weiter entwickelten. Shukri Mustafa und seine Freunde, die bis 1969 noch von einem jungen Religionsgelehrten namens 'Ali Isma'il angeführt wurden, hielten die gesamte ägyptische Gesellschaft für ungläubig und brachen deshalb vollständig mit ihr. Die Muslimbruderschaft war damals schon nicht mehr in der Lage, diese Radikalisierung ihrer jungen Sympathisanten zu verhindern.

Nachdem Mustafa 1971 aus dem Gefängnis entlassen worden war, setzte er sein Studium in Asiut zunächst fort, propagierte aber weiterhin seine in der Haft entwickelte Lehre. Mit seinen Anhängern predigte er jeden Freitag in der Umgebung der Stadt und gewann so und durch sein ausgeprägtes Charisma neuen Zulauf. 1976 sollen ihm schon rund 2000 Personen gefolgt sein. Zeitweilig zogen sie sich sogar in Höhlen in der Umgebung von Asiut zurück, beschränkten sich aber in der Regel darauf, in angemieteten Wohnungen der großen Städte – bald auch in Kairo – zu leben. Nur durch eine vollständige Abkehr und Isolierung von der ägyptischen Gesellschaft glaubten sie, einer Sekte gleich, in gottgefälliger Weise entsprechend dem Vorbild des Propheten Muhammad leben zu können. Ihre Mitglieder arbeiteten als Handwerker und Straßenhändler oder reisten als Gastarbeiter in die Golfstaaten, von wo aus sie Geld an die Gruppe schickten. Obwohl sie alle Muslime in ihrer Umgebung, die sich ihnen nicht anschlossen, für Ungläubige hielten, scheinen sie sich zunächst weitgehend auf eine Abgrenzung beschränkt zu haben. Ihre Aktivitäten wurden zwar von der ägyptischen Polizei beobachtet, jedoch nicht weiter für gefährlich gehalten. Dies änderte sich 1976, als ein Mitglied der zerschlagenen «Vereinigung der Militärakademie» versuchte, Angehörige der

«Gemeinschaft der Muslime» abzuwerben. Dies war in der Interpretation Mustafas nicht nur eine Bedrohung seiner eigenen Autorität innerhalb der Gruppe, sondern ein Abfall vom wahren Glauben, der mit dem Tod bestraft werden musste. Erst als die «Gemeinschaft der Muslime» gewaltsam gegen die Abweichler vorging, reagierte der ägyptische Staat. Die Polizei verhaftete Anhänger Shukris und schrieb auch ihn zur Fahndung aus. Daraufhin entführte die Gruppe im Juli 1977 den Religionsgelehrten und ehemaligen Minister für Islamische Stiftungen, Muhammad adh-Dhahabi, den sie wenige Tage später ermordete, weil ihre Mitglieder nicht wie verlangt freigelassen worden waren. Im Folgenden gelang es der Polizei, die Gruppe zu zerschlagen, und Shukri Mustafa wurde nach einem Prozess vor einem Militärgericht hingerichtet.[3]

Zur Zeit der ersten Verhaftungen wurde auch eine breitere Öffentlichkeit auf die Vereinigung aufmerksam und nannte sie nun *at-Takfir wa-l-Hijra* (Exkommunikation und Auswanderung), der Name, unter dem sie bis heute bekannt ist. Obwohl er eine Fremdbezeichnung ist, beschreibt er recht genau den Charakter und die Ideologie der Gruppe Shukri Mustafas. Mit *takfir* bezeichnet man im Arabischen die Exkommunikation eines Gläubigen, indem man ihn für ungläubig erklärt. *Hijra* heißt Auswanderung und beschreibt den Rückzug der Anhänger Shukris aus der ägyptischen Gesellschaft. Als *hijra* ist im Allgemeinen der Auszug des Propheten Muhammad aus Mekka im Jahre 622 bekannt. Damals floh er vor dem Widerstand der Bewohner Mekkas gegen seine Lehre und begab sich nach Medina, wo er Unterstützung fand. Die hiermit verbundene Vorstellung einer Gruppierung, die alle Muslime, die sich ihr nicht anschließen, für ungläubig erklärt und sich aus einer «ungläubigen» Gesellschaft zurückzieht, um anschließend, wie der Prophet, der Mekka einnahm, siegreich wiederzukehren, hatte eine ungeheure Wirkung auf viele militante Islamisten der folgenden Jahrzehnte. Nach der Zerschlagung der «Gemeinschaft der Muslime» im Jahr 1977 übernahmen andere Gruppen in Ägypten und ab den 1980er Jahren auch in weiteren arabischen Ländern die Leitgedanken Shukris, ohne notwendigerweise in einer organisatorischen Verbindung zu seiner Gruppe zu stehen.[4] Etliche Aktivisten nennen sich heute *takfiri* (Pl. *takfiriyun*), das heißt «diejenigen, die Muslime exkommunizieren», weil sie alle diejenigen Muslime für ungläubig erklären, die ihre religiösen und politischen Vorstellungen nicht vorbehaltlos teilen. Heute bezeichnet dieser Begriff die radikalsten und sektierererischsten Anhänger des militanten Islamismus weltweit. In der französischen Presse wird häufig im Zusammenhang mit Nordafrikanern, vorwiegend Algeriern, die mittlerweile in Frankreich leben, von einer Organisation oder Bewegung namens *at-Takfir wa-l-Hijra* berichtet.[5] Dabei handelt es sich jedoch lediglich um eine ideologische Ausprägung, nicht um eine definierbare Gruppe. Am weitgehendsten wurde die Ideologie der *takfiris* von der algerischen Bewaffneten Islamischen Gruppe (GIA) übernommen, die sie jedoch sehr viel brutaler und offensiver als Shukri Mustafas Organisation in die Tat umsetzte. Es gab zwar keinerlei Verbindung zwischen den Algeriern und der ägyptischen «Gemeinschaft der Muslime», doch hatten die Lehren Shukri Mustafas eine kaum zu überschätzende Vorbildfunktion.

Der Jihad *und die Ermordung Sadats 1981*

Nutznießer der Öffnungspolitik Sadats waren vor allem die «Islamischen Gemeinschaften» (*al-Jama'at al-Islamiya*) gewesen, die zu Beginn der 1970er Jahre an den ägyptischen Universitäten entstanden. Innerhalb weniger Jahre wurden sie zur dominierenden Kraft in den Studentenverbänden und schalteten die Nasseristen und Kommunisten – wie von Sadat beabsichtigt – aus. In der ersten Zeit hatten die Islamischen Gemeinschaften durchaus Ähnlichkeit mit europäischen Studentenbewegungen und hier wie dort spalteten sich die militanten Gruppierungen nach wenigen Jahren ab und wählten den bewaffneten Kampf.

Unabhängig von der Muslimbruderschaft entstanden, waren sie vor allem deshalb erfolgreich, weil sie zum einen im Rahmen eines kulturellen Kontextes argumentierten, der den meisten Studenten, die aus ländlichen Gebieten oder aus Familien, die erst seit kurzer Zeit in den Städten lebten, stammten, geläufig war und weil sie Dienstleistungen anboten, die diesen das Studieren erleichterten. Sie propagierten ein Islamverständnis, das eng am Vorbild der frommen Altvordern orientiert war und konzentrierten sich dementsprechend auf Fragen der öffentlichen Moral und eines gottgefälligen

Lebens des Einzelnen. Kleidung und ein «islamgerechtes» äußeres Erscheinungsbild standen oft im Mittelpunkt ihrer Kampagnen an den Universitäten, an denen sie das Tragen von Bärten, Kopftuchzwang und Geschlechtertrennung durchsetzten. Sie beriefen sich zu diesem Zweck vor allem auf das koranische Gebot, «das Gute zu gebieten und das Schlechte zu verbieten». Ähnlich der saudi-arabischen Religionspolizei begannen die Islamischen Gemeinschaften auf der Basis dieses Konzeptes, auch mit Gewalt ihre Vorstellungen gottgefälligen Verhaltens durchzudrücken, so dass sie schon bald die Grenzen militanter Aktivität überschritten.[6] Typisch waren auch ihre «islamischen» Dienstleistungsangebote, die heute zum Standardrepertoire vieler islamistischer Gruppen gehören. Subventionierte Kleidung für Frauen gehörte ebenso dazu wie der Transport der Studentinnen mit Bussen zur Universität. Insgesamt handelte es sich bei den Islamischen Gemeinschaften um eine breite Bewegung, die sowohl Kairo als auch Oberägypten umfasste, allerdings einen deutlichen Schwerpunkt im Süden hatte. Die bis 1977 wohlwollende Duldung durch die Regierung erlaubte es den Islamisten, sich als beherrschende Kraft an den Universitäten durchzusetzen.

Die Interessengemeinschaft zwischen Regime und islamistischen Gruppen endete jedoch im Jahr 1977, als der Fall der Gemeinschaft der Muslime der Regierung verdeutlichte, dass die Duldung islamistischer Gruppen durchaus zu Sicherheitsproblemen führen konnte. Diese hatten ihre Funktion für den Staat erfüllt, nachdem sie die Nasseristen und Kommunisten verdrängt hatten, und drohten nun zu einer mächtigen Oppositionsbewegung zu werden. Gleichzeitig zeigten sich die Islamisten von Sadat enttäuscht. Es war vor allem seine Reise nach Jerusalem, die ihnen vor Augen führte, dass die Regierung im Zweifelsfall nur den eigenen Interessen folgen würde. Dieser Eindruck verschärfte sich, als Sadat 1977 die Förderung der islamistischen Gruppen aufgab, ihre Aktivitäten behinderte und diese nun vielmehr mit kleinen administrativen Hindernissen zu kämpfen hatten.[7] Ab der zweiten Hälfte der 1970er Jahre gingen Teile vermehrt dazu über, im Geheimen Rekruten für militante Gruppierungen zu gewinnen. Dabei kristallisierten sich – erst in der Rückschau unterscheidbar – zwei Vereinigungen heraus, die die Geschichte des militanten Islamismus fortan bestimmen sollten: die *Jihad*-Gruppe (*Tanzim* oder auch *Jama'at al-Jihad*) und – zunächst im Verbund mit dem *Jihad* – die Islamische Gemeinschaft (*al-Jama'a al-Islamiya*), ein militanter Ableger der Islamischen Gemeinschaften der 1970er Jahre. Die *Jihad*-Gruppe bestand eigentlich aus mehreren Zellen, die nur lose zusammenhingen und Verbindungen zur Vereinigung der Militärakademie aufwiesen. Der Kopf in Kairo war Muhammad 'Abdassalam Faraj, der in seiner Schrift «Die vergessene Pflicht» die theoretische Rechtfertigung für den Mord an Präsident Sadat erarbeitete. Im Unterschied zur Gemeinschaft der Muslime wandte sich der *Jihad* ausschließlich gegen die ägyptische Regierung und nicht gegen die gesamte Gesellschaft. Muhammad Faraj war der *primus inter pares* in einem Verbund von Zellen, die sich ideologisch eng an seiner Theorie vom «nahen Feind» orientierten. 1980 schloss sich ihm ein Offizier des Militärgeheimdienstes, 'Abbud az-Zumur, an, der anschließend die militanten Aktivitäten der Organisation leitete. Farajs Gruppe plante, Sadat während der Militärparade am 6. Oktober, dem Jahrestag des Beginns des Oktoberkrieges 1973 und der Überquerung des Suezkanals, zu ermorden, um anschließend einen islamistischen Volksaufstand auszulösen. Insgesamt handelte es sich jedoch um eine Gemeinschaftsaktion des *Jihad* und Teilen der damals entstehenden *Jama'a al-Islamiya*. Der Kairoer Zelle hatte sich 1980 eine oberägyptische Gruppe aus Asiut namens «Jihadistische Islamische Gemeinschaft» (*al-Jama'a al-Islamiya al-Jihadiya*) unter der Führung von Karam Zuhdi zugesellt. Beide Gruppen gemeinsam baten Shaikh 'Umar 'Abdarrahman, der damals in Asiut lehrte und bereits seit Anfang der 1970er Jahre enge Kontakte zu den Islamischen Gemeinschaften hatte, ihr Mufti zu werden. Fortan legitimierte er die Aktionen mit Rechtsgutachten.[8] Die oberägyptische Gruppe unter Zuhdi sollte zeitgleich mit dem Attentat auf Sadat einen Aufstand im Süden des Landes beginnen und später den Nukleus der *Jama'a al-Islamiya* bilden.

Den Anlass für den Mord an Sadat lieferte die Auflösung und das Verbot der Islamischen Gemeinschaften im September 1981. Landesweit wurden ihre Führungspersönlichkeiten und wichtigen Funktionäre verhaftet, ihre Büros geschlossen und die sonstige Infrastruktur aufgelöst.[9] Obwohl es den Attentätern gelang, den Präsidenten zu töten, lösten sie im Norden des Landes keinen Volksaufstand aus. Im Gegenteil, der Attentäter, Khalid al-Islambuli, Faraj und

Zumur sowie die meisten Angehörigen des *Jihad* wurden in Haft genommen. Im Süden begann die Erhebung Zuhdis erst zwei Tage nach dem Attentat auf Sadat und dauerte in Asiut selbst nur drei Tage an, ohne sich auf das Umland auszudehnen. Die nun folgende erneute Phase der Repression wurde für viele Islamisten ebenso prägend wie diejenige Mitte der 1960er Jahre. Viele derjenigen, die nach einigen Jahren aus den Gefängnissen entlassen wurden, bekämpften den ägyptischen Staat anschließend nur noch entschiedener. Aiman az-Zawahiri war nur einer aus einer Generation von Militanten, die in den 1990er Jahren erneut versuchten, einen Machtwechsel in Ägypten mit Gewalt herbeizuführen.

Die Organisation des *Jihad* bestand auch nach den Verhaftungen fort. Sie verfügte über eine im Vergleich zur *Jama'a al-Islamiya* nur sehr kleine Gefolgschaft und vertrat weiterhin die Strategie einer revolutionären Avantgarde, die die Macht übernehmen sollte, nachdem sie die bisherige Staatsspitze ausgeschaltet hatte. Ihre bevorzugte Taktik waren dementsprechend Mordanschläge auf führende Politiker. Sie sollte ihrem Ziel allerdings nie wieder so nahe kommen wie im Oktober 1981. 1984 spaltete sich Karam Zuhdis *Jama'a al-Islamiya* endgültig vom *Jihad* ab. Anlass des Konfliktes soll die Frage der Führerschaft der Organisation gewesen sein. Die Oberägypter wollten den «blinden Shaikh», 'Umar 'Abdarrahman, in dieser Funktion, während die Mitglieder der Kairoer Zelle sich gegen einen Blinden wehrten und Zumur vorschlugen, den wiederum die Oberägypter ablehnten, da er in der Haft nicht handlungsfähig war.[10] Wichtiger als die Fähigkeiten und die Lebenssituation der Führungspersönlichkeiten waren jedoch die unterschiedlichen Herangehensweisen der beiden Gruppen. Die oberägyptische *Jama'a al-Islamiya*, der auch 'Umar 'Abdarrahman angehörte, hatte eine weitaus größere Gefolgschaft als der *Jihad*, die sie durch Propagandatätigkeit und sozial-karitative Aktivitäten ausbauen wollte, bevor sie ein weiteres Mal den ägyptischen Staat herausforderte. Diese Strategie widersprach der des *Jihad*, der befürchtete, dass die Bewegung sich durch offene Basisarbeit der Repression des Staates schutzlos aussetze; eine Trennung der beiden Gruppen war deshalb fast zwangsläufig.

Nach der Spaltung gingen die beiden militanten Hauptakteure des ägyptischen Islamismus getrennte Wege. Der *Jihad* hatte es nicht verstanden, die unterschiedlichen Strategien und Interessen der 1981 unter einem Dach vereinten Gruppen zu bündeln, und verlor ohne die Unterstützung der nun unabhängigen *Jama'a al-Islamiya* die Fähigkeit, umfassendere Aktivitäten in Ägypten zu entwickeln. Folgerichtig wichen Teile der Gruppe ins Ausland aus, wie so oft, wenn arabische Militante im Inland nicht über die notwendige Stärke verfügten, ihre Regierungen herauszufordern. In Ägypten beruhigte sich daher die Sicherheitslage bis Ende der 1980er Jahre. Die Geschichte des *Jihad* wurde in der Folgezeit mehr und mehr von Aiman az-Zawahiri bestimmt, der die Führung der Organisation in der zweiten Hälfte der 1980er Jahre von Zumur, der sich weiterhin in Haft befand, übernahm und zumindest die Exilanten zunächst in Afghanistan und anschließend im Sudan und wiederum in Afghanistan anführte. In den mehr als zehn Jahren zwischen seiner Ausreise aus Ägypten 1986 und seinem Bündnis mit Bin Laden 1997/98 scheint sich Zawahiri nach wie vor an der Lehre Muhammad Farajs vom «nahen Feind» orientiert zu haben. Erst als 1997 vollkommen klar wurde, dass die Islamisten den Kampf gegen den ägyptischen Staat nicht für sich würden entscheiden können, wählte er die Doppelstrategie gegen den «fernen» und den «nahen Feind». Bis dahin waren im Kampf gegen das Regime Mubarak nur Misserfolge verzeichnet worden. Im Frühjahr 1993 wurden mehr als 300 mutmaßliche Mitglieder der Organisation vor Gericht gestellt. Wohl auch als Reaktion auf diese Prozesse verübte die Exilorganisation vom Sudan aus im November 1993 einen Anschlag auf Ministerpräsident 'Atif Sidqi. In den gewaltsamen Auseinandersetzungen zwischen 1992 und 1997 spielte der *Jihad* ansonsten kaum mehr eine Rolle.

Die Exilführung der Organisation reagierte darauf zuerst mit dem Angriff auf ägyptische Einrichtungen im Ausland. Erstes Ziel war die ägyptische Botschaft in Islamabad im November 1995. Von da war es nur noch ein Schritt bis zum Bündnis mit Usama Bin Laden und den Anschlägen auf die amerikanischen Botschaften in Ostafrika, an denen Ägypter federführend beteiligt waren. Der *Jihad* bezahlte freilich einen hohen Preis für die Internationalisierung des bewaffneten Kampfes. Im Sommer 1998 wurden in einer gemeinsamen Operation einheimischer Behörden und der amerikanischen CIA zahlreiche Mitglieder der Organisation in Albanien gefasst und anschließend an Ägypten ausgeliefert. Möglicherweise hatten sie einen Anschlag auf amerikanische Ziele in Tirana geplant. Weitere Verhaftungen erfolgten in Azerbaidjan, Südafrika, Italien und Großbritannien. Der anschließende Schauprozess wird bis heute als der der «Rückkehrer aus Albanien» bezeichnet. Mehr als 100 Aktivisten wurden in Ägypten vor Gericht gestellt und Zawahiri und sein Bruder Muhammad in Abwesenheit zum Tode verurteilt.[11] Einige verbleibende Mitglieder schlossen sich 1999 dem Gewaltverzicht der *Jama'a* an, so dass die Organisation seitdem in Ägypten nicht mehr in Erscheinung trat. Die Reste der Gruppe, die sich im Ausland der Verhaftung entziehen konnten, gingen in der *al-Qa'ida* auf.

Der «blinde Shaikh», 'Umar 'Abdarrahman

Die neben Zawahiri bedeutendste Persönlichkeit unter den militanten Islamisten in Ägypten war 'Umar 'Abdarrahman (geb. 1938). Er stammte aus Jamaliya, einem Stadtteil von Kairo, und erblindete wie so viele ägyptische Kinder bereits im Alter von wenigen Monaten. Nach dem Schulbesuch in Damiette und Mansuriya im Nildelta studierte er Religionswissenschaft und machte 1965 seinen Abschluss an der Fakultät für Glaubenslehre (*Usul ad-Din*) an der *Azhar*-Universität, wo er 1977 promoviert wurde. Seit den 1970er Jahren war er eine zentrale Persönlichkeit unter den islamistischen Militanten und wurde 1981 berühmt, weil er den Mord an Präsident Sadat in einem Rechtsgutachten (*fatwa*) gebilligt hatte. Damit schloss er an eine Predigt von 1970 an, in der er das Gebet für den verstorbenen Staatschef Nasser als ungesetzlich bezeichnet hatte, weil dieser ungläubig sei.[12] Während Faraj der Ideologe der Gruppe war, bot 'Abdarrahman ihr eine umfassendere, wenn auch weniger konkrete geistliche Anleitung, die umso wichtiger war, als Faraj kein Religionsgelehrter war und deshalb nicht über religiöse Autorität verfügte. Dies hinderte ihn zwar nicht daran, angeblich verbindliche Aussagen zu religiösen Fragen zu verkünden, begrenzte jedoch die Wirkungsmacht seiner Äußerungen ganz beträchtlich. Ein Rechtsgutachten eines Gelehrten, das die Vorgehensweise der Organisation für legal erklärte, war hingegen um ein Vielfaches wertvoller als ein Traktat eines islamistischen Ingenieurs.

An diesem Beispiel zeigt sich ein wichtiges Charakteristikum militanter islamistischer Gruppen: Sie alle versuchen, sich des geistlichen Beistands eines zumindest rudimentär gebildeten «Gelehrten» zu versichern. Dies gilt zum einen für die herkömmlichen Islamisten, die häufig säkulare Studiengänge absolviert haben und sich deshalb die eigenen Interpretationen ihres Glaubens von einer anerkannten Autorität bestätigen lassen. Der den Muslimbrüdern nahe stehende Shaikh Yusuf al-Qaradawi ist das heute bekannteste Beispiel für einen solchen Gelehrten. Dies gilt zum anderen – und noch mehr – für die «Salafisten» oder «traditionellen Islamisten», in deren Kreisen die formale Gelehrsamkeit eine noch größere Rolle spielt. Auch die militanten Islamisten versuchen, selbst die gewöhnlichsten Handlungen des täglichen Lebens in einer gottgefälligen Weise zu gestalten, und richten ihre diesbezüglichen Fragen gerne an in ihrem Milieu anerkannte Autoritäten. Dazu gehören zum Beispiel die palästinensischstämmigen Jordanier Abu Qutada al-Filastini und Abu Muhammad al-Maqdisi sowie der Syrer Abu Basir at-Tartusi.

Shaikh 'Umar 'Abdarrahman ist aber der bis heute angesehenste dieser Gelehrten, der an Bedeutung nur deshalb verloren hat, weil er sich in amerikanischer Haft befindet und deshalb nur in seltenen Ausnahmefällen Mitteilungen herausgeben kann. Er war für die *Jama'a al-Islamiya*, als deren wichtigster Rechtsgutachter (*mufti*) er bis 1993 fungierte, ein unverzichtbares Propagandainstrument, mit dem sie auf die Gutachten des ägyptischen religiösen Establishments reagieren konnte, das sich auf die Seite des Staates stellte. Auch *al-Qa'ida* hat sich immer wieder auf ihn berufen und Bin Laden forderte wiederholt seine Freilassung. Hierdurch versuchte die Führung der Organisation, eine Schwäche auszugleichen: Bin Laden und Zawahiri hatten keine religiöse Ausbildung genossen und waren daher auf die Unterstützung von Religionsgelehrten angewiesen, wollten sie junge Islamisten für ihre Zwecke mobilisieren. Bin Laden hatte bis 1998 bei weitem nicht die Statur, die 'Abdallah 'Azzam bis zu seinem Tod gehabt hatte, was auch dazu führte, dass 'Umar 'Abdarrahman diesem als Leitfigur der arabischen Afghanistankämpfer nachfolgte. Während es in Saudi-Arabien einige Gelehrte gab, die offen für *al-Qa'ida* Partei ergriffen, hatte doch keiner von ihnen den Bekanntheitsgrad und die religiöse Reputation von 'Umar 'Abdarrahman.

Möglicherweise bewahrte sein religiöser Status 'Umar 'Abdarrahman vor einer härteren Strafe im Verfahren gegen die Sadat-Attentäter.[13] In der Regel ließ die ägyptische Regierung die Ideologen der militanten Gruppierungen hinrichten, vermutlich, weil sie die Wirkung ihres in mehreren Fällen beträchtlichen Charismas fürchtete. Dies galt für Sayyid Qutb ebenso wie für Shukri Mustafa und Muhammad Faraj. 'Abdarrahman jedoch verbrachte lediglich drei Jahre im Gefängnis und kam 1984 frei. Anschließend reiste er zeitweilig nach Peschawar, wo er häufig gemeinsam mit 'Abdallah 'Azzam, den er schon zu Beginn der 1970er Jahre kennen gelernt hatte, gesehen wurde, wobei jedoch von Meinungsverschiedenheiten zwischen den beiden berichtet wird. 'Umar 'Abdarrahman vertrat – ganz in der Tradition Farajs – die These, dass der Kampf auch gegen die «ungläubigen» Herrscher muslimischer Staaten geführt werden müsse. Wie fast die gesamte *Jama'a al-Islamiya* hat er wohl den Strategiewechsel Aiman az-Zawahiris hin zum Kampf gegen den «fernen Feind» nie nachvollzogen. Insofern ist es auch fragwürdig, ihn als den geistigen Kopf der ägyptischen Angehörigen der *al-Qa'ida* oder gar der Gesamtorganisation zu bezeichnen. Als solcher war er nur bis zum Strategiewechsel Zawahiris Mitte der 1990er Jahre anerkannt. Dass Bin Laden und Zawahiri sich anschließend auf ihn beriefen, war reine Propaganda.

Nach seiner Entlassung aus dem Gefängnis im Jahr 1984 ließ sich 'Umar 'Abdarrahman in einer Moschee in der Oase Fayyum nieder, wo er zwischenzeitlich auch verhaftet wurde. Über diese Zeit hinaus wirft sein Itinerar einige Fragen auf. Nach 1989 hielt er sich im Sudan auf, wo er sich ein Visum für die USA beschaffte. Bis heute ist umstritten, ob es sich bei der Visumserteilung um einen Fehler der zuständigen Bearbeiter handelte oder ob der amerikanische Geheimdienst CIA eigene Interessen verfolgte.[14] In jedem Fall reiste 'Abdarrahman 1990 nach New York und widmete sich Aktivitäten, die nicht im Sinne der amerikanischen Behörden waren. Wahrscheinlich wollte er eine Außenstelle des «Dienstleistungsbüros» in Brooklyn übernehmen, das rund um die dortige *Farouq*-Moschee aufgebaut worden war. Hier waren in der zweiten Hälfte der 1980er Jahre arabische Freiwillige aus den USA für den Kampf in Afghanistan angeworben und Spenden für die Glaubenskämpfer in Peschawar gesammelt worden. 'Abdarrahman stand in engem Kontakt zu dem damaligen Leiter der Filiale, einem Ägypter namens Mustafa Shalabi, und predigte in der Moschee. Schon bald indes gerieten die beiden Männer in einen Konflikt über die Frage der Verwendung eingeworbener Spendengelder. Während Shalabi sie – in der Tradition 'Azzams – für den Kampf in Afghanistan verwenden wollte, forderte 'Umar 'Abdarrahman Gelder für den Widerstand der Ägypter gegen das Regime Mubarak. Wohl in Zusammenhang mit der Eskalation des Konfliktes wurde Shalabi im März 1991 ermordet.[15] Viele Kommentatoren halten die Mission 'Umar 'Abdarrahmans in New York für den Versuch der Ägypter, die bereits 'Azzam getötet haben sollen, die gesamte Infrastruktur des Dienstleistungsbüros unter ihre Kontrolle zu bringen.[16] Nach dem Tode Shalabis schien dies zu gelingen. 'Umar 'Abdarrahman scharte nun eine kleine Gruppe militanter Islamisten um sich und geriet zunächst ins Blickfeld der amerikanischen Sicherheitsbehörden, weil einer seiner Anhänger, der Amerikaner ägyptischer Herkunft as-Sayyid Nusair, verdächtigt wurde, im November 1990 den jüdischen Extremisten Rabbi Meir Kahane erschossen zu haben. Kahane (geb. 1932) stammte aus New York, wo er 1968 die rechtsradikale Jewish Defense League gegründet hatte. Nach seiner Umsiedlung nach Israel im Jahr 1971 gründete er die Kach-Partei, die bekannt wurde, weil sie die Annexion aller israelisch besetzten Gebiete und die Ausweisung aller Araber forderte.

'Abdarrahmans Anhänger bildeten ein williges Rekrutierungspotential für militante Aktionen jeglicher Art. Ramzi Yusuf, der ab 1992 in New York das erste Attentat auf das World Trade Center vorbereitete, fand unter diesen jungen Muslimen mehrere, die seine Anschlagspläne unterstützten. Deshalb geriet auch 'Umar 'Abdarrahman in das Visier der Sicherheitsbehörden, die ihm und einer Gruppe seiner Anhänger vorwarfen, Anschläge unter anderem auf amerikanische Militäreinrichtungen, Regierungsgebäude, das Hauptquartier der Vereinten Nationen sowie zwei Straßentunnel und eine Brücke zwischen New York und New Jersey geplant zu haben. Interessanterweise jedoch beziehen sich die meisten konkreten Angaben zu 'Abdarrahmans Plänen in der Anklageschrift auf ein geplantes Attentat auf den ägyptischen Präsidenten Husni Mubarak während eines Aufenthalts in New York. Dies ist ein deutlicher Beleg dafür, dass er weiterhin den Kampf gegen den ägyptischen Staat in seine Pläne mit einbezog.[17] Möglicherweise war dies aber auch die einzige Aktion, der sich ‘Umar ‘Abdarrahman tatsächlich widmete, da diese eher seiner These vom Kampf gegen den «nahen Feind» entsprach. Der blinde Shaikh wurde in diesem Prozess zu lebenslanger Haft verurteilt und befindet sich noch heute im Gefängnis. Er ist eher zu einer Symbolfigur geworden, die von islamistischen Militanten gerne angeführt wird als Beleg für die Verletzung der elementarsten Menschenrechte durch die USA, indem diese einen blinden alten Mann, der noch dazu Religionsgelehrter ist, unschuldig gefangen halten. Darüber hinaus jedoch spielt ‘Umar ‘Abdarrahman weder in Ägypten noch in den transnationalen Gruppierungen eine nennenswerte Rolle.

Der Aufstand der Jama‘a al-Islamiya *(1992–1997)*

Schon gegen Mitte bis Ende der 1980er Jahre nahm die Zahl islamistischer Gewalttaten in Ägypten zu. 1992 wuchsen sich diese sporadischen Gewaltakte jedoch zu einem groß angelegten Aufstand aus, der vor allem Kairo und die oberägyptischen Städte Asiut und Minya erfasste.

Startschuss für die Konfrontation mit der Staatsmacht war die Ermordung des säkularistischen Intellektuellen Faraj Foda (Fuda) am 8. Juni 1992 durch Angehörige der *Jama‘a al-Islamiya*. Nach der Trennung vom *Jihad* im Jahr 1984 hatte die *Jama‘a al-Islamiya* an die ältere Strategie der Islamischen Gemeinschaften angeknüpft und versucht, arme und von der Regierung vernachlässigte Stadtviertel und Landstriche zu «islamisieren» und damit unter ihre Kontrolle zu bringen. Zu diesem Zweck förderte sie einen «islamischen» Lebensstil, indem sie beispielsweise Kleidungsvorschriften für Frauen durchsetzte, Kinos, Video- und Alkoholläden zerstörte, gleichzeitig aber soziale Hilfestellungen anbot. Über einzelne «islamisch befreite Zonen» glaubte die *Jama‘a* nach 1984 für eine kommende Konfrontation mit dem Regime eine starke Basis aufbauen zu können. In Kairo hatten Islamisten bereits seit der zweiten Hälfte der 1980er Jahre versucht, das im Nordwesten der Stadt liegende Viertel Imbaba unter ihre Kontrolle zu bringen, in dem rund eine Million vorwiegend armer, erst in den vorangegangenen

Jahrzehnten vom Land zugewanderter Ägypter lebten. Es gelang der *Jama'a* schnell, in Imbaba einen Staat im Staate aufzubauen. Informell eingerichtete Milizen übernahmen die Aufgaben der Polizei, die sich nur noch selten wagte, das Viertel zu betreten. Justiz und Erziehungswesen wurden von der *Jama'a* kontrolliert und alle Gegner der Islamisten gnadenlos verfolgt. Zu den Opfern gehörten auch die christlichen Kopten, deren Geschäfte und Kirchen zerstört wurden. Im November 1992 verkündete die *Jama'a al-Islamiya*, dass sie in Imbaba einen «islamischen Staat» gegründet habe. Dies nahm die Regierung zum Anlass, das Viertel mit einem massiven Polizeiaufgebot einzunehmen.[18] Es folgten Massenverhaftungen, die der Organisation in Kairo das Rückgrat brachen, so dass die Sicherheitsprobleme der folgenden Jahre sich in Oberägypten konzentrierten.

Insbesondere in den Städten Asiut und Minya und ihrer jeweiligen Umgebung hatte die *Jama'a al-Islamiya* den Staat herausgefordert, indem sie ihm die Kontrolle über diese Gebiete streitig machte. Hier wie in Kairo profitierte sie von großen sozio-ökonomischen Problemen, vor allem einer verbreiteten Arbeitslosigkeit. Beide Städte barsten vor Landbewohnern, die sich vor der langsamen Verelendung in den ländlichen Gebieten in die Städte gerettet hatten, wo die Situation kaum besser war. Die gesamte Region war von der Regierung in Kairo über Jahrzehnte vollkommen vernachlässigt worden, was zum einen Ressentiments gegen den Staat förderte, es zum anderen der *Jama'a al-Islamiya* erleichterte, sich zu organisieren und ihre Position auszubauen. Hier zeigte sich, dass der Aufstand von 1992 bis 1997 auch eine regionale Dimension hatte. Provinzen, die von der ägyptischen Zentralregierung nie in ihre Entwicklungsbemühungen einbezogen worden waren, lehnten sich nun in Form einer islamistischen Revolte auf.

Die *Jama'a al-Islamiya* begann die Kämpfe, indem sie vermehrt Kopten angriff, die in der Region fast 20 % der Bevölkerung stellen. Bei den muslimischen Bewohnern wurden Ressentiments gegen die wirtschaftlich häufig besser gestellten Kopten der beiden Städte geschürt, um auf diese Weise Kräfte für den Kampf gegen den Staat zu mobilisieren. Die Islamisten zwangen den Kopten den Status des *dhimmi* auf, von «Schutzbefohlenen», ein Konzept, das im islamischen Recht für nichtmuslimische Einwohner islamischer Staaten entworfen worden war. Gegen die Zahlung einer Kopfsteuer (*jizya*) wurden die Nichtmuslime geduldet und geschützt. Der *Jama'a al-Islamiya* diente die Übernahme dieses Konzepts der Erhebung von Schutzgeldern zur Finanzierung ihrer Aktivitäten. Wenn die Kopten nicht zahlten, wurden sie Opfer von Mordanschlägen und Raubüberfällen. Ab 1992 begann die Organisation, auch mit Hilfe der in diesem Jahr in größerer Zahl zurückkehrenden Afghanistanveteranen, den ägyptischen Staat offen herauszufordern. Viele ihrer Angehörigen verfügten nun über eine militärische Ausbildung, die bei den Islamisten der 1970er Jahre eine seltene Ausnahme gewesen war.

Neben den Kopten wurden ab Sommer 1992 vor allem ausländische Touristen zu Zielen von Anschlägen. Da der Tourismus die wichtigste Einnahmequelle des ägyptischen Staates darstellt, schadeten diese Angriffe der Wirtschaft, nahm doch die Touristenzahl im Verlauf der 1990er Jahre stetig ab. 'Umar 'Abdarrahman unterstützte die Aktionen durch die Veröffentlichung eines Rechtsgutachtens, in dem er Tourismus als verboten bezeichnete.[19] Viele Islamisten stellten zudem eine Verbindung zwischen dem Friedensschluss mit Israel und der gestiegenen Zahl ausländischer Besucher her. Doch die überwiegende Mehrheit der Urlauber waren keine Israelis, sondern Europäer und Amerikaner und diese wurden auch die bevorzugten Opfer der Anschläge in den folgenden Jahren. Im April 1996 griffen Militante eine griechische Touristengruppe an, die vor einem Hotel in Kairo auf einen Bus wartete, und töteten 18 Personen. Im September 1997 folgte ein Bombenanschlag auf einen Bus vor dem Ägyptischen Museum in Kairo, bei dem 10 Menschen starben, darunter neun Deutsche. Ihren Höhepunkt erreichte die Kampagne mit dem Attentat auf eine hauptsächlich aus Schweizern bestehende Touristengruppe nahe dem Tempel der Hatschepsut bei Luxor im November 1997. Dabei kamen 58 Besucher zu Tode. Oberflächlich betrachtet, war diese Taktik sehr erfolgreich. Der wichtigste Wirtschaftszweig des Landes brach fast vollständig zusammen, obwohl die Zahl der erfolgreichen Anschläge auf Touristen nicht sehr groß war.

Am Beispiel der Kampagne gegen Touristen zeigt sich sehr deutlich, wie effektiv eine kleine Zahl entschlossener Militanter mit terroristischen Mitteln einen Staat in seinen wirtschaftlichen Grundfesten erschüttern kann. Gleichzeitig werden hier auch die Grenzen des terroristischen Kalküls offensichtlich. Denn die *Jama'a al-Islamiya* verspielte damit die letzten Sympathien der Bevölkerung, verloren doch viele Ägypter ihre Arbeitsplätze in der Tourismusindustrie oder aber waren in indirekter Weise von ihrem Zusammenbruch betroffen. Zudem lehnten viele Bürger die islamistische Gewalt gegen Zivilisten und die Schreckensherrschaft in den Hochburgen wie in Imbaba bis Ende 1992 ab. Die Islamisten konnten nicht glaubhaft vermitteln, dass sie eine akzeptable Alternative zum Regime Präsident Mubaraks darstellten. Parallel dazu führten die Sicherheitskräfte einen gnadenlosen Krieg gegen die Rebellen, der besonders in Oberägypten mit großer Brutalität ausgetragen wurde. Die Aufständischen hatten keine Chance, sich gegen den repressionsgeübten Staat durchzusetzen. Viele Militante wurden getötet, Tausende inhaftiert. So zeigte sich schnell, dass die Rebellion gescheitert war, doch erst 1997 zog die Führung der *Jama'a* die Konsequenz und beendete den bewaffneten Kampf.

Waffenstillstand und Gewaltverzicht

Im Juni 1997 verkündete ein *Jama'a*-Aktivist während seines Gerichtsverfahrens in Kairo einen einseitigen Waffenstillstand. Das Dokument, aus dem er zitierte, war vom Führungsrat (*Majlis ash-Shura*) der *Jama'a al-Islamiya* unterzeichnet, dessen Mitglieder in ägyptischen Gefängnissen inhaftiert waren und deren prominentester Vertreter Karam Zuhdi war. In dem Text wurden alle Angehörigen der Organisation aufgerufen, sich von der Gewalt abzuwenden. In den folgenden Monaten unterstützten viele führende Mitglieder, darunter der in den USA inhaftierte 'Umar 'Abdarrahman, den Gewaltverzicht.[20]

Das Attentat von Luxor im November 1997 scheint eine direkte Reaktion militanter im Ausland lebender Angehöriger der *Jama'a* gewesen zu sein, mit dem diese versuchten, eine Annäherung zwischen dem Regime und den Autoren des Gewaltverzichts zu verhindern. Das prominenteste Mitglied dieses Flügels war Rifa'i Ahmad Taha (geb. ca. 1950), der auch immer wieder als Hintermann des Anschlags von Luxor genannt wird. 1998 unterzeichnete er den Aufruf der «Islamischen Weltfront für den Jihad gegen Juden und Kreuzzügler» als Vertreter der *Jama'a al-Islamiya* und schien sich damit der *al-Qa'ida* angeschlossen zu haben. Ende Juli 1998 zog er seine Unterschrift jedoch zurück und bestritt, dass die *Jama'a al-Islamiya* sich jemals der Weltfront Bin Ladens angeschlossen habe. Dies geschah zehn Tage vor den Attentaten von Nairobi und Daressalam, wahrscheinlich um durch vorzeitige Distanzierung Gegenmaßnahmen der USA gegen die *Jama'a al-Islamiya* zu vermeiden.[21] Darüber hinaus wehrten sich mehrere Führungspersönlichkeiten der Organisation gegen einen Anschluss an *al-Qa'ida*. Der prominenteste war Mustafa Hamza, der das Attentat auf Präsident Mubarak in Addis Abeba 1995 organisiert hatte, das Bündnis mit *al-Qa'ida* jedoch ablehnte.[22] Hamza wurde ab spätestens 1998 die führende Persönlichkeit der *Jama'a al-Islamiya* im Ausland. Obwohl es häufig heißt, die Auslandsführung der Organisation habe sich *al-Qa'ida* angeschlossen, sind die Indizien dafür denkbar schwach. Die führenden ägyptischen Mitglieder der *al-Qa'ida* entstammten alle dem *Jihad*. Aus der *Jama'a* waren es lediglich untergeordnete Persönlichkeiten wie beispielsweise zwei Söhne 'Umar 'Abdarrahmans, die sich der transnationalen Organisation anschlossen. Taha selbst spielte keine wichtige Rolle in der *al-Qa'ida* und scheint auch ihren Strategiewechsel von 1997/98 nicht mit voller Überzeugung mitgetragen zu haben. So äußerte er sich in einem Interview mit einer islamistischen Internetzeitschrift noch im Frühjahr 1997 zugunsten eines ausschließlich am «nahen Feind» orientierten Kampfes in Ägypten: «Wir haben nichts zu verbergen, wir möchten keinerlei Aktivitäten in Europa oder irgendeinem anderen Land entfalten. Unsere Ziele sind klar und deutlich, wir wollen das ägyptische Regime stürzen und wir möchten den Konflikt zwischen dem Staat und der *Jama'a al-Islamiya* im Ausland, durch unsere Mitglieder, die im Westen leben, unser Leiden der Öffentlichkeit nahe bringen.»[23] Die *Jama'a* vollzog den Wechsel zu einer internationalen Strategie also, wenn überhaupt, dann nur in Gestalt einiger weniger Mitglieder. Dass allerdings Gegner des Waffenstillstands das Attentat von Luxor organisierten, erscheint vollkommen plausibel.

Es gelang den Gegnern eines Ausgleichs mit der Regierung indes nicht, den Kampf in Ägypten fortzuführen. Das Attentat von Luxor war der letzte nennenswerte Anschlag der *Jama'a al-Islamiya*. Hier zeigte sich, dass die Führung der Organisation lediglich auf bereits geschaffene Tatsachen reagierte. Im März 1999 schloss sich auch die Inlandsführung des *Jihad* unter der Führung von 'Abbud az-Zumur dem Waffenstillstand an, was zu einer Spaltung der Gruppe führte. Die Spitze der *Jama'a* bemühte sich in den folgenden Jahren, ihre Abwendung von der Gewalt zu begründen. Im Frühjahr 2002 veröffentlichte sie zu diesem Zweck ein vierbändiges Werk mit dem Titel «Korrektur der Konzepte» (*Tashih al-mafahim*), in dem sie ihren Gewaltverzicht ausführlich begründete. Ägyptische Medien brachten zusätzlich Interviews mit inhaftierten Führern, darunter mehrere mit Karam Zuhdi in den Jahren 2002 und 2003. Nach den Anschlägen von Casablanca im Mai 2003 bekräftigte die Organisation noch einmal ihren Waffenstillstand, indem sie junge Islamisten aufrief, nicht an Operationen von *al-Qa'ida* teilzunehmen. Die Regierung belohnte die *Jama'a*, indem sie im September 2003 mehrere prominente Persönlichkeiten, darunter Zuhdi, und fast 1000 Aktivisten freiließ.[24]

Der Gewaltverzicht war allerdings nicht unproblematisch, da Zuhdi und seine Kollegen ganz offensichtlich mit der ägyptischen Regierung kooperierten. Die Tatsache, dass sie alle inhaftiert waren, warf zunächst die Frage auf, inwieweit ihre Initiative – *al-mubadara*, wie der Gewaltverzicht in Ägypten in der arabischen Kurzform genannt wird – auf Druck der Regierung erfolgte. Kritik gab es vor allem aus den Reihen von Anhängern des Gewaltverzichts außerhalb der Gefängnisse. Usama Rushdi, einer der führenden *Jama'a*-Funktionäre im Ausland, der damals in den Niederlanden lebte, hatte sich bereits 1996 einem Appell des islamistischen Anwalts Muntasir az-Zayyat zu einem Gewaltverzicht angeschlossen. Er äußerte die Sorge, die Erklärungen aus dem Gefängnis heraus könnten die Glaubwürdigkeit der Initiative gefährden.[25] Tatsächlich stellt sich auch dem unabhängigen Beobachter die Frage, inwieweit die Führung der *Jama'a al-Islamiya* aus freien Stücken handelte. Zu abrupt erschien ihre Strategieänderung. Ungeklärt ist auch, ob der Gewaltverzicht der *Jama'a* andere Gruppen und Individuen zukünftig zur Nachahmung bewegt. Einerseits gab es zwischen 1997 und 2004 keine nennenswerten Anschläge mehr, andererseits sind die Konfliktursachen vor allem in Oberägypten, aber auch in Kairo selbst, nicht beseitigt worden. Militante Ideologien sind dementsprechend weiterhin populär, so dass ein Wiederaufflammen der Aktivitäten auch in Zukunft eher wahrscheinlich ist. So wurden in den Jahren 2002 und 2003 immer wieder Islamisten unter dem Vorwurf, sie gehörten militanten Organisationen an, verhaftet.

Die Ruhe in Ägypten hing auch mit dem Strategiewechsel Aiman az-Zawahiris und des *Jihad* zusammen. Dieser hatte zwar nur eine Nebenrolle im Konflikt zwischen Regierung und *Jama'a* gespielt, hatte aber dennoch mehrere Attentate auf führende ägyptische Politiker ausführen können. Obwohl sie Aufsehen erregt hatten, waren sie doch nur als Teil eines größeren innerägyptischen Konfliktes wahrgenommen worden, in dem Schreckensnachrichten keine Seltenheit waren. Dass der *Jihad* ab 1997/98 seine Strategie änderte und nun vermehrt in einem transnationalen Rahmen agierte, schränkte seine Aktionsmöglichkeiten in Ägypten selbst noch weiter ein. Das Ende der innerägyptischen Auseinandersetzung scheint jedoch gleichzeitig den Strategiewechsel Aiman az-Zawahiris erst erzwungen zu haben: 1995 soll der *Jihad* unter Führung Zawahiris bereits die Einstellung aller terroristischen Aktivitäten in Ägypten beschlossen haben, da die Organisation nicht mehr über die hierzu notwendigen Fähigkeiten verfügte.[26] Laut Aussage inhaftierter Mitglieder soll die Gruppe bereits damals eine Internationalisierung des Kampfes beschlossen haben.[27] Da die Hoffnung, in Ägypten einen Regimewechsel herbeiführen zu können, mit dem Waffenstillstand der *Jama'a al-Islamiya* 1997 endgültig begraben werden musste, konnte der Kampf nur noch gegen den «fernen Feind» fortgeführt werden. Im Land selbst scheint der *Jihad* keinerlei Infrastruktur mehr besessen zu haben. Daher gelang es der Regierung, die öffentliche Ordnung wiederherzustellen und den Tourismussektor schnell wieder zu beleben.

Neue Gewalt

Dass es in Ägypten nichtsdestotrotz weiterhin militante Islamisten gab, die bereit und in der Lage waren, Anschläge zu organisieren, zeigte sich nach einer langen Phase der Ruhe in der Nacht vom 7. auf den 8. Oktober 2004, als in drei Ferienorten auf der Sinaihalbinsel, Taba, Ra's Shaitan und Nuwaiba, Selbstmordattentäter Bombenanschläge verübten. 34 Menschen starben, die meisten von ihnen israelische Touristen. Die größte Opferzahl forderte der Angriff auf das Hilton Hotel in Taba nahe der israelischen Grenze, das durch die Explosion eines auf einem Lastwagen deponierten Sprengsatzes stark beschädigt wurde. Zu der Tat bekannten sich gleich drei verschiedene Organisationen, wobei lediglich eine von ihnen, die «Globale Islamische Gemeinschaft» (*al-Jama'a al-Islamiya al-'Alamiya*) ernst zu nehmen war.[28] Hier versuchte der Bekenner, unabhängig davon, ob er wirklich im Namen einer solchen Gruppe sprach, den Eindruck zu erwecken, dass ein internationaler Flügel der ägyptischen *Jama'a al-Islamiya* die Anschläge verübt hatte. Er wies mit der Wahl des Namens auf diejenigen Elemente der *Jama'a al-Islamiya* hin, die sich der *al-Qa'ida* angeschlossen hatten. Da der *Jihad* aber der ungleich wichtigere ägyptische Partner Bin Ladens war, ist die Authentizität dieser Bekennung zweifelhaft. Viel deutlicher zeigt die Wahl des Datums, dass entweder *al-Qa'ida* selbst die Anschläge in Auftrag gegeben oder sogar geplant hatte, oder aber die Täter eine Verbindung zu *al-Qa'ida* herstellen wollten. Denn der 7. Oktober 2004 war der dritte Jahrestag des amerikanischen Angriffs auf die Taliban und *al-Qa'ida* in Afghanistan und der zweite Jahrestag des Feuerüberfalls auf amerikanische Soldaten auf der kuwaitischen Insel Failaka sowie des fast zeitgleichen Anschlags auf den französischen Öltanker Limbourg vor dem jemenitischen Hafen Mukalla.

Die offizielle ägyptische Darstellung ignorierte den offensichtlichen *al-Qa'ida*-Bezug und machte Einwohner von al-'Arish an der Mittelmeerküste des Sinai, nahe der Grenze zum Gazastreifen für die Tat verantwortlich. Ein palästinensischstämmiger Minibuschauffeur namens Iyad Salah, ein Kleinkrimineller, der sich erst kurz vor dem Anschlag zum Islamisten gewandelt habe, soll der Haupttäter gewesen und dabei ums Leben gekommen sein. Salah und seine Gefährten hätten mit den Anschlägen auf die sich verschlechternde Situation in den israelisch besetzten Gebieten aufmerksam machen wollen und aus diesem Grund gezielt israelische Touristen angegriffen. Mit dieser Version versuchte Kairo, den Schaden für die ägyptische Tourismusindustrie zu begrenzen. Offenbar hatte die ägyptische Regierung mit ihrer Medienstrategie Erfolg, denn schon wenige Monate später hatten sich die Besucherzahlen wieder normalisiert. Dies wäre möglicherweise nicht der Fall gewesen, hätte

Kairo *al-Qa'ida* als mögliche Verdächtige benannt, wie dies beispielsweise israelische Medien ganz offen taten. Gesichert ist in jedem Fall, dass die Täter, auch wenn sie aus eigenem Antrieb und ohne ausländische Unterstützung handelten, versuchten, ihre Anschläge im Sinne der *al-Qa'ida* durchzuführen. Dass Israelis zum Ziel wurden, passte in die Strategie der *al-Qa'ida*, hatte doch Bin Laden nach dem 7. Oktober 2001 begonnen, das Palästinaproblem in den Mittelpunkt seiner Propaganda zu stellen.

Dass die Situation in Ägypten selbst weit von einer nachhaltigen Stabilisierung entfernt ist, zeigte sich erneut Anfang April 2005, als ein Attentäter in Kairo sich in einer Gruppe von Touristen in die Luft sprengte. Presseangaben zufolge handelte es sich nicht um einen Selbstmord. Vielmehr sei der junge Täter namens Hasan Bashandi (geb. 1987) von einer militanten Gruppe beauftragt worden, die Bombe in die Menschenmenge zu werfen, wobei ihm gesagt worden war, dass ihm genügend Zeit zur Flucht bliebe. Stattdessen explodierte der Sprengsatz sofort nach der Zündung.[29] Der Anschlag fand in dem bei vielen Touristen beliebten Marktviertel Khan al-Khalili nahe der *Azhar*-Universität statt. Ein Amerikaner, zwei Franzosen und der Attentäter starben, mehrere Personen wurden verletzt. Hiermit war klar, dass islamistische Terroristen in Ägypten neben israelischen Zielen vor allem die Schädigung der einheimischen Tourismusindustrie und damit des «nahen Feindes» im Auge hatten. Obwohl sich eine bis dahin unbekannte Gruppierung namens Islamische Brigaden der Ehre (*Kata'ib al-'Izz al-Islamiya*) zu den Anschlägen bekannte, blieb unklar, wer dafür verantwortlich war.[30] Ein Indiz stellte wiederum die Wahl des Zeitpunktes dar, genau ein halbes Jahr nach dem Attentat von Taba und dreieinhalb Jahre nach dem Beginn der Kampfhandlungen in Afghanistan. Vermutlich wollen islamistische Aktivisten auf diese Weise ihre Übereinstimmung mit Zielen und Methoden der *al-Qa'ida* signalisieren, die das wichtigste Opfer des Militärschlags in Afghanistan war und seit 2001 mehrmals terroristische Attentate zum Jahrestag des amerikanischen Angriffes organisiert hatte. Darüber hinaus lautete die Botschaft, dass *al-Qa'ida* auch drei Jahre nach dem Verlust ihrer Basis am Hindukusch handlungsfähig war. Über eine eventuelle Beteiligung der Organisation an der Planung der Attentate in Ägypten liefern die Daten allerdings keine Aufschlüsse.

Dass auch Bashandi kein isolierter Einzelfall war, zeigte sich am 30. April 2005. Der mutmaßliche Drahtzieher des Anschlags vom 7. April, Ihab Yusri Yasin, sprang an diesem Tag von einer Brücke nahe des Ägyptischen Museums in Kairo in eine Gruppe ausländischer Touristen. Dabei zündete er einen Sprengsatz, der dem auf dem Khan al-Khalili Bazar benutzten glich und verletzte 12 Menschen. Vermutlich hatte er ein Attentat vor dem Museum selbst geplant, sich aber keinen Zutritt zum Vorplatz verschaffen können. Kurz darauf feuerten zwei Frauen, die Schwester Yasins und seine Verlobte, in einem Stadtviertel nahe der Zitadelle von Kairo auf einen österreichischen Touristenbus, ohne nennenswerten Schaden anzurichten. Anschließend verübten die beiden Frauen Selbstmord. Bei den Attentätern handelte es sich um Leute aus bescheidenen Verhältnissen. Sie scheinen, soweit dies bisher bekannt ist, keiner größeren Organisation angehört und aus eigenem Antrieb gehandelt zu haben. Das zeigt, dass die Ideologie der *al-Qa'ida* weit verbreitet ist und einzelne Militante vollkommen unabhängig von der zentralen Führung der Organisation und auch ohne Bindungen zu lokalen Gruppen im Einklang mit den Zielen Bin Ladens und Zawahiris handeln.

Schien es vor dem Hintergrund dieser Zwischenfälle zunächst so, als ob die militanten Gruppen in Ägypten deutlich geschwächt seien, folgte im Juli 2005 ein groß angelegter Bombenanschlag auf den Badeort Sharm ash-Shaikh auf der Sinai-Halbinsel. Die Stadt ist zum einen der bekannteste Touristenort Ägyptens und zum anderen ein Platz, an dem bereits viele wichtige Konferenzen zum Palästinaproblem stattgefunden haben. Bis zu den Attentaten, die 64 mehrheitlich ägyptische Opfer forderten, hatte sie als eine der sichersten des Landes gegolten. Während ägyptische Politiker wiederum Islamisten vom Sinai verantwortlich machten, scheint aufgrund der professionellen Planung und des Tathergangs eine Beteiligung regionaler Gruppen wie *al-Qa'ida* oder des Zarqawi-Netzwerks eher wahrscheinlich.

3.2. Jordanien

Staat und islamistische Bewegung

Die größte islamistische Organisation in Jordanien ist die hier 1945 gegründete Muslimbruderschaft, die gleichzeitig die größte Oppositionsbewegung im Land ist. Sie ließ sich bereits seit den 1950er Jahren in das politische System des Königreichs einbinden und versuchte, ihren Forderungen nach politischer Partizipation Nachdruck zu verleihen. Da die Regierung ihr die – wenn auch streng reglementierte – Möglichkeit zur Mitwirkung bot, entwickelte sich eine funktionierende Zusammenarbeit zwischen Staat und islamistischer Opposition. In Jordanien nimmt die Muslimbruderschaft, beziehungsweise die 1992 von ihr gegründete und kontrollierte Islamische Aktionsfront (*Jabhat al-'Amal al-Islami*), regelmäßig an Wahlen teil und unterstützt loyal die Herrschaft des haschemitischen Königshauses. Kritische Stimmen sehen hierin zwar eher ein taktisches Manöver als eine tatsächliche Mäßigung islamistischer Positionen, doch fällt es ihnen schwer, Belege für ihren Standpunkt zu finden.

Jordanien ist auch deshalb ein Sonderfall, weil der Islamismus hier stark durch die Palästinenser und palästinensischstämmigen Bewohner des Landes, die ungefähr 60% der Gesamtbevölkerung ausmachen, geprägt wird. Sie sind in den Spitzenpositionen von Staat und Verwaltung, insbesondere im Militär und bei den Sicherheitsorganen unterrepräsentiert, da die Regierung an ihrer Loyalität zweifelt. Viele von ihnen – rund 300 000 – leben weiterhin in Flüchtlingslagern oder sind im Allgemeinen sozio-ökonomisch unterprivilegiert. Wenn ihre Integration in Jordanien auch weiter fortgeschritten ist als in Syrien oder Libanon, so sind sie häufig doch Bürger zweiter Klasse geblieben oder nehmen ihre Situation zumindest so wahr. Palästinenser kritisieren darüber hinaus die seit jeher verhältnismäßig guten Beziehungen des jordanischen Königshauses zu seinem israelischen Nachbarn. Der israelisch-jordanische Friedensvertrag von 1994 erschien ihnen als eine Kapitulation und drohte, die Misere der Palästinenser in Jordanien festzuschreiben.

Dennoch sollte der Unterschied zwischen dem ostjordanischen und dem palästinensischen Bevölkerungsteil nicht überbewertet werden. Vielmehr teilen viele Ostjordanier die Kritik der Palästinenser an der israel- und amerikafreundlichen Politik der Regierung und mussten seit Ende der 1980er Jahre unter den Wirtschaftsreformen im Land leiden. Deshalb verläuft die Konfliktlinie nicht nur zwischen Palästinensern und Ostjordaniern, sondern vielmehr zwischen der antiamerikanischen und antiisraelischen Grundhaltung weiter Teile der auch mit der Wirtschaftsentwicklung unzufriedenen Bevölkerung und der sehr pragmatischen Außenpolitik der Regierung andererseits. Die Muslimbruderschaft versucht bewusst, über die Kritik an der Außen- und Wirtschaftspolitik der Regierung die Unterstützung dieser regimekritischen Bevölkerungsteile zu gewinnen, mit insgesamt gutem Erfolg. Doch während in der Muslimbruderschaft auch Ostjordanier stark vertreten sind, sind palästinensischstämmige Jordanier unter den militanten Islamisten überrepräsentiert. Dies gilt für die einfachen Angehörigen und Sympathisanten, aber auch für die Ideologen. So stellten sie mehrere wichtige Vordenker: In den 1950er Jahren Taqi ad-Din an-Nabahani, den Begründer der Islamischen Befreiungspartei, aber auch 'Abdallah 'Azzam und aktuell Abu Muhammad al-Maqdisi und Abu Qutada al-Filastini.

Aufgrund der Legitimitätsdefizite der jordanischen Regierung und der großen Unzufriedenheit weiter Teile der Bevölkerung hat sich die regimeloyale Position der Muslimbruderschaft als problematisch erwiesen. Dies zeigte sich vor allem daran, dass der Diskurs islamistischer Gruppierungen, die in der Forschung als «Salafisten» bezeichnet werden, seit den 1970er Jahren an Attraktivität gewann.[31] Sie kritisierten jede Form von Zusammenarbeit mit einem nicht-islamischen Staat, also auch die Beteiligung der Muslimbruderschaft an Wahlen und ihre Unterstützung für einen Staat, den sie für ungläubig halten. Die Salafisten machten sich erstmals in den 1970er Jahren bemerkbar, als Studenten der Religionswissenschaften ihre Ideologie im Land verbreiteten. Ihr Vordenker war Muhammad Nasiraddin Albani (1909–1999). Albanis Familie war aus Albanien nach Damaskus ausgewandert, als er noch ein Kind war. In Damaskus studierte er Religionswissenschaften, spezialisierte sich auf Traditionsforschung (*hadith*) und schloss sich lokalen

Salafisten an. Zunächst unterrichtete er nur in Damaskus, begab sich aber bald auf Vortragsreisen in ganz Syrien und in Jordanien. Ab 1961 unterrichtete er für drei Jahre an der Islamischen Universität von Medina. Er kehrte zwar nach Syrien zurück, war aber wiederholt gezwungen, das Land, in dem seit 1963 die säkularistische Baath-Partei herrschte, zu verlassen. Als im Jahr 1979 der Konflikt zwischen der syrischen Regierung und den dortigen Islamisten offen ausbrach, zog Albani nach Jordanien.[32] Obwohl er und seine Schüler viel Zuspruch erhielten, war ihre Bewegung zu klein, um politisch eine Rolle zu spielen. Sie wandten auch keine Gewalt an, um ihre Ziele durchzusetzen, sondern begnügten sich mit Missions- und Erziehungsaufgaben. Ihre Zentren hatten die Salafisten ähnlich wie die Islamisten der Muslimbruderschaft in den großen Städten des Landes. Allerdings waren sie in Zarqa noch stärker vertreten als in Amman und auch in Salt.[33] Die Erklärung hierfür liegt zum einen darin, dass die sozioökonomische Entwicklung Zarqas vor allem im Vergleich zur Hauptstadt vernachlässigt wurde und Islamisten mit sozial-karitativer Arbeit überall dort einsprangen, wo der jordanische Staat versagte. Zum anderen litt Zarqa, mit heute rund 850000 Einwohnern, darunter 80% Palästinenser, mehr als andere jordanische Städte unter der Flucht und Vertreibung der Palästinenser aus Kuwait im Jahr 1990/91. Von rund 250000, die Kuwait verließen, sollen 160000 nach Zarqa gezogen sein.[34]

Die militante Opposition

Viele jordanische Afghanistankämpfer stammten aus dem Umfeld dieser Gruppierungen. Aus ihren Reihen rekrutierten sich die in den 1990er Jahren entstandenen militanten Gruppen, die sich ideologisch eng an den Salafisten um Albani orientierten. Im Gegensatz zu diesen vertrat die jüngere Generation aber die Meinung, dass auch die Anwendung von Waffengewalt gegen die eigene Regierung geboten sei.

Die frühen jordanischen *Mujahidin* in Afghanistan stammten vorwiegend aus Salt. Als die Stadt Khost zu Beginn der 1990er Jahre mehrere Monate von Regierungstruppen belagert wurde, stellten sie viele Kämpfer, spielten aber ansonsten keine hervorgehobene

Rolle.[35] Nach ihrer Rückkehr nach Jordanien bildeten sie mehrere kleinere militante Gruppen. Sie profitierten von der hohen Zahl von Palästinensern, die infolge der irakischen Invasion Kuwaits und der Parteinahme der PLO für den Irak von Kuwait nach Jordanien flohen und vertrieben wurden. Der amerikanische Truppenaufmarsch am Golf wie auch der Friedensschluss Jordaniens mit Israel 1994 trugen maßgeblich zu ihrer weiteren Radikalisierung bei und erleichterten den militanten Gruppen die Rekrutierung vor allem palästinensischer Jugendlicher. Zu ihrem wichtigsten Vordenker wurde ein palästinensischstämmiger Jordanier, 'Isam al-Barqawi, genannt Abu Muhammad al-Maqdisi.

Maqdisi wurde 1959 in einem Dorf in der damals jordanischen Provinz Nablus als Sohn palästinensischer Eltern geboren.[36] Er verbrachte seine Kindheit und Jugend in Kuwait, wo er um 1980 unter den Einfluss saudi-arabischer Anhänger Juhaiman al-'Utaibis, des Anführers der Moscheebesetzer von 1979, geriet. Auf Wunsch seiner Eltern studierte er zunächst Naturwissenschaften an der Universität Mosul, brach dann aber ab und verbrachte zwei Jahre an der Islamischen Universität von Medina, bevor er sich wie so viele seiner saudi-arabischen Kommilitonen nach Pakistan und Afghanistan aufmachte. Schon mit seinem 1984 erschienenen Buch «Die Gemeinschaft Abrahams» (*Millat Ibrahim*) wurde er zu einem in der militanten Szene bekannten Ideologen. Darin verlangte er – unter Berufung auf das Beispiel des Propheten Abraham – eine vollkommene Abwendung der Muslime von und offene Feindseligkeit gegenüber den «ungläubigen» Staaten der arabischen Welt. Es wird aus dem Text deutlich, dass er unter anderem Jordanien meint, ausdrücklich genannt wird jedoch nur Saudi-Arabien. Tatsächlich zeigt er sich in seiner Argumentation stark von der saudi-arabischen *Wahhabiya* beeinflusst.[37] Er selbst bestätigte, dass er sich in seinen zwei Studienjahren in Medina intensiv mit den Schriften der wahhabitischen Gelehrten auseinander gesetzt hatte. In der zweiten Hälfte der 1980er Jahre blieb er in Peschawar, reiste aber mehrfach nach Saudi-Arabien. Wie sehr er im ideologischen Umfeld der Militanten auf der Halbinsel verwurzelt war, zeigte er in seinem zweiten Hauptwerk «Die deutliche Offenbarung der Ungläubigkeit des saudischen Staates» (*al-Kawashif al-jaliya fi kufr ad-dawla as-su'udiya*), das 1991 veröffentlicht wurde. In seiner

These, der saudi-arabische Staat sei «ungläubig», spiegelte sich der Schock vieler Islamisten über den amerikanischen Truppenaufmarsch im Königreich wider. In den folgenden Jahren wurde er zu einem der wichtigsten Vordenker der saudi-arabischen Militanten.

Da Maqdisi in Saudi-Arabien und Kuwait nun zur *persona non grata* wurde, kehrte er gemeinsam mit vielen anderen Palästinensern 1992 nach Jordanien zurück, wo er eine kleine militante Gruppe namens «Gefolgschaftseid für den Imam» (*Bai'at al-Imam*) anführte. Seit 1993, als er zu fünfzehn Jahren Haft verurteilt wurde, nach eigener Aussage, weil er eine Gruppe von Islamisten, die Attentate in Israel verüben wollte, in einem *fatwa* bestärkte und ihnen Sprengstoff verschaffte, verbrachte er die meiste Zeit in jordanischen Gefängnissen, wo er bis heute einsitzt. Es scheint ihm dort gelungen zu sein, auf viele mit ihm inhaftierte militante Islamisten großen Einfluss auszuüben. Die deutlichsten Auswirkungen hatte dies im Fall des heutigen Führers der im Irak operierenden «*Qa'idat al-Jihad* im Zweistromland» (*Qa'idat al-Jihad fi Bilad ar-Rafidain*), Abu Mus'ab az-Zarqawi, der mit ihm verhaftet worden war und mit dem er bis 1999 gemeinsam im Gefängnis saß.

Trotz seiner Haft gelingt es Maqdisi, über eine eigene Webseite regelmäßig ideologische Schriften zu veröffentlichen, die in der militanten Szene auch als authentisch gelten. Hatte es bis in die zweite Hälfte der 1990er Jahre Probleme mit der Verbreitung solcher Literatur im Land gegeben, finden sich heute alle relevanten Bücher im Internet, was auch dazu führte, dass Maqdisis Stimme weltweit zu hören ist. Er vertritt dabei, ähnlich dem Ägypter Muhammad Faraj, die These, dass der *jihad* gegen den «nahen Feind», also das eigene «ungläubige» Regime, Vorrang hat vor dem Kampf gegen die Juden, den «fernen Feind». Denn die Armeen der arabischen Herrscher, so Maqdisi, bildeten einen Puffer zwischen den *Mujahidin* und den Juden. So hätten sie sich zum Handlanger der Juden und Amerikaner gemacht. Trotz seiner radikalen Thesen erweist sich Maqdisi auch als vorsichtiger Stratege, indem er argumentiert, dass der *jihad* erst nach sorgfältiger Vorbereitung und zum richtigen Zeitpunkt, also wenn ausreichend Erfolgschancen bestehen, zur Pflicht des Muslims wird. Darüber hinaus riet er seinem Schüler Zarqawi in einem Text, der im Juli 2004 auf seiner Webseite erschien, das Ausmaß der Gewalt gegen Unschuldige im Irak zu begrenzen.[38]

Die erste militante Gruppe, die in Jordanien aktiv wurde, nannte sich «Armee Muhammads» (*Jaish Muhammad*). Die Idee, eine solche Organisation zu gründen, soll bereits 1988 bei einem Treffen zwischen dem Jordanier Samih Abu Zaidan und 'Abdallah 'Azzam in Afghanistan entwickelt worden sein. Sollte diese Darstellung korrekt sein, wäre dies ein Beleg für 'Azzams Absicht, den *jihad* nach dem Erfolg in Afghanistan auch nach Palästina zu tragen. Nachdem Abu Zaidan nach Jordanien zurückgekehrt war, begann er sehr sorgfältig, seine Organisation aufzubauen. Ab Januar 1991 verübte sie erste kleinere Anschläge auf Läden, in denen Alkohol verkauft wurde, auf einen christlichen Priester und einen Geheimdienstoffizier. Anschließend wurden die Mitglieder gefasst und zunächst zum Tode verurteilt, dann aber zu lebenslangen Freiheitsstrafen begnadigt.[39] In den folgenden Jahren wurden mehrfach kleinere Gruppen in sehr öffentlichkeitswirksamer Weise ausgehoben, deren Akivitäten sich meist entweder im Planungsstadium befanden oder aber nur geringfügige Schäden verursachten.

Dass die militanten Afghanistanrückkehrer auch in Jordanien eine Gefahr darstellen konnten, zeigte sich im Mai 1998, als mehrere Angehörige einer Gruppe verhaftet wurden, die sich «Bewegung der Reform und Herausforderung» (*Harakat al-Islah wa-t-Tahaddi*) nannte. Sie soll mehrere Bombenanschläge verübt haben, so auf den Kindergarten der amerikanischen Schule, ein Quartier der Autobahnpolizei, ein Auto des ehemaligen Chefs des jordanischen Geheimdienstes (General Intelligence Department/GID) und auf ein Auto in der Garage des Jerusalem International Hotel. Das letztgenannte Attentat richtete sich offenbar gegen die Feiern zum 50. Jahrestag der Gründung des Staates Israel, die die israelische Botschaft in diesem Hotel abhielt. Hintermann der Gruppe war wohl der in London lebende palästinensischstämmige Jordanier 'Umar Mahmud Abu 'Umar, der gemeinhin als Abu Qutada bekannt ist. Er soll auch die Ziele ausgewählt haben.

Abu Qutada wurde ca. 1960 in Nablus geboren und wuchs anschließend in Amman und Kuwait auf. Er studierte Religionswissenschaft und erhielt einen Magisterabschluss in der Methodik der Rechtswissenschaft (*usul al-fiqh*). Ob er in Afghanistan kämpfte, ist umstritten. Ebenso wie Maqdisi hatte er Kuwait nach 1991 verlassen müssen, zog aber nach London, wo er in einer Moschee in der Baker Street predigte und zu einem der wichtigsten Ideologen des transnationalen Terrorismus wurde. So gab er beispielsweise bis 1996 die Zeitschrift «*al-Ansar*» heraus, das Organ der algerischen GIA. Dabei kooperierte er eng mit Abu Mus'ab as-Suri, einem syrischen Vordenker von *al-Qa'ida*. Abu Qutada wandte sich damals zwar, wie andere Militante auch, wegen ihrer Gewaltexzesse von der GIA ab, spielte jedoch eine zentrale Rolle im Netzwerk der *al-Qa'ida* in Europa. Er wird häufig als ihr Mufti oder geistiger Führer in Europa beschrieben, was seine zentrale Rolle betont, jedoch etwas übertrieben ist. Nach dem 11. September 2001 verschwand er zunächst, wurde dann aber verhaftet, nachdem die neue britische Antiterrorgesetzgebung es erlaubte, Terrorverdächtige ohne Anklage für unbestimmte Zeit festzusetzen.[40] Im März 2005 kam er frei, wurde jedoch sofort anschließend unter Hausarrest gestellt und im Juli in Auslieferungshaft genommen. Während Abu Qutada gemeinhin als Vertreter einer internationalistischen Orientierung gilt, zeigte der Fall von *al-Islah wa-t-Tahaddi*, dass sein besonderes Augenmerk zumindest Ende der 1990er Jahre noch Jordanien und israelischen Zielen, also seinem «nahen Feind» galt. Er hatte auch von London aus eine enge Bindung an Jordanien und seine palästinensischen Anhänger bewahrt.

Den Höhepunkt fand diese Serie von kleineren und vereitelten Attentaten mit den Planungen für die so genannten «Millenniumsanschläge» zum Jahreswechsel am 31. Dezember 1999. Kurz zuvor deckten die Sicherheitsbehörden die Pläne für Anschläge auf Hotels, in denen amerikanische und israelische Touristen feiern würden, auf. Es sollen auch Angriffe auf Versammlungen christlicher Pilger am jordanischen Berg Nebo, wo Moses das Gelobte Land gesehen hatte, und am Jordan, an der Stelle, wo Jesus getauft wurde, geplant worden sein.[41] Kopf der Zelle war ein Militanter namens Khadir Abu Ghausha, der bereits 1993 als Angehöriger der «Armee Muhammads» verhaftet worden und infolge einer Amnestie anlässlich der Thronbesteigung König 'Abdallahs im Frühjahr 1999 freigekommen war. Es ist unklar, inwieweit diese Vorbereitungen mit zeitgleichen Anschlagsplanungen koordiniert waren. Ein Algerier namens Ahmed Ressam wollte einen Sprengsatz auf dem Flughafen von Los Angeles zünden und einige Jemeniten planten einen Anschlag auf das amerikanische Kriegsschiff USS Sullivans im Hafen Aden. Während der letztgenannte Anschlag scheiterte, wurden die beiden anderen schon in der Vorbereitungsphase vereitelt. Viele Terrorismusforscher vermuteten bisher, *al-Qa'ida* habe die Attentate in Auftrag gegeben. Mittlerweile scheint es jedoch so, als hätten sich einzelne Zellen in Eigeninitiative an *al-Qa'ida* gewandt, um für Aktionen zum Jahrtausendwechsel finanzielle und logistische Unterstützung zu erhalten. So geschah es beispielsweise im Fall des geplanten Anschlags auf den Flughafen von Los Angeles.[42] Es ist deshalb eher wahrscheinlich, dass *al-Qa'ida* hier, wenn überhaupt, eine rein koordinierende Rolle spielte.

Trotz aller Unklarheit in den Details zeigte sich hier, dass militante Islamisten auch in Jordanien zu einer Bedrohung der inneren Sicherheit geworden waren. Während die einzelnen Gruppen bisher nur wenige sichtbare Verbindungen zu ihren jeweiligen Vorgängern aufgewiesen hatten, wurde schon an der personellen Kontinuität zwischen der «Armee Muhammads» und der Millennium-Gruppe deutlich, dass die jeweils unterschiedlichen Benennungen enge Kontakte zwischen den Aktivisten kaum verdeckten. Zudem wurde schon 1998 offenkundig, dass die Anschlagsplanungen eine transnationale Dimension hatten, da zumindest einer der Hintermänner von London aus agierte und auch *al-Qa'ida* eine Rolle spielte. Nachdem die Pläne Ende 1999 aufgedeckt worden waren, reagierte Amman folgerichtig mit einer groß angelegten Verhaftungswelle, der sich viele Militante nur entziehen konnten, indem sie das Land verließen. Die meisten von ihnen sammelten sich im afghanischen Lowgar und anschließend in Herat und schlossen sich der Zarqawi-Gruppe an. Zarqawi selbst soll laut jordanischen Angaben an den damaligen Planungen beteiligt gewesen sein.

Jordanien nach dem 11. September 2001

Im Oktober 2002 ermordeten zwei Anhänger Zarqawis, der sich zu dieser Zeit wahrscheinlich im Nordirak oder im Iran aufhielt, den US-Amerikaner Lawrence Foley, der für die staatliche Agency for International Development (USAID) arbeitete, in Amman. Die Täter, ein Jordanier und ein Libyer, lauerten ihm morgens vor seinem Haus auf und erschossen ihn. Es handelte sich um keine anspruchsvolle terroristische Operation, da Foley, ein älterer Herr von 60 Jahren, nicht beschützt wurde. Amman galt bis dahin überraschenderweise als sicher, obwohl in demselben Viertel nur ein Jahr vorher ein israelischer Geschäftsmann ermordet worden war. Gerade weil Jordanien aber als sicher galt, verunsicherte der Mord die in Amman lebenden Ausländer umso mehr. Zunächst bekannte sich eine Gruppe namens «die Edlen Jordaniens» (*Shurafa' al-Urdunn*) gegenüber der Londoner Zeitung *al-Quds al-'Arabi* zu dem Anschlag und protestierte gegen das Blutvergießen der USA im Irak und Afghanistan und die amerikanische Unterstützung für Israel.[43] Nachdem die beiden Verdächtigen gefasst waren, sagten sie jedoch aus, dass sie den Auftrag von Abu Mus'ab az-Zarqawi erhalten hätten. Hier zeigte sich, dass die jordanisch-palästinensischen Militanten im Ausland ihr Heimatland nicht aus dem Auge verloren.

Im Anschluss an den Mord an Lawrence Foley wurde eine weitere Bruchlinie innerhalb der jordanischen Gesellschaft sichtbar, diesmal regionaler Natur. Im Norden des Landes, im Großraum Amman und den Städten im Nordwesten leben rund drei Viertel der Gesamtbevölkerung. Diese Region ist trotz aller sozialen Probleme deutlich weiter entwickelt als der Süden, wo die in der zweiten Hälfte der 1980er Jahre einsetzende Wirtschaftskrise besonders verheerende Folgen hatte. Die Arbeitslosigkeit, vor allem unter Jugendlichen, ist dort deutlich höher als im Norden. Im Süden hat der jordanische Staat zudem wesentlich größere Probleme, sein Gewaltmonopol durchzusetzen, da die Regierung es den hier seit jeher starken lokalen Stämmen überließ, die öffentliche Ordnung aufrechtzuerhalten. Seit Ende der 1980er Jahre kam es in der Stadt Maan, die besonders unter den Folgen der Krise zu leiden hatte, mehrfach zu Unruhen.

Der Mord an Foley scheint die jordanische Regierung bewogen zu haben, ihr Gewaltmonopol in der südlichen Provinzstadt Maan durchzusetzen. Anlass war, dass ein örtlicher militanter Islamist namens Muhammad Shalabi (Abu Sayyaf) an einem Kontrollposten an der Straße Amman–Maan vor der Polizei flüchtete.[44] Shalabi, ein ehemaliger Militär, stammte aus einer angesehenen Familie in Maan. Nachdem er unter den Einfluss von Salafisten aus Amman geraten war, quittierte er den Dienst und arbeitete zunächst als Imam für das Religionsministerium. Als er begann, sich kritisch zur Regierungspolitik zu äußern, wurde er entlassen und für ein Jahr inhaftiert. Er argumentierte, die Bewohner Maans müssten sich gegen die Politik der Regierung, die zur Verarmung der Stadt führte, mit Waffengewalt wehren. Bald schon bezeichnete er Regierungsvertreter als Apostaten, deren Tötung erlaubt sei. In einigen Fällen griffen seine Anhänger Polizeistationen an. Bisher hatte die Regierung die Umtriebe Shalabis geduldet, wohl um keine Unruhen in einer Region zu provozieren, in der ohnehin große Unzufriedenheit herrschte. Dies schien im Herbst 2002, nach dem Mord an Foley und kurz vor dem Beginn des Krieges im Irak, nicht mehr möglich, so dass die Regierung beschloss, Maan insgesamt unter ihre direkte Kontrolle zu stellen.

Nachdem sich Shalabi dem Zugriff der Sicherheitskräfte entzogen hatte, griffen einige seiner Anhänger in Maan ein Polizeiauto an, in dem der Polizeichef der Stadt saß. Zunächst forderte die Regierung von den Notablen der Stadt, Shalabi und einige Dutzend weitere polizeilich Gesuchte auszuliefern. Den Stadtältesten gelang es jedoch nicht, Shalabi zur Aufgabe zu überreden. Der folgende Einmarsch von Polizeikräften Anfang November führte zu Unruhen und einer mehrtägigen Ausgangssperre. Obwohl viele Anhänger Shalabis gefasst wurden, konnten die Sicherheitskräfte ihn selbst nicht verhaften. Während die Regierung seine Gruppe als gefährliche islamistische Terroristen darstellte, die zudem Waffen und Drogen schmuggelten, handelte es sich wohl eher um den Versuch Ammans, in einer außenpolitisch kritischen Phase der Bevölkerung zu verdeutlichen, dass der Staat keinen Widerstand gegen seine Politik dulden würde. Da für den Fall des damals bereits angekündigten Krieges im Irak mit Unruhen zu rechnen war, diente die harte Reaktion des Staates auch der Disziplinierung aller Oppositionskräfte, deren Protest gegen die jordanische Unterstützung für die USA bereits abzusehen war.

Tatsächlich führte der Irak-Krieg ab Frühjahr 2003 zu einer weiteren Radikalisierung unter jordanischen Islamisten. Viele von ihnen schlossen sich Zarqawi im Irak an. Das prominenteste Beispiel für diesen Trend war der Palästinenser ʻUmar Jumʻa (Abu Anas ash-Shami), der Ideologe der Zarqawi-Gruppe und eines ihrer bekanntesten Mitglieder von 2003 bis 2004.[45] In seinem wie in vielen anderen Fällen hatte erst der Beginn des Irak-Krieges dazu geführt, dass die jungen Männer sich einer militanten Gruppierung anschlossen.

Gleichzeitig zeigte Zarqawi von Neuem, dass er weiterhin jordanische Ziele angreifen würde. Im Jahresverlauf 2004 formulierte er die Strategie, zunächst die Amerikaner aus dem Irak zu vertreiben und nach der Machtübernahme der Islamisten in Bagdad den *jihad* auf die unmittelbaren Nachbarstaaten auszuweiten. Vornehmstes Ziel, so Zarqawi, sei die Befreiung Jerusalems. Wie ernst es ihm hiermit war, zeigte sich Ende April 2004, als jordanische Sicherheitsbehörden einen Attentatsplan aufdeckten, der – laut ihren Angaben – die Zentrale des Geheimdienstes (GID), den Sitz des Ministerpräsidenten und die amerikanische Botschaft in Amman zum Ziel gehabt hatte. Da die Täter, alles Anhänger Zarqawis unter der Führung eines engen Vertrauten namens Azmi al-Jayusi, die ihre Gruppe «Brigaden des Einheitsbekenntnisses» (*Kata'ib at-Tauhid*) nannten, angeblich Chemikalien einsetzen wollten, die durch die Explosion der Bomben freigesetzt werden sollten, hätte die Zahl der Opfer – so die jordanische Darstellung – bei mindestens 80 000 gelegen.[46] Diese Informationen erschienen besonders glaubwürdig, weil Gefolgsleute Zarqawis schon im Nordirak und im Kaukasus mit Giften experimentiert haben sollen. Viele Kommentatoren hielten es jedoch für wahrscheinlicher, dass es sich um Planungen zu einem herkömmlichen Autobombenanschlag handelte, bei dem die Chemikalien als Sprengkraftverstärker dienen sollten. Dies bestätigte Zarqawi, der sich noch am 30. April in einer Audiobotschaft zu Wort meldete und angab, einen Anschlag auf die Zentrale des jordanischen Geheimdienstes geplant zu haben. Er sagte jedoch, er habe nie unschuldige Muslime töten wollen, und leugnete, Chemiewaffen entwickelt zu haben: «Gott weiß, dass, wenn wir eine solche Bombe besäßen, wir nicht zögern würden, sie gegen Eilat, Tel Aviv oder andere Städte einzusetzen.» Vielmehr wende er sich gegen die jordanische Regierung, weil das Königreich eine wichtige Basis für den Krieg der Amerikaner im Irak und im Kampf gegen die *mujahidin* sei.[47]

3.3. Saudi-Arabien

Saudi-Arabien wurde in den 1990er Jahren neben Ägypten zu *dem* Epizentrum des islamistischen Terrorismus. Aus der Oppositionsbewegung, die sich aus Protest gegen die Stationierung amerikanischer Truppen im Jahr 1990 bildete, ging Usama Bin Laden als ihr militantester Vertreter hervor und ein Großteil des Fußvolkes der *al-Qa'ida* stammt von dort. In keinem anderen Land ist das Rekrutierungspotential für militante Gruppen so groß wie in Saudi-Arabien.

Dies hat seine Ursache in dem immer noch großen Einfluss der *Wahhabiya* auf die saudi-arabische Gesellschaft. Da die Reformbewegung in vielen Phasen ihrer Geschichte als militante Gruppierung aufgetreten war, ähneln die ideologischen Positionen ihrer Vertreter, der wahhabitischen Religionsgelehrten, häufig denen der militanten Islamisten. Unter denjenigen Intellektuellen, die den militanten Islamisten weltweit als geistige Vorbilder dienen, finden sich mittlerweile wahhabitische Saudi-Araber in großer Zahl. Dies ist darauf zurückzuführen, dass viele von ihnen bereits in den 1980er Jahren ihre Schüler in den *jihad* nach Afghanistan schickten und diese ihre Reputation unter Gleichgesinnten steigerten. Safar al-Hawali und Salman al-'Auda, die heute nur mittelbar mit dem militanten Umfeld der *al-Qa'ida* in Verbindung stehen, gelten seit damals unter Islamisten weltweit als wichtige Autoritäten. Nirgendwo sonst sind so viele Ideologen in militanten Gruppierungen vertreten wie in der saudi-arabischen *al-Qa'ida*. Yusuf al-'Uyairi, Nasir al-Fahd und Faris az-Zahrani sind weltweit bekannt; ihre Schriften kursieren in allen einschlägigen Webforen.

Islamismus in einem islamistischen Staat?

Aufgrund der engen Verquickung des saudi-arabischen Staates mit der *Wahhabiya* bietet das Land eines der größten Rekrutierungspotentiale für militante Islamisten in der arabischen Welt. Im Jahr 2003 waren beispielsweise rund 125 von fast 700 Gefangenen in der amerikanischen Militärbasis Guantanamo Bay auf Kuba saudische Staatsangehörige, was umso bemerkenswerter ist, als die einheimische Bevölkerung des Landes mit nur etwa 16 Millionen wesentlich kleiner ist als die Ägyptens mit knapp 70 oder auch des Jemen mit rund 20 Millionen. Die hohe Zahl von Saudis in der militanten Szene ist nur durch die Rolle erklärlich, die die *Wahhabiya* in der saudischen Gesellschaft spielt. Aufgrund des seit Mitte des 18. Jahrhunderts bestehenden Bündnisses der Herrscherfamilie mit den wahhabitischen Gelehrten beruht die Legitimität des Staates weiterhin auf einer Islaminterpretation, die sich nur in Details von islamistischem Gedankengut unterscheidet. Zwar verfügen die Gelehrten heute nur noch über stark eingeschränkten politischen Einfluss, doch prägen sie weiterhin die politische Kultur des Landes, dominieren Justiz und Erziehung und versuchen über die omnipräsente Religionspolizei, ihre Vorstellungen öffentlicher Moral in der gesellschaftlichen Praxis durchzusetzen.

Die starke Position der Gelehrten im saudi-arabischen Erziehungssystem ist besonders problematisch, weil die Lehren der *Wahhabiya* sich nur in einem, wenn auch zentralen Punkt von denen der militanten Islamisten unterscheiden: Die Wahhabiten vertreten eine fast absolute Gehorsamspflicht gegenüber dem Herrscher. Darüber hinaus fördert diese Erziehung nicht nur Antiamerikanismus und Antisemitismus bis hin zu Judenhass, sondern auch eine starke Isolierung von Muslimen, die nicht den Lehren der *Wahhabiya* und verwandter sunnitischer Strömungen folgen. Die Schiiten beispielsweise sind den Wahhabiten besonders verhasst. Es ist daher nicht verwunderlich, dass auch die Religionsgelehrten die Teilnahme am *jihad* vorbehaltlos förderten, solange es um den Kampf gegen «Ungläubige» in Afghanistan ging. Viele saudi-arabische Lehranstalten entwickelten sich zu regelrechten Rekrutierungsstellen. Zahlreiche Studenten zogen aus dem stark religiös geprägten Unterricht allerdings die Schlussfolgerung, dass auch die eigene Regierung aufgrund ihrer Modernisierungsbestrebungen und ihrem Bündnis mit den USA nicht legitim sei. Insofern liegt eine wichtige Wurzel der islamistischen Militanz im saudi-arabischen Erziehungssystem und es überrascht nicht, dass viele Jugendliche zunächst an religiösen Schulen oder Universitäten lernten und von dort aus entweder nach Afghanistan gingen oder sich der *al-Qa'ida* in Saudi-Arabien anschlossen. Besonders häufig wird in diesem Zusammenhang die Islamische Imam Muhammad b. Saud-Universität (*Jami'at al-Imam Muhammad b. Sa'ud*, oder kurz *Jami'at al-Imam*) in Riad genannt, die eine Kaderschmiede der *Wahhabiya* ist. 'Abdal'aziz al-'Umari, der «Imam» der Attentäter des 11. September, ist nur das prominenteste Beispiel für einen Studenten dieser Universität, der zum Terroristen wurde.

Die Besetzung der Großen Moschee von Mekka

Im November 1979, am ersten Tag des islamischen 15. Jahrhunderts (1. *muharram* 1400) besetzte eine Gruppe militanter Islamisten die Große Moschee von Mekka (*al-Haram ash-Sharif*) und nahm mehrere hundert Pilger als Geiseln. Sie bestand aus etwa 400 bis 1000 Saudis, anderen Arabern von der Halbinsel und einigen Ägyptern. Ihr Anführer war Juhaiman al-'Utaibi, ein Wahhabit und Angehöriger des Stammes der 'Utaiba. Seine Vorfahren hatten 1929 bereits an einem früheren, in erster Linie tribal und religiös motivierten Aufstand gegen die saudische Herrschaft teilgenommen. Unter 'Utaibis Namen kursierte eine Sammlung von Briefen, in denen die Ideologie der Gruppe ausführlich dargestellt war. 'Utaibi behauptete, einer seiner Gefährten, Muhammad b. 'Abdallah al-Qahtani, sei der erwartete *Mahdi* oder «Rechtgeleitete». Der muslimische *Mahdi* ähnelt dem Messias der jüdischen und christlichen Lehre, nimmt aber in der wahhabitischen Lehre keinen prominenten Platz ein. Nach sunnitischer Lehrmeinung ist das Auftreten des *Mahdi* eines der Anzeichen des kommenden Jüngsten Tags. 'Utaibi verlangte in seinen Pamphleten eine Rückkehr zur Lebensweise der «frommen Altvordern» und kritisierte die Herrscherfamilie Saud scharf. Sie sei korrupt, führe ein ausschweifendes Leben, unterdrücke das Volk und schließe Bündnisse mit den Ungläubigen, allen voran den USA.

Die saudische Führung wagte zunächst nicht, eine Militäraktion anzuordnen, da das Tragen von Waffen im Bezirk der Moschee verboten ist. Stattdessen beauftragte sie die Gelehrten, ein Rechtsgutachten zu erstellen, das ihr die Anwendung von Waffengewalt erlaubte. Als es schließlich vorlag, verhinderten logistische Probleme den sofortigen Zugriff. Erst nach zwei Wochen gelang es saudischen

Truppen mit Hilfe französischer Spezialeinheiten, die Besetzer zu überwältigen. Qahtani wurde während des Kampfes getötet, 'Utaibi und 63 seiner Gefolgsleute wurden im Januar 1980 öffentlich hingerichtet.

Diese Rebellion war zum einen Ausdruck des tribalen Widerstands einzelner Stämme wie der 'Utaiba und Qahtan gegen den Staat, der seit seiner Entstehung im 18. Jahrhundert urban geprägt war und in den die ehemaligen Nomadenstämme nie vollständig integriert worden waren. Wie in so vielen Staaten der Region drückten Islamisten dort auch den Protest einzelner Gebiete und benachteiligter Bevölkerungsteile gegenüber einem Staat aus, der nicht die Interessen aller Einwohner vertrat. Mindestens ebenso wichtig war jedoch die religiöse Dimension des Ereignisses. Der Hinweis auf den *Mahdi* zeigte, dass apokalyptische Vorstellungen unter den Moscheebesetzern eine wichtige Rolle spielten. Auf sein Auftreten folgen laut sunnitischer Lehre mehrere weitere Anzeichen des Jüngsten Gerichts und des Weltenendes. Wie in den anderen großen Offenbarungsreligionen auch finden sich unter Muslimen, heute besonders unter Saudis und Kuwaitis, immer wieder Einzelne und Gruppen, die glauben, diesen Prozess durch eigenes Eingreifen beschleunigen zu können. Nach der Niederschlagung der Revolte von 1979 scheinen diese Vorstellungen jedoch nicht mehr von Bedeutung gewesen zu sein. Von Zeit zu Zeit finden sich Hinweise auf endzeitliche Vorstellungen, ohne dass diese sich gegen die politisch-strategischen Überlegungen der Führungspersönlichkeiten durchsetzen können.[48]

Erst im Sommer 2003 schienen militante Islamisten wiederum ein groß angelegtes Attentat auf die Große Moschee von Mekka geplant zu haben. Saudische Medien berichteten im Juni 2003 davon, dass die Sicherheitsbehörden im Stadtteil al-Khalidiya eine Zelle ausgehoben hätten, die während des Ramadan Autobomben an den Eingangstoren des Moscheegeländes zünden wollte. Doch selbst viele regierungstreue Saudis hielten dies für einen Propagandacoup der Regierung, die auf diese Weise versuchte, die zunehmend aktiven militanten Islamisten bei der Bevölkerung des Königreichs zu diskreditieren. Inwieweit endzeitliche Vorstellungen unter den saudischen Angehörigen der *al-Qa'ida* weiterhin wirksam sind, bleibt vorerst ungeklärt. Gesichert ist jedoch, dass die Weltsicht Juhaiman al-'Utaibis fortwirkt. Ein prominenter Anführer der *al-Qa'ida* in Saudi-Arabien, Sa'ud al-'Utaibi, der demselben Stamm angehörte wie Juhaiman, orientierte sich ideologisch eng an den Moscheebesetzern von 1979 und versuchte, sich als legitimer Nachfolger ihres Anführers zu präsentieren.[49]

Der Golfkrieg 1990/91 und die islamistische Opposition

Eine der Schlussfolgerungen, die die saudische Regierung aus den Ereignissen zog, war, dass sie sich der zahlreichen militanten Islamisten entledigen musste, wollte sie die Stabilität des Landes gewährleisten. Die Gelegenheit hierzu bot sich, nachdem sowjetische Truppen im Dezember 1979 nach Afghanistan einmarschiert waren. Riad begann nicht nur den Kampf der afghanischen *Mujahidin* finanziell zu unterstützen, sondern förderte auch die Teilnahme saudischer Islamisten am *jihad* am Hindukusch.

Als nach dem sowjetischen Truppenabzug aus Afghanistan 1989 die ersten Afghanistanveteranen nach Saudi-Arabien zurückkehrten, existierte im Land keine organisierte Oppositionsbewegung. Eine solche entstand erst infolge der Golfkrise von 1990/91. Nachdem irakische Truppen am 2. August 1990 in das Emirat Kuwait einmarschiert waren, glaubte die Herrscherfamilie in Riad, amerikanische Truppen zum Schutz vor einem erwarteten irakischen Angriff auf die saudische Ostprovinz ins Land rufen zu müssen. Indem sie diese Entscheidung traf, offenbarte die Familie Saud den grundlegenden Widerspruch zwischen ihrer prowestlichen Außen- und ihrer streng islamischen Innenpolitik. Die amerikanischen «Ungläubigen» nun zur Verteidigung des Landes der Heiligen Stätten von Mekka und Medina herbeizurufen, erschien vielen Saudis als Sakrileg und die islamistische Opposition begann, die Herrscherfamilie offen zu kritisieren. Die jungen wahhabitischen Gelehrten Safar al-Hawali und Salman al-'Auda wurden zu Beginn der 1990er Jahre zu ihren bekanntesten Vertretern. Sie interpretierten den Hilferuf an die Amerikaner als Bankrotterklärung der Familie Saud, der es trotz märchenhaften Ölreichtums nicht gelungen war, eine effektive Landesverteidigung aufzubauen. Außerdem protestierten sie gegen die verbreitete Korruption, die Prunksucht der Herrscher und alle Anzeichen einer angeblichen Verwestlichung. Insbesondere Safar al-Hawali galt bereits damals als wichtiger islamistischer Intellektueller, der, ähnlich wie Bin Laden, nur auf einem ungleich höheren intellektuellen Niveau, die Schriftgläubigkeit der *Wahhabiya* mit dem revolutionären Impetus Sayyid Qutbs vereinte.

Für die militanten Islamisten galt Saudi-Arabien von nun an als von den USA «besetzt» und dieses Thema blieb in den folgenden Jahren ihr wichtigster Kritikpunkt gegenüber dem saudischen Staat. Sie forderten den Abzug aller nichtmuslimischen Truppen und *al-Qa'ida* greift in ihren Verlautbarungen bis heute auf einen Ausspruch des Propheten Muhammad zurück, der lautet: «Vertreibt die Polytheisten von der Arabischen Halbinsel».

Die islamistische Opposition fasste ihre Forderungen in einer Petition vom Juli 1992 zusammen, die sie «Memorandum des Guten Rates» (*Mudhakkirat an-Nasiha*) nannte und an den (späteren) Großmufti 'Abdal'aziz b. Baz adressierte. Sie zielte auf eine umfassende Islamisierung des Staates ab, die durch die wahhabitischen Gelehrten, deren Stellung ganz erheblich aufgewertet werden sollte, überwacht würde. Zwar behauptet die saudische Regierung, ausschließlich islamisches Recht (*shari'a*) anzuwenden, doch verwiesen die Petenten auf eine Vielzahl von gesetzlichen Regelungen, die der *shari'a* widersprächen und deshalb abgeschafft werden müssten. Darüber hinaus forderten sie die Aufstellung einer Armee, die stark genug sei, das Land zu verteidigen, und – als Konsequenz – die Aufkündigung jeglicher militärischer Zusammenarbeit mit nichtmuslimischen Mächten.[50] Die Regierung weigerte sich jedoch, den Inhalt des Memorandums auch nur zu diskutieren, und ließ einige der federführenden Unterzeichner verhaften. In den Jahren 1993 und 1994, als das Gros der amerikanischen Truppen abgezogen war und das Interesse der Weltöffentlichkeit an den inneren Verhältnissen in Saudi-Arabien nachließ, ging die Herrscherfamilie massiv gegen ihre Gegner vor. Viele Islamisten, unter ihnen die prominenten Prediger 'Auda und Hawali, wurden verhaftet. Einige Oppositionelle flüchteten sich ins Londoner Exil, von wo aus sie fortan antisaudische Öffentlichkeitsarbeit betrieben. Andere, in erster Linie Usama Bin Laden und seine Anhänger, begannen mit Gewalt gegen den saudischen Staat vorzugehen, wobei ihre politischen Zielvorstellungen zunächst denen des «Memorandums des Guten Rates» entsprachen. Dies bestätigte Bin Laden in seiner *Jihad*-Erklärung vom August 1996 ausdrücklich. Insofern bilden die saudischen Angehörigen der *al-Qa'ida* auch den militanten Flügel der saudi-arabischen islamistischen Opposition.

al-Qa'ida *in Saudi-Arabien?*

Die Verhaftungswelle von 1994 führte zu einer Radikalisierung der islamistischen Opposition. Am 13. November 1995 explodierte eine Autobombe vor dem Hauptquartier der amerikanischen Firma Vinnell in Riad. Es handelte sich dabei um einen Sicherheitsdienstleister, der – in enger Abstimmung mit der US-Regierung – ein Ausbildungsprogramm für die saudi-arabische Nationalgarde leitete. Es starben sieben Menschen, darunter fünf Amerikaner, und mehrere Dutzend wurden verletzt. Da die Bombe zur Gebetszeit detonierte, waren keine Saudis unter den Opfern. Auch wenn die Urheberschaft des Anschlags bis heute nicht geklärt ist, kann man aufgrund der Wahl des Zeitpunktes davon ausgehen, dass die Täter sunnitische Islamisten mit Kontakten zur *al-Qa'ida* waren. Im Mai 1996 wurden vier angebliche Attentäter, die diesem ideologischen Spektrum entstammten, hingerichtet, nachdem sie ihre Geständnisse im saudischen Fernsehen vorgetragen hatten. Sie sagten, sie hätten sich von den Aufrufen Bin Ladens, des im Londoner Exil lebenden islamistischen Oppositionellen Muhammad al-Mas'ari und des palästinensisch-jordanischen Predigers Abu Muhammad al-Maqdisi inspirieren lassen.[51] Die Angaben über ihre Zugehörigkeit zu einer Organisation waren zwar widersprüchlich, doch beanspruchte im Jahr 2004 der Führer der saudischen *al-Qa'ida*, 'Abdal'aziz al-Muqrin, den Anschlag für seine Organisation. Es ist deshalb davon auszugehen, dass es sich damals um die erste Aktion der *al-Qa'ida* in Saudi-Arabien handelte. Da die Nationalgarde für den Schutz der königlichen Familie zuständig ist, galt das Attentat sowohl den USA als auch der saudischen Regierung und entsprach somit der programmatischen *Jihad*-Erklärung Bin Ladens vom August 1996.

Schwieriger zu interpretieren ist der Anschlag in der ostarabischen Stadt Khobar im Juni 1996. Damals explodierte eine enorm starke Autobombe vor den Khobar Towers, einem Wohnkomplex der amerikanischen Luftwaffenbasis von Dhahran an der Küste des Persischen Golfes. 19 Amerikaner wurden getötet und Hunderte verletzt. Bis heute ist ungeklärt, wer die Anschläge organisiert und durchgeführt hat. Amerikanische Sicherheitsbehörden gehen offenbar davon aus, dass es sich bei den Tätern um Mitglieder der «saudischen *Hizballah*» handelte, einer schiitischen Organisation, die die Präsenz der Amerikaner am Persischen Golf bekämpfte. Im Juni 2001 erhob der US-amerikanische Generalstaatsanwalt in Zusammenhang mit diesem Attentat Anklage gegen 13 schiitische Saudis und einen Libanesen. Gleichzeitig warfen amerikanische Medien der saudischen Regierung, die auch nach fünf Jahren keinerlei Ermittlungsergebnisse vorweisen konnte, vor, diese zu verschleppen, um ihre damals stark verbesserten Beziehungen zum Iran nicht zu gefährden. Die saudischen Schiiten hingegen weisen die Urheberschaft für den Anschlag generell *al-Qa'ida* zu. Nach den Attentaten von Riad im Mai 2003 vermuteten einige Beobachter, dass tatsächlich sunnitische Terroristen für den Anschlag von Khobar verantwortlich gewesen sein könnten, die saudische Regierung jedoch das terroristische Problem im eigenen Land nicht habe angehen wollen. Doch auch hierzu meldete sich 'Abdal'aziz al-Muqrin zu Wort, der das Attentat von Khobar nicht unter den Aktionen sunnitischer Islamisten aufzählte. Daraus kann man folgern, dass *al-Qa'ida* hier wahrscheinlich nicht die Urheberin war. Die saudische *Hizballah* jedenfalls existiert seit der auf die damaligen Anschläge folgenden Verhaftungswelle als Organisation nicht mehr.[52]

Saudi-Arabien und der 11. September

Zwischen 1995 und 2003 verübte *al-Qa'ida* keine Anschläge in Saudi-Arabien. Dies ist insofern auffällig, als spätere Waffen- und Sprengstofffunde im Land nahe legten, dass die Organisation auch in diesen Jahren präsent und in der Lage war, Attentate auszuführen. Einerseits ist es möglich, dass Bin Laden bewusst davon absah, dort aktiv zu werden, wo er die meisten Spendengelder reicher Geschäftsleute erhielt und woher die meisten seiner Gefolgsleute und Sympathisanten stammten. Insofern hätte *al-Qa'ida* Saudi-Arabien vorrangig als Rückzugsgebiet für den Notfall betrachtet. Andererseits könnte die saudische Regierung eine informelle Absprache mit Bin Laden getroffen haben. Als Beleg für diese These werden immer wieder Besuche des saudi-arabischen Geheimdienstchefs Prinz Turki al-Faisal in Afghanistan im Jahr 1998 genannt. Laut Angaben der saudischen Regierung jedoch versuchte Prinz Turki lediglich, die Taliban dazu zu bewegen, Usama Bin Laden an sein Heimatland auszuliefern. Letzten Endes bleibt diese Frage unbeantwortet, wobei es meines Erachtens nicht ausgeschlossen ist, dass beide Seiten zu einer unausgesprochenen Übereinkunft kamen.

In Saudi-Arabien setzte dennoch im November 2000 eine Anschlagsserie auf einzelne westliche Staatsbürger ein, die bis Mai 2001 andauerte.[53] Während die saudische Regierung darauf beharrte, dass es sich hierbei um einen Konflikt zwischen ausländischen Alkohol- und Drogenschmugglern handelte, hielt die internationale Presse die Anschläge eher für die Taten islamistisch motivierter, einheimischer Terroristen. Obwohl die Verdächtigen inhaftiert waren, folgten ab Oktober 2001 weitere Gewaltakte. Im Juni 2002 starb ein britischer Banker, als eine Bombe unter seinem Autositz explodierte. Im September desselben Jahres wurde ein deutscher Geschäftsmann auf ähnliche Weise getötet, und zwei Monate später entging eine holländische Familie in Jidda nur knapp einem Bombenanschlag. Es folgten weitere Angriffe auf westliche Staatsangehörige, wobei es auffällig war, dass es häufig Angestellte westlicher Firmen aus dem Militär- und Sicherheitsbereich traf. Offensichtlich versuchten die Täter, die prowestliche Sicherheitspolitik der Regierung zu unterminieren.

Die Ereignisse des 11. September 2001 wirkten schockartig auf die saudische Herrscherfamilie. Ihre Beteuerungen, mit Usama Bin Laden nichts zu tun zu haben, da dieser bereits 1994 ausgebürgert worden sei, wirkten hilflos. Schlimmer noch war die Erkenntnis, dass 15 der 19 Attentäter aus dem Königreich stammten, die meisten von ihnen aus einer Region im Grenzgebiet zwischen Najd, das heißt der zentralen Region des Landes, und Asir und Hijaz, den beiden Westprovinzen. In diesen Gebieten lebten häufig sozial und in geringerem Maße wirtschaftlich marginalisierte Stämme, von denen einige schon an früheren Aufständen gegen den saudi-arabischen Staat teilgenommen hatten. Dies provozierte die Frage, ob Saudi-Arabien wie schon 1979 eine von militanten Islamisten und unzufriedenen Stämmen getragene Revolution drohe.

Zunächst versuchte die Regierung zu leugnen, dass das Problem *al-Qa'ida* Saudi-Arabien in besonderer Weise betreffe. So versteifte sie sich anfangs auf die These, dass die Identität der 15 saudi-arabischen Attentäter nicht geklärt sei. Anschließend erklärte sie, es sei diesen nicht bekannt gewesen, dass sie an Selbstmordattentaten beteiligt sein würden. Außerdem verneinte sie die Präsenz von *al-Qa'ida*-Zellen im Lande, musste aber schließlich eingestehen, dass auch Saudi-Arabien betroffen war. Dies zeigte sich schon im September 2001, als der oppositionelle Gelehrte Hummud b. 'Uqla ash-Shu'aibi (gest. 2002) in einem Rechtsgutachten (*fatwa*) die Meinung vertrat, alle Muslime müssten sich den Taliban im Kampf gegen die USA anschließen. Einige seiner Schüler und Anhänger wurden in der Folgezeit zu wichtigen Ideologen der militanten Islamisten im Land.

al-Qa'ida *kommt nach Hause*

Nach dem Verlust ihres Refugiums in Afghanistan kehrten viele saudische Angehörige der *al-Qa'ida* in ihr Heimatland zurück. Es ist unklar, ob es bereits Anweisungen für eine Terrorkampagne gegen saudische Ziele gab oder ob sie aus eigenem Antrieb handelten. Zunächst verhielten sie sich ruhig. Als jedoch deutlich wurde, dass die USA den Irak Saddam Husains angreifen würden, intensivierten sich die internen, durchaus kontrovers geführten Debatten über terroristische Anschläge in Saudi-Arabien. Das wichtigste Gegenargument war, dass die militanten Islamisten auf diese Weise eine staatliche Gegenreaktion herausfordern würden und so ihr Handlungsspielraum eingeschränkt, die Organisation im Land vielleicht sogar zerschlagen würde. Die Führungsfigur unter den Afghanistan-Rückkehrern war Yusuf al-'Uyairi (gest. 2003), ein wichtiger Ideologe und Koordinator, der das Bindeglied zwischen der *al-Qa'ida*-Führung im afghanisch-pakistanischen Grenzgebiet und im Iran einerseits und den Zellen in der Golfregion und Saudi-Arabien andererseits darstellte.

'Uyairi hatte bereits als 18-Jähriger am Kampf gegen die sowjetischen Truppen in Afghanistan teilgenommen und als Ausbilder mehrere Jahre im Lager *al-Faruq* gewirkt. Als Leibwächter Bin Ladens hatte er diesen in den Sudan begleitet, dann jedoch am Kampf gegen amerikanische Truppen in Somalia teilgenommen. Daraufhin kehrte er nach Saudi-Arabien zurück, wo er nach den Anschlägen von Khobar rund zwei Jahre im Gefängnis verbrachte. Dort erweiterte er seine bis dahin sehr lückenhafte Bildung – es ist nicht einmal überliefert, dass er die Sekundarschule abgeschlossen hatte – um vorwiegend religiöse Literatur. Nach seiner Freilassung bewahrte er seine enge Bindung an Usama Bin Laden, übernahm jedoch von Saudi-Arabien aus logistische Aufgaben. Er beschaffte Spenden reicher Saudis für den Kampf in Tschetschenien und schrieb politisch-religiöse Texte für die Webseite der dortigen arabischen Kämpfer, die damals vom dem Saudi Khattab (Samir as-Suwailim) angeführt wurden. Zwischen 2001 und 2003 verfasste 'Uyairi mehrere weit über die saudische Szene hinaus verbreitete Bücher zum *jihad* allgemein, zur Unterstützung der Taliban und zum Konflikt im Irak.[54] Die größte Breitenwirkung hatte sein «Die Zukunft des Irak und der Arabischen Halbinsel nach dem Fall von Bagdad».[55] Der Beginn des Irak-Krieges bestärkte schließlich auch diejenige Strömung innerhalb der *al-Qa'ida*, die eine terroristische Offensive in Saudi-Arabien selbst verlangte.

Anfang Mai 2003 hoben saudische Sicherheitskräfte eine konspirative Wohnung in der Nähe einer von westlichen Ausländern bewohnten Wohnanlage aus und fanden dort Waffen, Sprengstoff und weitere Ausrüstungsgegenstände. Mehrere Wohnungsinsassen konnten unter Anwendung von Waffengewalt fliehen. Am nächsten Tag schon ließ die Regierung die Fotos von 19 mutmaßlichen Angehörigen einer militanten Zelle veröffentlichen, die in der Wohnung aufgefunden worden waren. Es handelte sich um Angehörige von *al-Qa'ida*, die den Kampfhandlungen in Afghanistan im Winter 2001 entkommen waren. Trotz einer intensiven Suche der Sicherheitskräfte gelang es neun Attentätern am 12. Mai, mit Waffengewalt in drei vorwiegend von Ausländern bewohnte Wohnkomplexe einzudringen und dort Autobomben zu zünden. 26 Menschen starben, darunter mehrere Amerikaner, aber auch saudische Staatsangehörige. Hauptziel der Anschläge war die Anlage der amerikanischen Firma Vinnell.[56] In unmittelbarer Nähe dieser Anlage hatte sich auch die konspirative Wohnung befunden, so dass es nur mit außerordentlicher Inkompetenz der Sicherheitskräfte und ihrer politischen Leitung zu erklären ist, dass die Angreifer das Sicherheitspersonal der Anlage überraschen konnten.

Der Anschlag bewirkte ein Umdenken innerhalb der saudischen Führung. Fortan bemühte sie sich, die Zellen der *al-Qa'ida* im Land, deren Existenz sie bisher geleugnet hatte, konsequent zu verfolgen. In den nächsten Monaten konnte sie dementsprechend auch spektakuläre Erfolge vermelden, so zum Beispiel am 1. Juni den Tod Yusuf al-'Uyairis. Die Sicherheitskräfte fanden landesweit – nach eigenen Angaben – große Waffen- und Sprengstoffarsenale. Außerdem ließ die Regierung nun auch diejenigen Gelehrten und Intellektuellen verhaften, die bisher ungestraft *al-Qa'ida* unterstützt hatten. Dies betraf mit 'Ali b. Khudair, Nasir al-Fahd und Ahmad al-Khalidi vor allem einige jüngere Persönlichkeiten, die nach der Publikation der Fahndungsfotos in einer öffentlichen Erklärung Partei für die «Glaubenskämpfer» (*Mujahidun*) ergriffen hatten.[57]

Trotz des Verlustes ihres Führers erholte sich die saudische *al-Qa'ida* schnell. Dies zeigte sich in der Nacht vom 8. auf den 9. November 2003, als eine Zelle der Organisation die Wohnsiedlung *al-Muhayya* im Westen der Hauptstadt Riad angriff. Zunächst beschossen einige Angreifer die Wachen am Eingang der Wohnanlage, um sie abzulenken. Daraufhin verschafften sich Attentäter in Kraftwagen – die sie wie Polizeiautos lackiert hatten – Zugang zur Anlage und zündeten dort ihre Autobomben. Bei den 17 Opfern handelte es sich um arabische Arbeitsmigranten, die meisten von ihnen Muslime, darunter mehrere Kinder. Da die Wohnsiedlung bereits seit mehreren Jahren nicht mehr von westlichen Ausländern bewohnt wurde, also auch kein Irrtum vorliegen konnte, rief das Attentat unter der saudischen Bevölkerung Empörung hervor. Wichtiger noch, auch militante Kreise im Land und außerhalb protestierten gegen den Mord an unbeteiligten Muslimen.[58] Möglicherweise hatte der Tod 'Uyairis dazu geführt, dass die Kommunikation der Saudis mit ihrer Führung im afghanisch-pakistanischen Grenzgebiet nachhaltig gestört war, so dass Zellen der *al-Qa'ida* auf eigene Faust handelten und dabei von bisherigen Zielvorgaben – vorwiegend westliche Ausländer – abwichen.[59]

Die saudische Regierung versuchte ihrerseits, den Sympathieverlust der *al-Qa'ida* zu nutzen, indem sie in die Debatte eingriff.

So ließ sie zunächst ʿAli al-Khudair, dann Nasir al-Fahd und Ahmad al-Khalidi, die sich seit Mai in Haft befanden, zur besten Sendezeit am frühen Abend im Staatsfernsehen auftreten, wo sie sich vom islamistischen Terrorismus distanzierten. Die Gelehrten erklärten, der Anschlag von *Muhayya* und der Tod unschuldiger Muslime habe sie umdenken lassen. Bei den Attentätern handele es sich nicht um Märtyrer, sondern um Selbstmörder. Den *jihad* dürfe nur der Herrscher ausrufen. Es ist unwahrscheinlich, dass die drei Gelehrten hier freiwillig handelten, auch wenn viele Kommentatoren dies behaupteten. Dennoch spricht vieles dafür, dass *al-Qaʿida* mit dem Anschlag von *Muhayya* die Unterstützung von Sympathisanten unter der saudi-arabischen Bevölkerung verlor. Während viele Saudis Anschläge auf Amerikaner, insbesondere wenn es sich um Angehörige des Militärs oder von Unternehmen aus der Sicherheitsbranche handelte, billigten, lehnten sie die Angriffe auf unschuldige Muslime ab.

Eskalation der Gewalt

Die saudische *al-Qaʿida* zog unterschiedliche Schlussfolgerungen aus dem PR-Debakel von *Muhayya*. In den folgenden Monaten griff die wichtigste Zelle um den neuen Führer der Organisation für die arabische Halbinsel, ʿAbdalʿaziz al-Muqrin, ausschließlich westliche Ziele an. Er vermied große Attentate mit Autobomben, bei denen die Gefahr bestand, dass auch Saudis getötet würden, und konzentrierte seine Aktionen auf westliche Staatsbürger. Eine zweite Zelle hingegen, von der nicht bekannt ist, in welcher Beziehung sie zur Gesamtorganisation stand, attackierte vermehrt saudische Sicherheitskräfte und nahm dabei den Tod von muslimischen Zivilisten in Kauf.

Letztere nannte sich «die *Haramain*-Brigaden» (*Kata'ib al-Haramain*) und trat erstmals im Dezember mit (teilweise vereitelten) Angriffen auf Vertreter der Sicherheitsbehörden auf den Plan. Sie bekannte sich auch zu einem Autobombenanschlag auf ein Gebäude der Geheimpolizei (*al-Mabahith al-ʿamma*) im Zentrum Riads am 21. April 2004, bei dem sechs Menschen starben und fast 150 verletzt wurden. Obschon es sich um eine sehr starke Autobombe handelte, war die Opferzahl überraschend gering. Muqrin dementierte sechs Tage später, dass *al-Qa'ida* den Anschlag verübt habe und erklärte, dass Amerikaner, Juden und westliche Staatsbürger weiterhin ihre vorrangigen Ziele seien.[60] Tatsächlich sind die Unterschiede zwischen diesem Anschlag und Muqrins Vorgehensweise augenfällig. Offenbar operierten seit Herbst 2003 zumindest zwei Gruppierungen im Land, die verschiedene Taktiken anwandten und möglicherweise auch miteinander in Konkurrenz standen. Wie viele Zellen insgesamt aktiv sind und wie viele Militante sich ihnen angeschlossen haben, ist hingegen unbekannt. Es kursieren Schätzungen, die von wenigen hundert bis zu mehreren tausend Kämpfern ausgehen. Wahrscheinlich liegt die Zahl zwischen 300 und 1000, ohne dass gesicherte Informationen vorliegen. Dies gilt auch für die Sympathisanten, deren Zahl weitaus höher sein muss. Trotz einer leichten Öffnung in den letzten Jahren unterliegt sozialwissenschaftliche Forschung in Saudi-Arabien strengen Einschränkungen, so dass es unmöglich ist, diese und ähnliche Fragen vor Ort anzugehen. Persönlichen Beobachtungen zufolge ist die Zahl derjenigen, die mit *al-Qa'ida* sympathisieren, sehr hoch, was auch auf ein großes Rekrutierungspotential im Land schließen lässt. So ist es der Organisation seit 2002 auch gelungen, zahlreiche neue Rekruten zu gewinnen. Vor dem Hintergrund der großen Empörung, die im Lande ob des amerikanischen Krieges im Irak herrscht, ist zu vermuten, dass *al-Qa'ida* auch weiterhin keine Probleme haben wird, neues Personal zu finden.

Nachdem es nach dem Tode 'Uyairis Konflikte über seine Nachfolge gegeben hatte, übernahm ab spätestens März 2004 'Abdal'aziz al-Muqrin die Führung über die Hauptzelle der Organisation, die sich seit Frühjahr 2003 «al-*Qa'ida* auf der Arabischen Halbinsel» (*Tanzim al-Qa'ida fi Jazirat al-'Arab*) nannte. Mit der Benennung machte sie deutlich, dass sie als regionale Teilorganisation der *al-Qa'ida* auftrat, und suggerierte so eine enge Beziehung zu Bin Laden und Zawahiri. Wahrscheinlich bestand diese Bindung tatsächlich. Betrachtet man die Lebensläufe ihrer prominentesten Mitglieder, so fällt auf, dass sie zu verschiedenen Zeiten zum engeren Umfeld Bin Ladens in Afghanistan gehört hatten. Häufig hatten sie an Regionalkonflikten teilgenommen, ohne aber die Bindung an ihr Heimatland zu verlieren.

Ein fast idealtypisches Beispiel für das Spannungsverhältnis zwischen internationalem *jihad* und lokaler Verwurzelung ist die Biographie Muqrins selbst: 'Abdal'aziz al-Muqrin wurde zu Beginn der 1970er Jahre in Riad geboren. Er brach die Sekundarschule ab und arbeitete im Handel. Um 1990 reiste er nach Afghanistan, um sich am *jihad* gegen das Regime Najibullah zu beteiligen. Anschließend schloss er sich einer algerischen Logistikzelle an, die vermutlich für die GIA arbeitete. Ihre Aufgabe war es, Waffen und sonstige Ausrüstung aus Europa über Marokko nach Algerien zu schmuggeln. Über Bosnien führte ihn die Reise in den Jemen und anschließend nach Somalia. Dort schloss er sich einer islamistischen Gruppe namens Islamische Union (*al-Ittihad al-Islami*) an und begab sich mit einer ihrer Einheiten nach Ogaden, «dem somalischen Gebiet, das durch den Kreuzzüglerstaat Äthiopien besetzt gehalten wird». Ob er sich hier an Kämpfen beteiligte, ist nicht bekannt. Er wurde gefasst und verbrachte zweieinhalb Jahre im Gefängnis, bevor er nach Saudi-Arabien abgeschoben und dort wieder inhaftiert wurde. Sofort nach seiner Freilassung reiste er nach Afghanistan, wo er als Ausbilder für *al-Qa'ida* wirkte und ab Oktober 2001 am Kampf gegen die US-Truppen teilnahm. Anschließend flüchtete er zurück nach Saudi-Arabien, nach eigener Aussage an die «Front», an der er und seine Gesinnungsgenossen immer hatten kämpfen wollen: «Und heute sind wir und die Brüder dank Gottes an der Front, nach der wir gestrebt haben, in dem Land, das wir reinigen und befreien wollten vom Schmutz der verräterischen Herrscher und vorher vom Schmutz der amerikanischen Kreuzzügler und ihrer Verbündeten ... .» [61] Selbst wenn man diese Aussage, die natürlich auch propagandistischen Zwecken im Lande selbst diente, mit der gebotenen Vorsicht betrachtet, so wird doch deutlich, wie sehr Muqrin am Kampf gegen die Herrscherfamilie in seinem Heimatland, gegen den «nahen Feind» gelegen war.

Muqrin machte dies auch in einigen seiner Verlautbarungen deutlich. Hierzu bediente er sich eines hochprofessionellen Medienbüros. Seit September 2003 wurde dort die zweiwöchentlich erscheinende Internet-Zeitschrift «Stimme des *Jihad*» (*Saut al-Jihad*) produziert, die sich vor allem ideologischen Fragen widmete. Ab Dezember kam eine zweite, ebenfalls zweiwöchentliche Zeitschrift namens «Trainingscamp des Schwertes» (*Mu'askar al-Battar*) hinzu, die nach Yusuf al-'Uyairi, dessen Kampfname *al-Battar* gelautet hatte, benannt wurde. In diesem virtuellen Trainingscamp widmeten sich die Autoren vor allem Themen terroristischer Taktik. Bekannt wurde Muqrins Aufsatz zum «Krieg in den Städten», den er im März 2004 in *Mu'askar al-Battar* veröffentlichte und in dem er seine Zielauswahl und Vorgehensweise für die anschließend tatsächlich folgenden Anschläge diskutierte.[62] Als Ziele führte er an prominenter Stelle westliche Firmen auf, in erster Linie diejenigen, die im Ölgeschäft aktiv waren. Unter den menschlichen Zielen nannte er vor allem Angestellte dieser und ähnlicher Firmen, Geschäftsleute, Ökonomen und Banker. Die beiden Zeitschriften behandelten vorwiegend Themen, die die saudi-arabischen Militanten betrafen. Muqrin schrieb verschiedene Texte und sprach mehrmals das wohl umstrittenste Thema innerhalb der militanten Szene an: das Verhältnis zwischen dem *jihad* im Irak und dem in Saudi-Arabien. Viele Aktivisten waren der Meinung, der Kampf gegen die amerikanischen Truppen im Irak sei dringlicher als der gegen das saudi-arabische Regime. Muqrin hingegen argumentierte, dass zumindest die Saudis lokal gegen die USA vorgehen sollten. So erklärte er in einem Interview in *Saut al-Jihad* vom September 2003:

«Tatsächlich bin ich nicht in den Irak gegangen und werde auch nicht in den Irak gehen, denn ich habe mir selbst hoch und heilig geschworen, dass ich die Arabische Halbinsel von den Polytheisten reinigen werde. Wir wurden hier geschaffen, hier geboren und erblickten das Licht der Welt in diesem Land; deshalb werden wir in ihm die Kreuzzügler und Juden bekämpfen, bis wir sie vertrieben haben oder bis wir erleiden, was Hamza b. 'Abdalmuttalib erlitt [den Märtyrertod, GS].»

Dass Muqrin und seine Gefolgsleute dieses Thema in ihren Texten wiederholt aufgriffen, belegt, dass viele saudische Militante anderer Meinung waren und den *jihad* im Irak dem Kampf gegen das saudische Königshaus vorzogen. Verstreute Nachrichten über eine große Zahl saudischer Kämpfer im Irak bestätigten dies.

Ab Mai setzte «*al-Qa'ida* auf der Arabischen Halbinsel» um, was sie in ihren Publikationen angekündigt hatte. Am 1. des Monats stürmten Militante Büros von ABB Lummus Global Inc., eines Öldienstleisters mit Sitz in Houston, in Yanbu, einer Hafenstadt am

Roten Meer. Die Stadt ist eines von zwei Zentren der saudischen Petrochemie und ABB arbeitet dort als Subunternehmer für die Saudi Yanbu Petrochemical Company (YANPET). Die Täter erschossen zwei Amerikaner, zwei Briten, einen Australier und einen Saudi. Anschließend banden sie eine der Leichen an ihr Auto und schleiften sie durch einen Teil der Stadt. In einem folgenden Schusswechsel mit Sicherheitskräften wurden drei der vier Angreifer getötet.[63] Hier zeigte sich, dass *al-Qa'ida* nicht nur in Riad und der zentralarabischen Provinz Najd operierte, sondern ihren Aktionsradius auf das ganze Land ausweiten konnte. Besondere Sorge erregte die Tatsache, dass die Attentäter gezielt eine Firma der Ölindustrie ausgewählt hatten, auch wenn die eigentlichen petrochemischen Anlagen nicht betroffen waren. Sie hofften anscheinend, Ausländer auf diese Weise aus Saudi-Arabien vertreiben und die Ölwirtschaft schädigen zu können. Dass dies eine wohl durchdachte Strategie war, zeigte sich schon am 29. Mai, als mehrere Aktivisten der *al-Qa'ida* im ostarabischen Khobar, nahe den Zentren der saudischen Ölförderung, zwei Büros von Ölfirmen stürmten und sich anschließend Zugang zu einem Wohnkomplex verschafften, in dem mehrheitlich Ausländer aus den USA und Europa lebten. Sie zogen durch die Gebäude des Geländes, töteten westliche Staatsangehörige und verschonten Muslime. Anschließend nahmen die Täter rund 50 Geiseln und verbarrikadierten sich im obersten Stock eines Hotels. Den Sicherheitskräften gelang es erst nach fast 24 Stunden, die Geiseln zu befreien. Dreien der vier Attentäter hingegen, die bis dahin 22 Personen getötet hatten, gelang die Flucht.[64] Einmal mehr zeigte sich, wie unzureichend die saudischen Sicherheitskräfte auf die terroristische Bedrohung vorbereitet waren. Die gezielten Angriffe auf das Personal internationaler Firmen, die durch ihre Dienstleistungen die saudische Ölindustrie in Betrieb halten, hatten auch deshalb die erhoffte Wirkung. Viele westliche Staatsangehörige verließen das Land. Aufgrund des weit verbreiteten Eindrucks, dass Saudi-Arabien nicht in der Lage sei, die Gefahr einzudämmen, trugen die Anschläge zu der bis dahin beispiellosen Ölpreissteigerung des Frühjahrs und Sommers 2004 bei.

In den folgenden Wochen ging die Zelle um 'Abdal'aziz al-Muqrin in Riad dazu über, einzelne Europäer oder Amerikaner – teils in möglichst grausamer und damit medienwirksamer Weise – zu töten. In einem Fall filmten sie die Ermordung eines Amerikaners, der für eine Elektronikfirma mit engen Kontakten zum saudischen Militär arbeitete, in seiner Garage und verbreiteten die Aufnahmen über islamistische Webforen. Etwas später, am 12. Juni 2004, entführten sie den amerikanischen Ingenieur Paul Johnson und enthaupteten ihn anschließend; das Video seiner Hinrichtung veröffentlichten sie wiederum über das Internet. Hier zeigte sich, dass die Zelle um Muqrin die Ereignisse und vor allem die Weiterentwicklung terroristischer Taktiken im Irak genau beobachtete. Denn nur kurz vorher, im Mai, hatte die Gruppe des Jordaniers Abu Mus'ab az-Zarqawi den amerikanischen Geschäftsmann Nicholas Berg enthauptet und das Video der Tat, die weltweit Entsetzen hervorrief, ins Internet gestellt.

Kurz nach der Ermordung Johnsons wurde Muqrin am 19. Juni in einem Feuergefecht mit der Polizei getötet; die meisten führenden Mitglieder seiner Zelle wurden gefasst oder ebenfalls liquidiert. Dies schwächte die saudische *al-Qa'ida* ganz erheblich, wie sich in den folgenden Monaten zeigte.

Neue Anschläge

Wenn es im Frühsommer 2004 zunächst so schien, als seien die saudischen Sicherheitsbehörden in ihrem Kampf gegen die *al-Qa'ida* erfolgreich, so folgten doch weitere Attentate auf einzelne Ausländer. Anfang Juni wurden ein britischer Journalist schwer verletzt und sein irischer Kameramann getötet, als sie in dem Riader Stadtteil Suwaidi Opfer eines Feuerüberfalls wurden. Sie hatten versucht, Aufnahmen vom Haus eines Terrorismusverdächtigen zu machen. Suwaidi gilt als Hochburg der militanten Islamisten in Riad. Ein irischer Ingenieur wurde Anfang August in seinem Büro in Riad erschossen, im September wurde ein britischer Staatsbürger Opfer eines Überfalls. Die Polizei konnte ebenso wenig verhindern, dass Anfang Dezember ein weiterer Aufsehen erregender Anschlag folgte, diesmal auf das amerikanische Konsulat in der am Roten Meer gelegenen Hafenstadt Jidda. Fünf Personen verschafften sich Zugang zum Gelände des Konsulats, das mit einer drei Meter hohen Mauer gesichert ist, indem sie hinter einem einfahrenden Botschaftswagen durch ein Seitentor schlüpften. Dabei schossen sie auf die Wachen und warfen Handgranaten. Da sie nur den äußeren Sicherheitskordon des Konsulats durchbrochen hatten und nicht in die eigentlichen Konsularbüros gelangten, konnten sie keine Amerikaner finden, nach denen sie laut Zeugenaussagen fieberhaft suchten. Anschließend nahmen sie Geiseln und lieferten sich ein längeres Feuergefecht mit Sicherheitskräften. Nach offiziellen Angaben gab es fünf Opfer. Zusätzlich starben vier der Angreifer.[65]

Noch am selben Tag erschien in einschlägigen Webforen ein wahrscheinlich authentisches Bekennerschreiben der «*al-Qa'ida* auf der Arabischen Halbinsel», in dem berichtet wurde, das «Bataillon des Märtyrers Abu Anas ash-Shami» (*Sariyat ash-shahid Abu Anas ash-Shami*) habe das Attentat von Jidda, das sie den «Angriff von Falluja» (*Ghazwat Falluja*) nannten, durchgeführt. Entgegen der offiziellen Darstellung hieß es hier jedoch, alle bis auf zwei der Angreifer hätten sich zurückziehen können und seien in Sicherheit. Besonders bemerkenswert war der Irak-Bezug dieser Erklärung. Der Autor zog zum einen eine Parallele zwischen den Ereignissen in Jidda und der amerikanischen Rückeroberung der zentralirakischen Stadt Falluja im November, womit er implizierte, dass *al-Qa'ida* hier Vergeltung für die Verbrechen der USA im Irak übe. Er versuchte, die Empörung zu nutzen, die viele Araber über das amerikanische Vorgehen gegen die Stadt am Euphrat empfanden. Darüber hinaus verwies er mit der Benennung nach dem Jordanier Abu Anas ash-Shami, dem wichtigsten Ideologen im Stab Zarqawis, der im September 2004 durch einen amerikanischen Raketenangriff getötet wurde, auch auf die Gruppe des Abu Mus'ab az-Zarqawi im Irak. So wollten die Angreifer eine direkte Beziehung zwischen den Ereignissen in Saudi-Arabien und denen im Irak herstellen, um auf diese Weise den Eindruck zu erwecken, man habe es mit einer geschlossenen militanten Front gegen den Westen zu tun. Dies war ein weiterer Beleg für die Wechselwirkungen zwischen den Geschehnissen in der militanten Szene beider Länder.

In Jidda waren die Täter bei weitem nicht so erfolgreich wie bei vorherigen Anschlägen. Dass es ihnen aber gelang, auf das Gelände des amerikanischen Konsulats vorzudringen, eines «harten» Ziels, das zu den am besten gesicherten Orten im Land gehört, zeigt, dass die saudischen Sicherheitsbehörden die militanten Gruppen nicht in den Griff bekamen. Dies bestätigte sich zwei Wochen später noch einmal, als zwei von Selbstmordattentätern gezündete Autobomben direkt vor dem Innenministerium und nahe eines Komplexes der Sondereinsatztruppen des Innenministeriums explodierten. Die Anschläge scheinen in großer Eile und ohne die gebotene Sorgfalt ausgeführt worden zu sein, da kurz zuvor einige Mitglieder der Zelle in einem Feuergefecht mit der Polizei getötet worden waren. Nur die drei Attentäter starben und einige Polizisten und Passanten wurden verletzt.[66] Dass die saudische *al-Qa'ida* allerdings das auch baulich gewaltige Ministerium des mächtigen Innenministers Na'if angriff, machte offenkundig, wie groß das Selbstbewusstsein ihrer Angehörigen war. Die Organisation behauptete später, sie habe den Minister selbst und seinen Sohn Muhammad töten wollen. Auch spektakuläre Fahndungserfolge in den kommenden Monaten konnten kaum verdecken, dass *al-Qa'ida* – entgegen den optimistischen Darstellungen der saudi-arabischen Führung – weiterhin eine Bedrohung darstellte.

3.4. Jemen

Die Bedeutung des Jemen für *al-Qa'ida* ist scheinbar evident, da die Familie Usama Bin Ladens von hier stammt. Er selbst und seine Verwandten bewahrten immer eine enge Bindung an das Heimatland seines Vaters Muhammad und an Landsleute in aller Welt, so dass die Vermutung nahe liegt, dass Bin Laden diese Verbindungen nutzte. Araber aus dem Hadramaut spielten jedoch in seinem Umfeld keine hervorgehobene Rolle. Vielmehr sind Jemeniten aus dem gesamten Land unter dem Fußvolk der *al-Qa'ida* in großer Zahl vertreten. Wie wichtig sie für die Organisation waren, zeigt sich an der hohen Zahl von Jemeniten, die in Guantanamo inhaftiert waren und sind. Angaben für das Jahr 2003 reichten hier bis zu 110 von insgesamt rund 660 Gefangenen.[67]

Der Jemen gilt als schwacher Staat und ist deshalb ein attraktives Rückzugs- und Operationsgebiet für *al-Qa'ida*. Es gelingt der Regierung in Sanaa nicht, die öffentliche Ordnung im Land zu gewährleisten und seine Grenzen zu sichern. Obwohl der Jemen und Saudi-Arabien in den letzten Jahren gemeinsame Anstrengungen unternommen haben, die lange gemeinsame Grenze wirksamer zu kontrollieren, ist der Erfolg sehr bescheiden geblieben. Weiterhin floriert der Schmuggel aus dem armen Jemen in das reiche Saudi-Arabien und vor allem der Handel mit Waffen, Alkohol, Drogen und auch Menschen ist verbreitet. Einer der wichtigsten Migrationswege von Ostafrika in die reichen Golfstaaten läuft über die jemenitisch-saudische Grenze. Zudem schränken starke und weitgehend autonome Stämme das Gewaltmonopol des Staates ein. Im Norden sind es insbesondere die dünn besiedelten und nahe der saudischen Grenze gelegenen Provinzen Jauf, Shabwa und Ma'rib, in denen immer wieder lokale Unruhen oder Konflikte mit der Armee ausbrechen. Die in der Vergangenheit häufigen Geiselnahmen in diesen Regionen waren beispielsweise fast immer der Versuch der Stämme, Dienstleistungen des Staates für ihre von Sanaa vernachlässigte Heimat zu erpressen. Gleichzeitig diente dieses Territorium häufig als Rückzugsgebiet für islamistische Militante aus dem Umfeld der *al-Qa'ida*. So hielten sich die beiden wichtigsten *al-Qa'ida*-Angehörigen im Jemen, Muhammad Hamdi al-Ahdal (Abu 'Asim al-Makki) und Qa'id Salim al-Harithi (Abu 'Ali) nach dem 11. September in dieser Region auf. Im Süden hat sich besonders die Provinz Abyan, die nördlich von Aden liegt, als problematisch erwiesen. Auch sie ist dünn besiedelt und wird von Stämmen bewohnt, die sich gegen eine zu enge zentralstaatliche Kontrolle wehren.[68] Hier zeigt sich auch deutlich, dass – trotz der Vereinigung der beiden jemenitischen Staaten 1990 – Bruchlinien zwischen Nord und Süd bis heute erhalten geblieben sind.

Seit Ende der 1980er Jahre hat sich das Kräfteverhältnis zwischen Staat und Gesellschaft im Land verändert. Damals wurden die ersten jemenitischen Erdölvorkommen erschlossen, deren Erlöse sich die Regierung sicherte. Da diese rund zwei Drittel der Staatseinnahmen ausmachen, haben sie die Position des Zentralstaates gegenüber den Regionen und Stämmen konsolidieren helfen. Gleichzeitig hat die Erdölförderung Konflikte verschärft, da die Bewohner derjenigen Gebiete, in denen produziert wird, kaum von ihnen profitieren. Insgesamt haben die Verteilungskämpfe im Land zugenommen und der selbstbewusster agierende Staat provoziert immer wieder heftigen Widerstand der Bevölkerung gegen seinen Versuch, die Kontrolle über das Staatsgebiet auszuweiten und zu intensivieren.[69] Militante sunnitische Islamisten sind hier nur eine Gruppe unter vielen, die sich dagegen wehren.

Islamismus im Jemen

Die jemenitischen Islamisten nehmen eine weitgehend ambivalente Haltung gegenüber der Regierung ein. Ihr Hauptvertreter ist die Jemenitische Versammlung für Reform (*at-Tajammu' al-Yamani li-l-Islah*), kurz Reform- oder *Islah*-Partei, die aus einem Bündnis zwischen konservativen tribalen Führern und Islamisten des gemäßigten bis hin zum militanten Spektrum besteht. Ihre islamistischen Mitglieder entstammten mehrheitlich der jemenitischen Muslimbruderschaft, die als Ableger ihrer ägyptischen Mutterorganisation Ende der 1940er Jahre entstanden war. Die Partei selbst wurde im Herbst 1990 gegründet, da die neue, vereinigte Republik Jemen ein Mehrparteiensystem einrichtete und die Stammesführer und Islamisten eine Alternative zum Allgemeinen Volkskongress des Präsidenten 'Ali 'Abdallah Salih und der Jemenitischen Sozialistischen Partei des ehemaligen Südjemen anbieten wollten. Seit ihrer Gründung wird die Reformpartei von 'Abdallah al-Ahmar, dem einflussreichen Shaikh der Hashid-Stammesföderation, angeführt. Sie nimmt an Wahlen teil und ist seit 1993 auch im Parlament vertreten. Während sie sich in ihrer ersten Legislaturperiode an der Regierung beteiligte, stellt sie seit 1997 die wichtigste Oppositionsgruppe. Dass sie diese Rolle akzeptierte, zeigt bereits, wie erfolgreich sie in das politische System integriert wurde.

Dennoch sind dem Pragmatismus der Reformpartei und vor allem ihres islamistischen Flügels Grenzen gesetzt. Dies wurde deutlich, nachdem gemäßigte Teile der Partei nach 1997 in der Opposition eine Annäherung an die Sozialistische Partei betrieben. Die nach der Vereinigung zunächst gemeinsam mit dem Allgemeinen Volkskongress regierende Jemenitische Sozialistische Partei hatte, da sie durch den Versuch der Sezession 1994 den Bürgerkrieg ausgelöst hatte, ihre bis dahin immer noch starke Position in der jemenitischen Innenpolitik verloren. Als nunmehr drittstärkste politische

Kraft versuchte sie unter ihrem Generalsekretär Jarallah 'Umar durch die Zusammenarbeit mit der Reformpartei eine schlagkräftigere Opposition aufzubauen. Vielen Islamisten in der Reformpartei ging jedoch die Kooperation mit den verhassten «Kommunisten» zu weit. Im Dezember 2002 wurde 'Umar auf einer Veranstaltung der Reformpartei von einem Islamisten erschossen, wahrscheinlich um eine weitere Annäherung zu verhindern.[70] Der Täter, 'Ali Jarallah, war ein Prediger mit engen Beziehungen zu militanten Gruppen. Bereits mehrfach hatte er sozialistische Politiker verbal angegriffen. Er soll selbst ein Mitglied der *Islah*-Partei gewesen sein und an der *Iman*-Universität (Universität des Glaubens) von 'Abdalmajid Zindani, einer wichtigen Rekrutierungsstätte für militante Islamisten, studiert haben. Hier zeigte sich, wie gefährlich die enge Einbindung und damit auch Förderung militanter Individuen und Gruppen durch die *Islah*-Partei werden konnte. Ob 'Ali Jarallah eine Verbindung zu *al-Qa'ida* hatte, ist nicht bekannt. Eher scheint es so, als habe er ausschließlich aufgrund innenpolitischer Motive gehandelt. Wie so oft richtete sich auch in diesem Fall die politische Gewalt der Militanten zunächst gegen anders denkende Landsleute.

Die *Islah*-Partei ist aufgrund ihrer Kontakte zur militanten Szene umstritten. Da es ihr gelungen ist, weite Teile des islamistischen Spektrums einzubinden, gilt sie vielen Regionalforschern dennoch als gelungenes Beispiel für die Integration der Islamisten in den Prozess der politischen Willensbildung. Terrorismusspezialisten verweisen dagegen auf ihre Verbindungen zu *al-Qa'ida* und zu lokalen militanten Gruppen. Diese Debatte entzündet sich häufig an der Person 'Abdalmajid az-Zindanis, eines Mitbegründers der Partei und Afghanistanveteranen mit angeblich auch in den 1990er Jahren engen Beziehungen zu Bin Laden. Einerseits vertrat er die Partei zwischen 1993 und 1997 im fünfköpfigen Präsidentschaftsrat der Republik und leitet heute ihren *Shura*-Rat, eine Art Zentralkomitee mit zurzeit 130 Mitgliedern. Andererseits amtiert er bis heute als Gründungsdirektor der *Iman*-Universität, die er 1993 in Sanaa einrichtete und deren Curriculum streng islamistisch ausgerichtet ist. Ihre Absolventen und Studenten traten im Jemen bereits mehrmals als islamistische Gewalttäter auf und auch unter den ausländischen Kämpfern im Irak sind sie vertreten.[71] Ihr bekanntester Absolvent war der amerikanische Talib John Walker Lindh («Taliban John»), den amerikanische Truppen im Herbst 2001 im afghanischen Kunduz aufgriffen. Wäre es nicht gelungen, Zindani in die Reformpartei einzubinden, hätte er möglicherweise eine militante Gruppe gegründet. In jedem Fall sorgte auch im Jemen der Pragmatismus des islamistischen Mainstreams, wie von der Reformpartei verkörpert, für freie Entfaltungsmöglichkeiten radikalerer islamistischer Modelle, die sich nicht in das politische System integrieren ließen. In der Forschung werden diese Gruppen meist als Salafisten bezeichnet.

Die Salafisten traten im Jemen erstmals zu Beginn der 1980er Jahre auf, vor allem, aber nicht ausschließlich in der nördlichen Provinz Saada, wo einige ihrer Vordenker sich niederließen. Es handelte sich um Jemeniten, die in Saudi-Arabien studiert hatten und nun in ihr Heimatland zurückkehrten, um in eigenen Moscheen und Instituten ihre wahhabitisch geprägten Vorstellungen an lokale Sunniten weiterzugeben. Da die Provinz mehrheitlich von schiitischen Zaiditen bewohnt ist und die Salafisten streng antischiitisch ausgerichtet waren, führte ihre Missionskampagne zu Konflikten zwischen den Konfessionen. Einen vorläufigen Höhepunkt stellten gewaltsame Auseinandersetzungen in der Stadt Razih im Jahr 1992 dar. Damals versuchten die örtlichen Salafisten, eine zaiditische Feier anlässlich der Designation des schiitischen Imam ʿAli zum Nachfolger des Propheten Muhammad zu verhindern.[72] Obwohl die Zwistigkeiten in den nächsten Jahren abebbten, zeigte sich hier, dass der saudisch-wahhabitische Kultureinfluss Konflikte zwischen Sunniten und Schiiten schürte und damit das mühsam aufrechterhaltene Gleichgewicht zwischen den Konfessionen im Jemen zu zerstören drohte.

Der bedeutendste Vertreter dieser Strömung wurde Muqbil b. Hadi al-Wadiʿi (ca. 1930–2001). Er stammte aus der Umgebung von Saada und emigrierte wie so viele seiner Landsleute nach Mekka, wo er im Hausbau arbeitete und nebenbei in einer Moschee Religionswissenschaft nach wahhabitischer Art studierte. Nach einigen Reisen kehrte er wiederum nach Mekka zurück, wo er nun die Schule in der Großen Moschee besuchte. Anschließend studierte er an der Islamischen Universität von Medina Religionswissenschaften und spezialisierte sich in der Traditionswissenschaft (*hadith*). Seine politische Karriere begann, als er Mitte der 1970er Jahre verhaftet wurde, weil saudische Behörden ihn verdächtigten, als Mufti der militanten Gruppe um den späteren Besetzer der Großen Moschee von Mekka, Juhaiman al-'Utaibi, zu fungieren. Erst 1978 kam er frei, wurde aber ausgewiesen. Zurück in seinem Heimatort, begann er antisaudische Propaganda zu betreiben. Zunächst halfen ihm die lokalen Muslimbrüder, im Jemen wieder Fuß zu fassen. Er leitete fortan eine ihrer Schulen in der Nähe von Saada, aus der sich das bekannte «Haus der Traditionsforschung» (*Dar al-Hadith*) entwickelte, eine von ihm geleitete Schule, die in militanten Kreisen international angesehen war und den Ruf hatte, eines ihrer wichtigsten Rekrutierungszentren zu sein. Trotz seiner anfangs engen Beziehungen zur Muslimbruderschaft emanzipierte sich Wadi'i schnell von ihnen und veröffentlichte 1982 sein erstes wichtiges Werk, «Der Ausweg aus der *fitna* (= Heimsuchung)» (*al-Makhraj mina l-fitna*), in dem er die Grundzüge seiner eng an der saudi-arabischen *Wahhabiya* orientierten Ideologie darlegte, die saudische Regierung aber bereits deutlich kritisierte und seine Sympathien für die Moscheebesetzer von Mekka nicht verhehlte. Darüber hinaus sagte er sich in den frühen 1980er Jahren erstmals deutlich von den Schülern Hasan al-Bannas los. Er lehnte jedoch revolutionäre Gewalt gegen illegitime Herrscher ab. Ganz in der Tradition 'Abdallah 'Azzams hielt er vielmehr den Kampf für die Befreiung von muslimischem Territorium gegen «ungläubige» Besatzer für rechtmäßig und wurde deshalb ein einflussreicher Vordenker jemenitischer Militanter.[73]

Die Afghanistanrückkehrer

Ab 1988/89 kehrten die ersten Jemeniten aus Afghanistan zurück. Sie stammten aus beiden jemenitischen Staaten und hatten neben den Saudis, Algeriern und Ägyptern eine der größten Gruppen unter den «arabischen Afghanen» gestellt. Auch wenn exakte Zahlen nicht vorliegen, muss es sich um mehr als tausend Personen gehandelt haben. Für die Südjemeniten hatte der Kampf in Afghanistan besondere Bedeutung, da sie mit der Sowjetunion den Patron des südjemenitischen Staates bekämpfen konnten. Da ihre Rückkehr mit der Vereinigung im Jahr 1990 zusammenfiel, boten sich ihnen größere Handlungsmöglichkeiten als zuvor. Islamisten aus dem

Norden begannen im Süden zu missionieren und – nach wahhabitischem Vorbild – über Gräbern erbaute Moscheen und Schreine zu zerstören. Bisher in den ländlichen Gebieten des Südens heimlich geführte religiöse Schulen öffneten und hatten großen Zulauf. Sie profitierten von großzügiger Unterstützung aus Saudi-Arabien und Kuwait. Zudem entlud sich der ausgeprägte Antikommunismus vieler Militanter in Mordanschlägen auf Funktionäre des alten Regimes. So sollen – laut Angaben der Sozialisten – allein bis 1994, also bis zum Beginn des Bürgerkriegs, 150 Personen liquidiert worden sein. Sowohl die Zentralregierung des Präsidenten 'Ali 'Abdallah Salih als auch die zurückgekehrten Militanten teilten das Ziel, den Einfluss der südjemenitischen Sozialisten, die den vereinten Jemen mitregierten und weiterhin den Süden dominierten, zurückzudrängen. Folgerichtig verstärkten islamistische Freischärler die Truppen des Nordjemen im Bürgerkrieg.[74] Insofern ist die jemenitische Regierung in hohem Maße mitverantwortlich für die Attraktivität, die das Land als Rückzugsgebiet hatte. Ein guter Teil der Probleme, die der Staat seit der zweiten Hälfte der 1990er Jahre mit den militanten Islamisten hatte, waren hausgemacht.

Noch vor dem Bürgerkrieg 1994 zeigte der Fall des Tariq al-Fadli, dass die Rückkehrer einerseits zur Partei im Machtkampf zwischen den Eliten der beiden vereinigten Staaten geworden waren, andererseits aber die Gelegenheit nutzten, um sich unter dem Schutz der nordjemenitischen Regierung und der Reformpartei zu organisieren. Im Winter 1992/93 erklärte das südjemenitische Militär – das noch nicht mit dem nordjemenitischen vereinigt worden war –, dass der Afghanistanrückkehrer Fadli den jemenitischen Flügel einer militanten Organisation namens «Islamischer *Jihad*» (*al-Jihad al-Islami*) leite, die für die Übergriffe gegen südjemenitische Stellen verantwortlich sei. Fadli war ein prominenter Stammesführer, dessen Vater sein Sultanat unter britischer und seinen Großgrundbesitz unter sozialistischer Herrschaft verloren hatte. Nachdem er seit Ende der 1960er Jahre in Saudi-Arabien gelebt hatte, hielt er sich zwischen 1987 und 1989 in Afghanistan und Pakistan auf und soll dort jemenitische Freiwillige angeführt haben. Er stand wie fast alle Afghanistankämpfer in Verbindung mit Usama Bin Laden, die er auch nach seiner Rückkehr in den Jemen pflegte. Südjemenitische Stellen berichteten nun, Fadli habe im Land Ausbildungslager eingerichtet und plane, den Kampf fortzusetzen, in einem ersten Schritt gegen die südjemenitischen Sozialisten. Durch den Hinweis auf enge Kontakte zwischen Fadli und dem damals im Sudan lebenden Bin Laden versuchte die südjemenitische Führung, in dem sich abzeichnenden Machtkampf mit Sanaa die Unterstützung des Auslands zu gewinnen. Fadli selbst floh – nachdem er in einem Bergdorf einige Zeit belagert worden war – im Juli 1993 nach Norden und begab sich in den Schutz 'Abdallah al-Ahmars. Selbst Präsident Salih erklärte ihn in aller Öffentlichkeit für unschuldig.[75] Da sich Fadli anschließend dem Allgemeinen Volkskongress anschloss, kann sein Fall als das neben Zindani wichtigste Beispiel einer gelungenen Integration von Afghanistanveteranen gewertet werden. Es scheint allerdings, als sei der «Islamische *Jihad*» weniger eine militante islamistische Organisation als vielmehr ein loses Bündnis von Gegnern der südjemenitischen Regierung gewesen – von militanten Islamisten bis hin zu Personen, deren Land durch die sozialistische Regierung konfisziert worden war und die dies nun zurückforderten.[76]

Die ab 1990 verstärkte Präsenz der USA rund um die Arabische Halbinsel und damit ebenfalls am Horn von Afrika wirkte auch im Jemen konfliktverschärfend. Die jemenitischen Islamisten sahen besonders die amerikanischen Aktivitäten in Somalia, einem Land, mit dem der Jemen sehr enge wirtschaftliche und kulturelle Beziehungen unterhält, als Provokation an. In weiten Teilen der arabischen Welt wurde die 1992 angelaufene Operation «Restore Hope» als amerikanische Invasion eines Mitgliedsstaates der Arabischen Liga betrachtet. Viele glaubten hier «imperialistische» Motive am Werk. Deshalb verübten militante Islamisten im Dezember 1992 Bombenanschläge auf zwei Hotels in Aden, in denen amerikanische Soldaten auf dem Weg nach Somalia untergebracht waren. Damals wurden ein Österreicher und ein Hotelangestellter getötet. Heute wird dieser Anschlag gemeinhin der *al-Qa'ida* zugeschrieben, die sich später auch zu ihm bekannt haben soll. Es ist jedoch wahrscheinlicher, dass Tariq al-Fadlis Gruppe verantwortlich war und Bin Laden ihn möglicherweise finanziell und logistisch unterstützte.[77]

Mit dem Ende des Bürgerkrieges verloren die militanten Afghanistanrückkehrer ihre Funktion für die jemenitische Regierung. Sie verhielten sich in den folgenden Jahren ruhig, zumindest solange die Reformpartei an der Regierung beteiligt war. Der Jemen wurde jedoch in diesen Jahren aufgrund seiner zentralen Lage als Transit- und Rückzugsraum für *al-Qa'ida* immer wichtiger.

Die Islamische Armee Aden-Abyan

Erst 1998 machte die Islamische Armee Aden-Abyan (*Jaish 'Adan Abyan al-Islami*), die bis heute einzige nennenswerte einheimische militante Gruppierung, auf sich aufmerksam. Sie scheint ein Mitte der 1990er Jahre entstandener, weitgehend informeller Zusammenschluss einiger Dutzend Afghanistanrückkehrer unter der Führung von Zainal'abidin al-Mihdar (Abu l-Hasan) gewesen zu sein. Ihr Name – Abyan ist die Nachbarprovinz von Aden – drückte darüber hinaus die Unzufriedenheit südjemenitischer Militanter mit der Vorherrschaft des Nordens im wiedervereinigten Jemen aus. Sie führte einen Kampf gegen den «nahen Feind», den jemenitischen Staat, war allerdings so eng mit *al-Qa'ida* verwoben, dass eine Unterscheidung oft schwer fällt. Erstmals trat sie im Frühjahr und Sommer 1998 an die Öffentlichkeit, indem sie in Stellungnahmen zur jemenitischen und internationalen Politik zum Sturz der Regierung aufrief und Angriffe auf amerikanische Ziele im Jemen ankündigte. Im August erklärte die Organisation auch ihre Unterstützung für die Anschläge auf die amerikanischen Botschaften in Nairobi und Daressalam.[78]

Dass es sich hierbei um mehr als rhetorische Militanz handelte, bewies die Islamische Armee im Dezember 1998, als sie in Abyan eine Gruppe von 16 westlichen Touristen entführte. Geiselnahmen waren seit Jahrzehnten ein fester Bestandteil der jemenitischen politischen Kultur. In Konflikten unter Stämmen beziehungsweise zwischen ihnen und dem Staat wurde dieses Instrument angewandt, um Forderungen Nachdruck zu verleihen. Seit dem Ende des Bürgerkrieges waren Entführungen von staatlichen Funktionären weit verbreitet. Dass ausländische Touristen als Geiseln genommen wurden, war in den 1990er Jahren allerdings ein neues Phänomen. Rund 200 Ausländer wurden entführt, von denen jedoch alle bis auf drei Ausnahmen wieder freigelassen wurden. Der Hintergrund der Geiselnahmen war jeweils der Versuch einzelner tribaler Einheiten, Stammesangehörige freizupressen, Leistungen der Regierung zu erzwingen oder unliebsame Maßnahmen zu verhindern.[79] Mit islamistischem Terrorismus hatten sie nichts zu tun.

Dies änderte sich im Dezember 1998, nachdem eine Gruppe aus Großbritannien eingereister arabischer Islamisten von jemenitischen Sicherheitsbehörden verhaftet worden waren. Es handelte sich um den Sohn, Stiefsohn und weitere Gefolgsleute des ägyptischen Predigers Abu Hamza al-Masri (Mustafa Kamil), der im Londoner Exil lebte. Sie sollen große Mengen Sprengstoff, Flugblätter der Islamischen Armee Aden-Abyan und Ausrüstungsgegenstände mit sich geführt haben, um mehrere westliche Ziele in Aden anzugreifen. Wenige Tage später entführte die Islamische Armee – darunter jemenitische und ausländische Militante – die genannte Gruppe britischer, kanadischer und amerikanischer Touristen. Zwar ging es den Entführern auch um die Freilassung der inhaftierten Aktivisten aus Großbritannien, doch nahmen sie gezielt Ausländer als Geiseln, um auf diese Weise ausländische Regierungen einzubeziehen und Druck auf Sanaa auszuüben. Es ist überdies möglich, dass sie von vornherein die Tötung der Ausländer beabsichtigten, um – eher im Sinne einer internationalen Zielsetzung – gegen ihre Präsenz im Land zu protestieren und andere westliche Staatsbürger abzuschrecken. Es ist denkbar, dass diese Aktion bereits von den aus Großbritannien eingereisten Islamisten vorbereitet worden war. Jegliche Planungen wurden jedoch vereitelt, da die Sicherheitsbehörden schnell intervenierten. Vier der Geiseln wurden im Verlauf eines Feuergefechts getötet. Einige Entführer starben, andere wurden wegen Geiselnahme und Mord verurteilt und anschließend hingerichtet. Unter ihnen war auch Abu l-Hasan al-Mihdar.

Es handelte sich bei der Islamischen Armee Aden-Abyan in ihrer damaligen Zusammensetzung um eine eigentümliche Verbindung einer jemenitischen Gruppe mit ausländischen Kämpfern. Der Schwerpunkt ihrer Aktivitäten lag jedoch auf dem Kampf gegen den «nahen Feind». Sie bekämpfte die Amerikaner im Jemen, weil sie – gemäß ihrer Wahrnehmung – mehr und mehr Einfluss auf die jemenitische Politik nahmen. Ihre Strategie ähnelte damals stark der von *al-Qa'ida*, die ebenfalls durch Anschläge gegen den «fernen Feind» USA den Kampf gegen den «nahen Feind» forcieren wollte. Deutlich wurde ihre Nähe zu *al-Qa'ida* allerdings nicht nur an ihren propagierten Zielen, sondern auch an ihren Auslandsverbindungen. Jemenitische Behörden versicherten schon zu Beginn der Entführung glaubhaft, dass die Organisation Kontakt zu Abu Hamza al-Masri habe, der auch die zunächst verhaftete Gruppe von zehn Islamisten entsandt habe. Masri war ein Afghanistanveteran und hatte bei der Explosion einer Bombe beide Hände verloren. Anschließend scheint er – wie viele andere ägyptische «Afghanen» – einige Zeit im Jemen verbracht und Kontakte zur einheimischen militanten Szene und insbesondere zu Abu l-Hasan al-Mihdar aufgebaut zu haben. Seit der ersten Hälfte der 1990er Jahre hielt er sich in London auf, wo er eine Gruppe namens «Helfer der *Shari'a*» (*Ansar ash-Shari'a*) gründete, die sich ideologisch eng am *jihad*-Konzept des Ägypters Faraj orientierte.

Abu Hamza gelangte spätestens Mitte der 1990er Jahre zu der Auffassung, dass der Jemen aufgrund der geografischen Ähnlichkeit zu Afghanistan und der Schwäche der Zentralregierung ein geeigneter Ort sei, weitere *Mujahidin* auszubilden. Zudem war es das einzige Land der Arabischen Halbinsel, das sich – wie er meinte – noch nicht den USA unterworfen hatte. Dabei beobachtete er jedoch seit dem zweiten Golfkrieg, als der Jemen sich auf die Seite Saddam Husains gestellt hatte, eine verstärkte Annäherung an die USA. 1998 verbreiteten sich Gerüchte, die Amerikaner wollten eine Militärbasis im Land einrichten. Abu Hamza glaubte, dass, wenn sich der Jemen erfolgreich gegen die USA wehrte, dies einen Dominoeffekt in den Nachbarstaaten auslösen könnte.[80] Im Oktober 1998 veröffentlichte er eine Erklärung, in der er die Muslime aufrief, sich am *jihad* der Islamischen Armee gegen die jemenitische Regierung zu beteiligen und in der er alle «Ungläubigen» zum Verlassen der Region aufforderte.[81]

Transnationaler Terrorismus im Jemen: Der Anschlag auf die USS Cole

Die Rolle Abu Hamza al-Masris bei den Ereignissen zum Jahresende 1998 verwies schon auf den starken Einfluss transnationaler Aktivisten auf militante Gruppierungen im Jemen. In der Rückschau wird deutlich, dass damals bereits eine zumindest indirekte

Verbindung zur *al-Qa'ida* bestand, denn Masri rekrutierte in seiner Londoner Moschee Finsbury Park europäische Muslime für Bin Ladens Trainingslager in Afghanistan. Bekannt wurden in erster Linie der «Schuhbomber» Richard Reid und Zacarias Moussaoui. Moussaoui wurde im August 2001 in den USA festgenommen und wird beschuldigt, der fehlende 20. Flugzeugentführer der Anschläge des 11. September gewesen zu sein.

Die zunehmende Internationalisierung des jemenitischen Islamismus zeigte sich im Jahr 2000, als die *al-Qa'ida* und die Islamische Armee einen ihrer spektakulärsten Anschläge überhaupt verübten. Zwei jemenitische Selbstmordattentäter rammten am 12. Oktober ihr mit Sprengstoff beladenes Schlauchboot im Hafen von Aden in den Zerstörer USS Cole, der dort zum Auftanken Halt gemacht hatte. Sie beschädigten das Schiff stark, 17 Marinesoldaten starben, Dutzende wurden verletzt. Zwar veröffentlichte die Islamische Armee ein Bekennerschreiben, doch wurde im Laufe der Ermittlungen deutlich, dass es sich hier um einen gemeinsamen Anschlag von *al-Qa'ida* und Islamischer Armee handelte, vermutlich als Vergeltung für die amerikanischen Angriffe auf Ausbildungslager in Afghanistan vom August 1998, die von baugleichen Kriegsschiffen geführt worden waren. Das Attentat sollte den USA verdeutlichen, dass *al-Qa'ida* ihre Präsenz auf der Arabischen Halbinsel mit allen Mitteln bekämpfen würde und nur ein Rückzug sie vor Angriffen schützen könne. Die Planungen für diesen Anschlag hatten bereits in der zweiten Hälfte der 1990er Jahre eingesetzt, ein vorheriges Attentat war jedoch gescheitert. Am 3. Januar 2000 war ein mit Sprengstoff beladenes Schlauchboot gesunken, weil die Attentäter, die die ebenfalls im Hafen von Aden liegende USS Sullivans angreifen wollten, es überladen hatten. Der Anschlagsversuch wurde allerdings erst im Verlauf der späteren Ermittlungen zur USS Cole bekannt.

Der Saudi 'Abdarrahim an-Nashiri, der enge Beziehungen zu den jemenitischen Militanten hatte, leitete die Planung und Koordination des Anschlages und verließ den Jemen kurz vor der Tat. Nashiri kannte Bin Laden schon seit den 1980er Jahren und soll auch für einige Jahre im Jemen gelebt haben. Mit dem Attentat auf die Cole wurde er zu einem der wichtigsten Operationschefs der *al-Qa'ida*. Er galt als Koordinator für Aktionen auf der Arabischen Halbinsel und spezialisierte sich auf seegestützte Anschläge. Im Oktober 2002 wurde er in den Vereinigten Arabischen Emiraten verhaftet und an die USA ausgeliefert.[82] Seine Festnahme war ein wichtiger Erfolg der amerikanischen Terrorismusbekämpfung.

Der Jemen nach dem 11. September

Da die jemenitische Regierung ihr Staatsgebiet nur unvollständig kontrollierte, mutmaßte die westliche Öffentlichkeit nach den Anschlägen des 11. September 2001, dass sich das Land (ebenso wie Somalia) als Rückzugsgebiet für die angeschlagene *al-Qa'ida* anbiete. Tatsächlich gab es Hinweise auf Absetzbewegungen militanter Islamisten von Afghanistan in Richtung Jemen, doch betraf dies in erster Linie einheimische Angehörige der Organisation, nicht die Führungskader. Sofort wuchs der Druck der amerikanischen Regierung, die forderte, Sanaa müsse effektiver gegen islamistische Terroristen auf seinem Territorium vorgehen. Gleichzeitig ließ sie öffentlichkeitswirksam amerikanische Spezialtruppen nach Djibouti verlegen, laut Presseangaben, um *al-Qa'ida*-Angehörige im Jemen zu verfolgen.[83] Sanaa beugte sich diesem Druck teilweise, stand jedoch vor einem Dilemma. Vor dem Hintergrund des verbreiteten Antiamerikanismus der jemenitischen Bevölkerung sorgte die verstärkte Zusammenarbeit mit den USA für Unruhe und machte die Behauptung der Islamisten glaubhaft, die jemenitische Regierung füge sich den USA. Andererseits benötigte der Jemen aus wirtschaftlichen Gründen jedwede westliche Unterstützung. Sanaa war deshalb bemüht, Washington von seinem Kampf gegen den islamistischen Terrorismus zu überzeugen, während es im Innern Unabhängigkeit zu zeigen suchte.

Wie schwierig dieser Balanceakt ist, zeigte sich schon bald nach dem 11. September. Zunächst fanden, wie schon in den Jahren zuvor, kleinere Attentate statt, die nur wenig Aufsehen erregten. Zudem entdeckten jemenitische Sicherheitsbehörden regelmäßig Waffen- und Sprengstofflager. Am 6. Oktober 2002 jedoch gelang *al-Qa'ida* ein weiterer spektakulärer Anschlag. Ein von Selbstmordattentätern gelenktes und mit Sprengstoff beladenes kleines Boot fuhr in der Nähe des südjemenitischen Hafens Mukalla auf den französischen Öltanker Limbourg auf. Die Explosion tötete ein Besatzungsmitglied. Zu den Umweltschäden durch ausgelaufenes Öl kamen schwere wirtschaftliche Nachteile, da Touristen ihre Buchungen stornierten und Schiffe jemenitische Häfen schon aufgrund der steigenden Versicherungsprämien immer seltener anliefen. Die Islamische Armee Aden-Abyan bekannte sich zu dem Anschlag, wobei sie angab, sie habe zunächst ein amerikanisches Schiff attackieren wollen.[84] Dennoch handelte es sich, wie schon bei dem Attentat auf die USS Cole, um eine gemeinsame Operation mit *al-Qa'ida*, wobei mittlerweile davon auszugehen ist, dass die Islamische Armee weitgehend mit deren jemenitischem Zweig deckungsgleich ist. Ein Hinweis auf die Urheberschaft von *al-Qa'ida* war ein ungefähr zeitgleicher Feuerüberfall auf amerikanische Soldaten in Kuwait. Beide Attentate waren auf den 7. Oktober terminiert, den ersten Jahrestag des amerikanischen Angriffes auf Afghanistan. Ein solch koordiniertes Vorgehen und die Wahl eines möglichst symbolträchtigen Datums entsprachen bisherigen Anschlagsmustern der *al-Qa'ida*. Darüber hinaus berief sich Aiman az-Zawahiri in einer Tonbandbotschaft, die al-Jazeera noch im Oktober veröffentlichte, auf eine Warnung, die die Organisation den Verbündeten der USA habe zukommen lassen. Damit könnte der Angriff auf den französischen Tanker gemeint gewesen sein. Hier zeigte sich also, dass *al-Qa'ida* auch nach dem Verlust ihrer Basis in Afghanistan handlungsfähig war, allerdings nur, weil ihre Angehörigen im Jemen und in Kuwait Attentate unabhängig von der Zentrale planten, organisierten und verübten.

Möglicherweise war es dieser Angriff, der die jemenitische Regierung dazu bewog, in der Terrorismusbekämpfung noch enger mit den USA zu kooperieren. Das aufsehenerregendste Resultat der Zusammenarbeit war die Liquidierung von Abu 'Ali al-Harithi im November 2002. Der CIA war es gelungen, detaillierte Informationen über seinen Aufenthaltsort in der Umgebung von Ma'rib zu erlangen, so dass eine in Djibouti stationierte Drohne sein Auto während einer Fahrt durch die dortige Wüste mit einer Rakete beschießen konnte. Neben Harithi starben vier weitere Angehörige der Islamischen Armee und mit Kamal Darwish ein jemenitischstämmiger Amerikaner, der in den USA Rekruten für die Ausbildungslager in Afghanistan gewonnen hatte.[85]

Die jemenitische Regierung bestätigte anschließend, dass die Aktion mit ihr abgesprochen war. Dennoch hatte das amerikanische Militär mit der gezielten Liquidierung eines mutmaßlichen Terroristen im Ausland eine rote Linie der Terrorismusbekämpfung überschritten und eine Taktik übernommen, die die israelische Regierung bereits seit langer Zeit in ihrem Kampf gegen palästinensische Gruppierungen anwandte. Beobachter befürchteten nun, dass andere Länder dem Vorbild der USA folgen könnten. Israel beispielsweise weitete diese Aktivitäten im Jahr 2004 aus. So wurden der *Hamas*-Führer Ahmad Yassin und mehrere führende Persönlichkeiten der Organisation durch israelische Raketenangriffe getötet. Wahrscheinlich hätten diese Liquidierungen jedoch auch stattgefunden, wäre der amerikanische Angriff im Jemen nicht erfolgt. Bedenklicher war die Ermordung des tschetschenischen Exilpolitikers und ehemaligen Präsidenten der Kaukasusrepublik Selimchan Yandarbiyev im Februar 2004 in Katar, der von dort Geldspenden für die tschetschenischen Rebellen eingetrieben hatte. Er starb, als eine am Boden seines Fahrzeugs angebrachte Sprengladung explodierte. Die katarischen Behörden reagierten schnell und verhafteten einen russischen Diplomaten und zwei Botschaftsmitarbeiter, die keinen Diplomatenstatus genossen und dem militärischen Geheimdienst angehört haben sollen. Sie wurden zu lebenslangen Freiheitsstrafen verurteilt, im Dezember 2004 jedoch an Russland ausgeliefert, wo sie den Rest der Haft verbüßen sollten. Niemand zweifelte daran, dass der Kreml die Liquidierung Jandarbiyevs angeordnet hatte, was dieser natürlich leugnete.[86]

Trotz der zunehmenden Internationalisierung terroristischer Aktivitäten im Jemen fanden die Attentate aus innenpolitischen Motiven kein Ende. Ein Beispiel war die Ermordung des Generalsekretärs der Sozialistischen Partei, Jarallah 'Umar. Der Täter, 'Ali Jarallah, stand in enger Verbindung zu einem Militanten, der wenige Tage später ein von amerikanischen Baptisten geführtes Hospital in Jibla, südlich von Sanaa, überfiel. Dabei tötete er drei amerikanische Missionare und verletzte einen schwer. Die Gruppe hatte keine nennenswerten transnationalen Verbindungen und hatte vorwiegend jemenitische Ziele im Visier. Im Laufe der Untersuchungen zeigte sich, dass 'Ali Jarallah mit einigen Komplizen geplant hatte, 31 jemenitische Persönlichkeiten des öffentlichen Lebens zu ermorden, darunter eine Vielzahl prominenter Sozialisten, arabischer Nationalisten, angeblicher Säkularisten und Intellektueller.[87]

Die amerikanischen Missionare gerieten in das Zielspektrum der Gruppe, weil diese christliche Missionsversuche unter Muslimen als besonders empörend empfand. Dies ist ein in den letzten Jahren in der islamischen Welt verbreitetes Phänomen. Angriffe auf Missionare haben sich verstärkt, parallel zu einer Intensivierung christlicher Missionsbestrebungen in der islamischen Welt. Evangelikale Christen aus den USA, aber auch aus Südkorea und Großbritannien entdeckten in den letzten Jahren die islamische Welt als wichtiges Zielgebiet. Viele Muslime halten hingegen den Abfall vom Glauben für ein schweres Verbrechen, das im islamischen Recht mit dem Tod bestraft wird. Dementsprechend lehnen sie die Aktivitäten christlicher Missionare in ihren Heimatländern ab und betrachten sie oft als Teil eines amerikanischen imperialistischen Projektes. Diese Wahrnehmung verstärkte sich in dem Maße, in dem die US-Regierung seit 2001 in ihrem «Krieg gegen den Terrorismus» in muslimisch geprägten Staaten militärisch intervenierte und vermehrt Einfluss auf die politische Entwicklung der islamischen Welt nahm. Ein erstes Indiz für diesen Trend war die Inhaftierung von Mitarbeiterinnen der Organisation Shelter Now in Afghanistan im August 2001. Sie hatten humanitäre Hilfe mit Missionierungsversuchen verbunden, ein im Land der Taliban sehr gefährliches Unterfangen.[88] Nach dem 11. September 2001 wuchs in vielen Staaten der arabischen Welt der Widerstand gegen die mehr oder weniger verdeckt betriebene Missionierung evangelikaler Gruppen, die meist unter dem Deckmantel von humanitärer und medizinischer Hilfe stattfindet. Im November 2002 beispielsweise wurde eine amerikanische Krankenschwester eines Missionshospitals im südlibanesischen Sidon ermordet, nachdem lokale Imame gegen ihre Missionsarbeit protestiert hatten.

Nach der amerikanischen Besatzung des Irak glaubten viele Missionare, nun böte sich ihnen eine Gelegenheit, auch im Irak zu wirken. Sie versuchten, die Zeit bis zur Etablierung einer irakischen Regierung zu nutzen, um Kirchen einzurichten, bevor diese missionarische Aktivitäten verbieten würde. Doch auch im Irak wurden die Missionare schnell zu Zielscheiben der militanten Opposition. Im März 2004 wurden vier von ihnen Opfer eines Feuerüberfalls auf ihr Auto in Mosul.[89] Am schlimmsten traf es jedoch den südkoreanischen Übersetzer Kim Sun Il. Südkoreaner stellen nach US-Amerikanern mittlerweile die zweitgrößte Gruppe christlicher Missionare weltweit und Kim Sun Il wollte durch seinen Aufenthalt im Irak, wo er für einen südkoreanischen Zulieferer für das US-Militär arbeitete, sein Studium finanzieren, um anschließend als Missionar zu arbeiten. Anhänger des Jordaniers Abu Mus'ab az-Zarqawi fingen ihn und enthaupteten ihn im Juni 2004 vor laufender Kamera.

Terrorismusbekämpfung durch Dialog?

Die jemenitische Regierung suchte nach dem 11. September den Dialog mit inhaftierten Militanten und entsandte Vermittler zu denjenigen, die bei Stämmen im Land Zuflucht gesucht hatten. Zunächst wurden der Richter am Obersten Gerichtshof von Sanaa, Hummud al-Hitar, und ein von ihm geführtes und mit Religionsgelehrten besetztes Komitee beauftragt, Treffen mit den Inhaftierten zu organisieren, um sie zu überzeugen, sich von der Gewalt abzuwenden und in die Gesellschaft zu reintegrieren. Schon im August 2002 begann eine erste Dialogrunde, die 2003 wiederholt wurde und in deren Folge im Oktober desselben Jahres rund 150 Inhaftierte freigelassen wurden, darunter zumindest eine führende Persönlichkeit der Islamischen Armee. Sie hatten ihre Reue erklärt und künftiges Wohlverhalten zugesagt. Kritiker verwiesen jedoch darauf, dass es sich mehrheitlich um Terrorismusverdächtige handelte, die ohne Gerichtsverfahren und damit unrechtmäßig bereits bis zu drei Jahren in Haft gesessen hatten. Tatsächlich wurden hauptsächlich Sympathisanten der Islamischen Armee und der *al-Qa'ida* oder Personen, die diesen Organisationen kleinere Hilfestellungen geleistet hatten, freigelassen. Vermutlich versuchte die Regierung auf diese Weise auch, die Stämme einiger Inhaftierter zu beschwichtigen, um weiter gehende Probleme zu vermeiden.

Wichtiger noch war der Versuch der Regierung, flüchtige Militante durch ihr Amnestieangebot zur Aufgabe zu bewegen. Tribale Vermittler stellten tatsächlich den Kontakt zu ihnen her. Einige erklärten auch ihre Bereitschaft, aufzugeben, stellten allerdings Bedingungen wie unter anderem die Freilassung aller Terrorismusverdächtigen, die Einstellung jeglicher Terrorismusbekämpfung im Land, ein Ende der militärischen und nachrichtendienstlichen Kooperation mit den USA und eine verstärkte Islamisierung des Landes.[90] Die Regierung weigerte sich, diese Bedingungen zu diskutieren, so dass nur wenige Militante auf das Angebot eingingen. Allerdings stellte sich im Oktober 2003 der damalige Führer der Islamischen Armee, Khalid 'Abdannabi.

Teile der Islamischen Armee zogen sich 2002 und 2003 in Bergverstecke im Hinterland von Aden zurück, was die Bedeutung des Jemen als Rückzugsgebiet für militante Islamisten zeigte. Diesen offensichtlichen Mängeln standen jedoch spektakuläre Fahndungserfolge gegenüber. So verhafteten jemenitische Sicherheitsbehörden im November 2003 Muhammad al-Ahdal, den nach dem Tode Abu 'Ali al-Harithis wichtigsten Mann der *al-Qa'ida* im Jemen. Ahdal hatte bereits in Bosnien, Tschetschenien und Afghanistan gekämpft und 1999/2000 wegen seiner Kontakte zu Bin Laden 14 Monate in einem saudi-arabischen Gefängnis verbracht. Dass er nach seiner Ausweisung in den Jemen wieder frei kam, zeigt deutlich, wie vorsichtig die jemenitische Regierung mit *al-Qa'ida*-Aktivisten umging. Auch künftig wird sie die militanten Gruppen eher zurückhaltend bekämpfen. Zu verbreitet ist die Ansicht, dass die Regierung hier in amerikanischem Auftrag handele, was ihrer Legitimität im Lande schadet. Deshalb wird die militante Opposition handlungsfähig bleiben. Obwohl es kaum mehr möglich ist, zwischen der Islamischen Armee Aden-Abyan und *al-Qa'ida* zu unterscheiden, wird Erstere weiterhin auf einen Sturz der jemenitischen Regierung hinarbeiten, bei Gelegenheit aber auch transnationale Ziele angreifen. Ihre Stärke ist ihre tiefe Verwurzelung in der jemenitischen islamistischen Szene.

3.5. Algerien

Neben Ägyptern, Saudis und Jemenis stellten die Algerier die höchste Zahl von Freiwilligen im Kampf gegen die sowjetischen Truppen in Afghanistan. Sie waren selbst unter den militanten Islamisten als besonders mutige und häufig fanatische Kämpfer bekannt. Dennoch gehörte nie ein Algerier zum innersten Führungszirkel der *al-Qa'ida*. Dies lag einerseits daran, dass es Nordafrikanern im Allgemeinen schwer fiel, in der ägyptisch und saudisch-jemenitisch dominierten Organisation in führende Positionen zu gelangen. Andererseits waren die Algerier seit Beginn der 1990er Jahre auf den Kampf in ihrem Heimatland fixiert, weil die Islamisten dort der Machtübernahme so nahe wie in kaum einem anderen Staat kamen und sie in dem seit 1992 einsetzenden Bürgerkrieg eine wichtige Rolle spielten. Die meisten der zahlreichen Veteranen kämpften daher in Algerien gegen ihren «nahen Feind». Diejenigen Algerier, die außerhalb ihres Heimatlandes in militanten Gruppen aktiv wurden, gehörten meist der algerischen Diaspora in Europa an. Diese konzentrierten sich auf Anschläge in Frankreich, dem engsten Verbündeten der algerischen Regierung, um so auf den inneralgerischen Konflikt einzuwirken. In der algerischen Diaspora gab es allerdings auch Tendenzen zu einer weiteren Internationalisierung des *jihad* im Sinne der *al-Qa'ida*, insbesondere, als seit der zweiten Hälfte der 1990er Jahre deutlich wurde, dass die Islamisten in Algerien selbst nicht in der Lage waren, das Regime in Bedrängnis zu bringen. Dennoch setzten diese den Kampf gegen den «nahen Feind» fort.

Der militante Islamismus in Algerien wird bis heute von der Erfahrung des Unabhängigkeitskrieges gegen Frankreich in den Jahren 1954 bis 1962 geprägt. Zum einen ging aus der siegreichen Nationalen Befreiungsfront (*Jabhat at-Tahrir al-Wataniya*/Front de Libération Nationale/FLN) die Machtelite des unabhängigen Algerien hervor, gegen die sich militante Islamisten seit den 1980er Jahren erhoben. Wichtig war darüber hinaus jedoch, dass die FLN auch mit terroristischen Methoden erfolgreich gewesen war. Sie hatte zunächst einen Aufstand in den ländlichen Gebieten entfesselt, wechselte aber im August 1956 ihre Taktik, indem sie den Kampf in die Hauptstadt Algier trug. Mit Sprengstoffanschlägen und Feuerüberfällen gegen französische Zivilisten provozierte die FLN die Kolonialmacht, mit brutaler Gewalt zurückzuschlagen. Daraufhin begann die bis dato vorwiegend passive lokale algerische Bevölkerung, die Aufständischen zu unterstützen.[91] Dies war der Anfang vom Ende der französischen Herrschaft über Algerien. Die algerische Erfahrung prägte viele militante Organisationen im Nahen

Osten der folgenden Jahrzehnte, aber auch die einheimischen Islamisten sollten sich später wieder an der Vorgehensweise der FLN orientieren. Ihr lange aufrechterhaltener Glaube, mit terroristischen Mitteln politische Änderungen herbeiführen zu können, erklärt sich aus dieser historischen Erfahrung.

In Algerien entstand in den 1920er Jahren eine islamistische Organisation, die ähnlich einflussreich wie die ägyptischen Muslimbrüder war. Im Jahr 1931 hatte der Religionsgelehrte 'Abdalhamid b. Badis (1887–1940) die «Gesellschaft der algerischen muslimischen Gelehrten» (*Jam'iyat al-'Ulama al-Muslimin*) gegründet, die sich allerdings zunächst eher mit gegnerischen Sufiorden als mit der französischen Kolonialherrschaft auseinander setzte. So dauerte es denn auch bis 1956, bevor sie begann, den damals bereits zwei Jahre andauernden Aufstand der FLN zu unterstützen. Das Verhältnis der FLN zur Religion war, wie das der meisten arabischen Nationalisten, gespalten. Einerseits orientierte sie sich an sozialistischen Politikmodellen und gehörte deshalb auch zu den bevorzugten Bündnispartnern des Sowjetunion in der arabischen Welt. Dementsprechend bemühte sich die Partei nach ihrer Machtübernahme zunächst, die Rolle der Religion im öffentlichen Leben zurückzudrängen und den Einfluss der Religionsgelehrten zu beschneiden. Andererseits hatte die FLN den Islam immer als einen Teil der algerischen nationalen Identität betrachtet und sich mit einigem Erfolg bemüht, religiös orientierte Gruppierungen einzubinden. Auf diese Weise bildete sich innerhalb der FLN ein religiös motivierter Flügel, der eine stärkere Islamisierung und Arabisierung Algeriens einforderte und nach 1965 auch durchsetzte, hauptsächlich im Erziehungswesen und in der Justiz. In den 1960ern Jahren verbreiteten aus Ägypten importierte Lehrer die arabische (Hoch-)Sprache und viele von ihnen auch den revolutionären Islam der Muslimbruderschaft. Zahlreiche der späteren islamistischen Intellektuellen, die 1989 die Islamische Heilsfront (*al-Jabha al-Islamiya li-l-l-Inqadh/ Front Islamique du Salut/FIS*) gründeten, gehörten zu ihren Schülern. Doch zeigte sich ihr Einfluss erst spät, ab Ende der 1970er Jahre.[92] In den 1980er Jahren bildeten sich in Algerien die ersten islamistischen Vereinigungen.

Damals entstand auch eine militante Strömung, die allerdings weitgehend isoliert vom islamistischen Mainstream agierte. Die erste militante Gruppe, die «Bewaffnete Algerische Islamische Bewegung» (*al-Haraka al-Islamiya al-Jaza'iriya al-Musallaha*) wurde von Mustafa Bouyali (Buya'li, 1940–1987) angeführt, einem Teilnehmer am Unabhängigkeitskrieg und ehemaligen Nationalisten, der sich zum Islamisten gewandelt hatte. Bouyali war ein äußerst charismatischer Anführer und hatte bereits Mitte der 1970er Jahre eine kleine Gruppe um sich versammelt, die sich mit den Schriften Sayyid Qutbs befasste und die Schaffung eines islamistischen Gottesstaates forderte. Bouyali musste 1982 untertauchen, zog sich mit Anhängern in das Hinterland von Algier zurück und führte in der Mitija-Ebene – wo auch die FLN in ihrer Frühzeit gegen die Franzosen operiert hatte – einen Guerilla-Krieg gegen das Regime. Die Organisation wurde zerschlagen, nachdem Bouyali 1987 von Sicherheitskräften erschossen worden war.[93] Seine Vorgehensweise war deutlich von der Tradition des bewaffneten Kampfes der FLN geprägt, auch wenn seine Ideologie – entsprechend den intellektuellen Trends der 1980er Jahre – islamistisch und nicht mehr sozialistisch-nationalistisch war.

Viele junge Islamisten reisten in der zweiten Hälfte der 1980er Jahre nach Afghanistan. Trotz der hohen Zahl algerischer Freiwilliger gelang es nur einem von ihnen, eine Führungsposition unter den «arabischen Afghanen» einzunehmen. Es handelte sich um 'Abdallah Anas (eigentlich Boujema Bounouar), einen Koranlehrer aus Westalgerien, der im Jahr 1984 auf der Pilgerfahrt in Mekka von 'Azzam selbst für den *jihad* in Afghanistan gewonnen wurde. Er wurde zu einem engen Vertrauten des Palästinensers und propagierte dessen Lehre vom defensiven *jihad*. Nach 'Azzams Tod 1989 versuchte er erfolglos, die Ägypter und Bin Laden daran zu hindern, das Dienstleistungsbüro zu übernehmen, und verlor jeglichen Einfluss.[94] In den 1990er Jahren zog er sich ins Londoner Exil zurück. Die meisten algerischen «Afghanen» hingegen kehrten in ihr Heimatland zurück und nahmen am dortigen Bürgerkrieg teil.

In der zweiten Hälfte der 1980er Jahre heizte eine sich ständig verschlechternde wirtschaftliche Lage innenpolitische Konflikte an. Algerien bestritt seinen Haushalt zu weiten Teilen aus den Einnahmen aus dem Öl- und Gasexport. Als diese in den 1960er und 1970er Jahren stetig anstiegen, schuf die Regierung neue Arbeitsplätze in der staatlichen Industrie und der Verwaltung, um so die sozialen Folgen der raschen Urbanisierung aufzufangen. Darüber hinaus subventionierte sie Grundnahrungsmittel, baute den Erziehungssektor massiv aus und richtete ein kostenintensives Wohlfahrtssystem ein. Als die Ölpreise 1985/86 kollabierten, hatte dies katastrophale Folgen, die durch die verbreitete Misswirtschaft und Korruption verstärkt wurden. Die Regierung musste Subventionen abbauen, während die Arbeitslosigkeit rapide anstieg, insbesondere unter jungen Schul- und Universitätsabgängern. Während es dem algerischen Staat in den 1960er und 1970er Jahren noch weitgehend gelungen war, die stetig wachsende Bevölkerung in das Wirtschaftsleben zu integrieren, entstand in der zweiten Hälfte der 1980er Jahre eine ganze Generation arbeitsloser Jugendlicher, die in den folgenden Jahren zur Rekrutierungsmasse der Islamisten wurden. Die soziale Krise wurde durch eine Politik der ökonomischen Liberalisierung noch verschärft. Im Oktober 1988 brachen erstmals Unruhen aus, die in Straßenkämpfen mündeten und viele Tote forderten.

Präsident Chedhli Bendjedid (ash-Shadhili b. Jadid, reg. 1979–1992) reagierte, indem er versuchte, die Islamisten in das politische System des Landes einzubeziehen. Im Februar 1989 ließ er über eine neue Verfassung abstimmen, die erstmals seit der Unabhängigkeit ein Mehrparteiensystem begründete. Es ging Bendjedid darum, durch die Einbindung bisher von politischer Partizipation ausgeschlossener Gruppierungen den sozialen Protest einzudämmen und seine eigene Position in diesem System durch wechselnde Koalitionen mit bisher oppositionellen Parteien zu stärken. Er übersah dabei, dass lediglich die Islamisten mit ihrem Netz von Moscheen und Predigern über die Möglichkeit verfügten, eine landesweit nennenswerte Anhängerschaft zu mobilisieren, während die anderen Oppositionsgruppen zu schwach waren, in einen freien Wettbewerb zu treten. Darüber hinaus lehnten die Islamisten den Staat der FLN auch in einer demokratisierten Form ab und propagierten einen «islamischen Staat» unter ihrer Kontrolle. Mit dem Versprechen politischer Partizipation ermutigte Bendjedid sie und setzte den Prozess in Gang, der 1992 in den Bürgerkrieg mündete.

Im März 1989 wurde in Algier die Islamische Heilsfront gegründet und im folgenden September als politische Partei zugelassen. Ihre führenden Persönlichkeiten waren der Universitätsprofessor

'Abbasi Madani (geb. 1931), ein Veteran des Bürgerkrieges, und der Lehrer und Imam einer kleinen Moschee in Algier, 'Ali Belhaj (Bilhajj, geb. 1956), der eher den Militanten zuneigte und während der Unruhen 1988 zu einer prominenten Figur wurde. Sofort begannen sie, die Regierung mit der Forderung nach raschen Wahlen unter Druck zu setzen. Durch ständige Demonstrationen und Protestaktionen machten sie ihre Entschlossenheit deutlich, das Regime der FLN durch einen islamistischen Gottesstaat zu ersetzen. Tatsächlich gewann die Heilsfront bei den Kommunal- und Regionalwahlen am 12. Mai 1990 54% der Stimmen und kontrollierte von da an die überwiegende Mehrheit der Rathäuser und Provinzversammlungen in Algerien. Sofort machten sie sich an die «Islamisierung» des öffentlichen Lebens, indem sie Frauen zwangen, Kopftücher zu tragen, Alkoholläden, Videotheken und sonstige Stätten des Lasters schlossen und eine striktere Geschlechtertrennung an öffentlichen Orten durchsetzten.

Zunächst ließ die Regierung die Islamisten gewähren, auch wenn ihr die öffentliche Ordnung seit Sommer 1990 zu entgleiten drohte. Zu einem wichtigen Streitpunkt wurde die Haltung Algeriens zur amerikanischen Intervention in Kuwait. Die Regierung rief zuerst den Irak zum Rückzug aus Kuwait auf, lehnte aber auch die Stationierung von amerikanischen Truppen in Saudi-Arabien ab. Die FIS hatte sich dieser Haltung anfangs angeschlossen, begann unter dem Druck der zunehmend antiamerikanischen Stimmung in der Bevölkerung jedoch, für den Irak zu demonstrieren und heftig gegen die Linie des algerischen Staates zu protestieren.[95] Die ständigen Konflikte zwischen dem Staat und der Heilsfront eskalierten allerdings erst Ende Mai 1991, nachdem Anfang April ein neues Wahlgesetz verabschiedet worden war, das die Erfolgschancen der Heilsfront bei den geplanten Parlamentswahlen massiv beeinträchtigte. Madani rief einen Generalstreik aus und die Heilsfront organisierte Demonstrationen, die rasch eskalierten und in größere bewaffnete Zusammenstöße zu münden drohten. Jetzt reagierte die algerische Armeeführung, verhängte den Belagerungszustand, ließ die Demonstrationen auflösen und Madani und Belhaj verhaften. Ab Juli 1991 gingen bereits die ersten Militanten, darunter ehemalige Anhänger Mustafa Bouyalis und die ersten zurückkehrenden Afghanistanveteranen, in den Untergrund. Am 29. November überfiel eine Gruppe von rund 60 Kämpfern einen Militärposten in Guemmar nahe der Wüstenstadt El Oued im Südosten Algeriens und tötete drei Soldaten. Der Überfall von Guemmar gilt gemeinhin als der Beginn des bewaffneten Kampfes.

Obwohl die Armeeführung darauf hingewirkt hatte, dass die ursprünglich für Sommer geplanten Wahlen auf den Dezember verschoben wurden, erlaubte sie der Heilsfront, sich an ihnen zu beteiligen. Diese entschied den ersten Wahlgang am 26. Dezember für sich, so dass für den zweiten Wahlgang am 16. Januar 1992 mit einer überwältigenden Mehrheit der Islamisten zu rechnen war. Deshalb setzte die Armeeführung die zweite Runde der Wahlen aus, annullierte den ersten Wahlgang und zwang den Präsidenten Bendjedid zurückzutreten. Im März 1992 wurde die Heilsfront per Gerichtsbeschluss aufgelöst, viele ihrer Funktionäre wurden inhaftiert. Zunächst übernahm die Armeeführung selbst die Regierungsgeschäfte, die von einem neu eingerichteten «Hohen Staatsrat» (Haut Comité d'État) geleitet wurden, und wurde schnell mit einem islamistischen Aufstand konfrontiert, der das Land in einen langjährigen Bürgerkrieg zog. Innerhalb der islamistischen Bewegung setzten sich nun diejenigen Kräfte durch, die nie an den Marsch durch die Institutionen geglaubt hatten. Sie dominierten den Kampf der «Islamischen Rettungsarmee» (*al-Jaish al-Islami li-l-Inqadh*/Armée Islamique du Salut/AIS), der «Bewaffneten Islamischen Gruppe» (GIA)[96] und schließlich der «Salafistischen Gruppe für Predigt und Kampf» (*al-Jama'a as-Salafiya li-d-Da'wa wa-l-Qital*/Groupe Salafiste pour la Prédication et le Combat/GSPC). Im Gegensatz zu den Auseinandersetzungen in Ägypten, deren Opferzahl sich zwischen 1992 und 1997 um die 1000 Menschen bewegte, handelte es sich in Algerien um einen Bürgerkrieg, der zuverlässigen Schätzungen zufolge mehr als 100 000 Menschenleben forderte, mehrheitlich Zivilisten.[97]

Die Heilsfront und die «Islamische Rettungsarmee» (AIS)

Parallel zur Aussetzung des zweiten Wahlgangs und zum Verbot und zur Auflösung der Heilsfront ließ die algerische Armee Tausende Mitglieder der Organisation verhaften und in Lagern im Süden des Landes internieren. Die FIS reagierte nicht eindeutig auf die Kampfansage des Regimes, so dass die Initiative nun an die militanten Elemente innerhalb des islamistischen Spektrums überging. Diese hatten sich bisher nicht gegen die Führung der FIS durchsetzen können, erhielten nun aber großen Zulauf von jungen Leuten. So verlor die Organisation die Kontrolle über den Aufstand, dessen Teilnehmer sich in den folgenden Jahren immer mehr radikalisierten. Sie versuchte mehrfach, die algerische Regierung zu überzeugen, das Verbot der Heilsfront aufzuheben, und machte das Angebot, hierfür auf ein Ende der Gewalt hinzuwirken. Algier aber ging darauf nicht ein.

Zunächst bildete sich eine Vielzahl militanter Gruppierungen, die das sehr heterogene Zielspektrum der militanten Islamisten in Algerien widerspiegelten. Zwei davon heute weitgehend vergessene, waren die «Bewaffnete Islamische Bewegung» (Mouvement Islamique Armé/MIA) Abdelkader Cheboutis ('Abdalqadir Shibuti), die aus ehemaligen Angehörigen der Gruppe Mustafa Bouyalis bestand und sich nach dem Tod Cheboutis 1993 auflöste, und die «Bewegung für einen islamischen Staat» (Mouvement pour un État Islamique/MEI), die von Said Mekhloufi (Sa'id Makhlufi) angeführt wurde. Beide wollten einen islamischen Staat errichten.[98] Diejenigen Teile der FIS, die sich noch in Freiheit befanden, versuchten die verschiedenen Gruppen zu vereinen, doch gelang es der Heilsfront lediglich, eine Teilgruppierung unter ihrer Kontrolle zu behalten, die «Islamische Rettungsarmee» (AIS), die viele Anhänger der aufgelösten Bewaffneten Islamischen Bewegung (MIA) aufnahm. Ihre Gründung wurde im Juli 1994 verkündet, wobei eng mit der FIS verbundene Gruppierungen schon seit 1992 am bewaffneten Kampf teilgenommen hatten. Ziel war nun – parallel zur Mäßigung der Führung der Heilsfront –, den Staat durch den bewaffneten Kampf zum Dialog, zur Wiederzulassung der FIS und zur Islamisierung von Politik und Gesellschaft zu bewegen. Die Rettungsarmee stellte sich selbst als den bewaffneten Flügel der FIS dar und anerkannte die Position der inhaftierten Führung der Heilsfront. Sie operierte zunächst in fast allen Landesteilen und der Hauptstadt selbst, wobei sie ihre Angriffe auf Militär und Sicherheitskräfte und die Infrastruktur des Landes konzentrierte. Im Gegensatz zur GIA (und später zur GSPC) lehnte sie eine politische Lösung nicht prinzipiell ab und zeigte sich, je militanter sich konkurrierende Gruppierungen gebärdeten, immer kompromissbereiter. Parallel zur Führung der FIS wandte sie sich 1997 vom bewaffneten Kampf ab und verkündete im Oktober desselben Jahres einen einseitigen Waffenstillstand: Die algerische Regierung reagierte nach dem Amtsantritt des neuen Präsidenten Abdelaziz Bouteflika, indem sie im Juli 1999 ein Amnestiegesetz verabschiedete, das im Januar 2000 noch einmal ausgeweitet wurde. Die AIS akzeptierte das Angebot und löste sich noch im selben Monat auf. Die Abkehr von der Gewalt machte den Weg frei für die Freilassung Madanis und Belhajs im Jahr 2003. Die militante Szene wurde allerdings seit Mitte der 1990er Jahre schon von anderen, weitaus radikaleren Gruppierungen dominiert, die sich in einer Spirale von Gewalt und staatlicher Gegengewalt radikalisierten. Diese lehnten das Amnestieangebot wie auch jede politische Lösung ab.

Die Bewaffnete Islamische Gruppe (GIA) und die Entgrenzung der Gewalt

Die GIA wurde 1992 durch die Vereinigung mehrerer kleinerer Organisationen gegründet und plante – unter der Führung schnell aufeinander folgender Emire, die meist nach einigen Monaten entweder verhaftet oder getötet wurden – die Errichtung eines islamischen Staates und eine vollständige Islamisierung der Gesellschaft. Im Frühjahr 1993 intensivierte sie ihre Auseinandersetzungen mit den Sicherheitskräften, in denen sich die GIA schnell als wichtigste Gruppierung des Aufstandes durchsetzte. Zumindest Teile der Bewegung, die stark von den zahlreichen Afghanistanveteranen in ihren Reihen geprägt wurde, hielten die gesamte algerische Gesellschaft für ungläubig. Sie verwandte einen Großteil ihrer Ressourcen darauf, die Bewohner ihrer Operationsgebiete in den unzugänglichen Bergregionen im Westen, Süden und Osten von Algier zu einem «islamkonformen» Verhalten zu zwingen, bei Zuwiderhandlung drohte der Tod. Über Jahre hinweg mündete diese Vorgehensweise in eine Terrorstrategie, die an Gewalttätigkeit bisher nicht übertroffen wurde. Vor dem 11. September 2001 und den Gewaltexzessen Abu Mus'ab az-Zarqawis im Irak seit 2003 galt die GIA deshalb lange Zeit als die brutalste militante Gruppierung überhaupt.

Die GIA lehnte die Vorgehensweise der Heilsfront, die eine islamische Republik durch Wahlen hatte errichten wollen, prinzipiell ab. Das einzige legitime Mittel zu diesem Zweck war für sie der gewaltsame Kampf, den sie einen «heiligen Krieg» (*jihad*) nannte und der erst mit der Niederlage des algerischen Staates enden konnte. Grundsätzlich konkurrierten innerhalb der GIA zwei Flügel miteinander: Einer war der Ansicht, dass nur die Staatsführung ungläubig sei und deswegen bekämpft werden müsse. Der zweite vertrat die Auffassung, die gesamte Gesellschaft sei ungläubig und deshalb sei jeder, der sich der GIA nicht anschließe, ein Apostat, der getötet werden dürfe. Dieser Interpretationsunterschied ähnelte dem zwischen Shukri Mustafas «Gemeinschaft der Muslime» einerseits und dem *Jihad* und der *Jama'a al-Islamiya* andererseits in Ägypten. In Algerien hingegen erwiesen sich die *takfiris* als wesentlich stärker und auch brutaler als in Ägypten, wo die «Gemeinschaft der Muslime» sich aus der Gesellschaft zurückgezogen und Gewalt fast ausschließlich gegen abtrünnige Mitglieder der eigenen Gruppe angewandt hatte. Mustafa hatte Gewalt gegen die ägyptische Gesellschaft abgelehnt, da er seine Anhänger möglichst vollkommen isolieren wollte. Viele von ihnen hielten deshalb auch die Entführung und Ermordung des Religionsministers Muhammad adh-Dhahabi für nicht mit Shukri Mustafas Lehre vereinbar.[99] Dieser doch sehr deutliche Unterschied zwischen den ägyptischen *takfiris* der 1970er und der GIA der 1990er Jahre geht wahrscheinlich auf den hohen Anteil von Afghanistanveteranen in der GIA zurück, die den Trend zur Brutalisierung des Kampfes maßgeblich beeinflussten. Ihre Führungsfigur war al-Qari Sa'id, angeblich ein enger Vertrauter Aiman az-Zawahiris aus Peschawar, der sich nach seiner Rückkehr aus Pakistan lokalen Militanten angeschlossen hatte.[100]

Unter Führung ihres dritten Emirs Abdelhaq Layada ('Abdalhaqq La'yayida, verhaftet Mai 1993) hatte sich die GIA schnell als die wichtigste militante Gruppierung in Algerien etabliert. Im Laufe des Jahres 1994 schlossen sich ihr Teile der Bewaffneten Islamischen Bewegung (MIA), Mekhloufi und seine Bewegung für einen Islamischen Staat (MEI) und auch zur Heilsfront gehörende militante Gruppen an.[101] Nach dem Tod Sharif Qusmis, des vierten Emirs, im September 1994 versuchte der gemäßigte Flügel die Führung der Organisation zu übernehmen, scheiterte aber, so dass mit Jamal Zitouni (Zaituni, geb. 1967) ein *takfiri* zum Emir wurde. 1995 folgte unter seinem Kommando eine groß angelegte Säuberungsaktion, der die meisten gemäßigteren Persönlichkeiten der Gruppe zum Opfer fielen. Auch wenn die *takfiris* bereits seit Entstehung der Organisation ihre Vorgehensweise geprägt hatten, setzten sie sich unter der Führung Zitounis, der bereitwillig *fatwas* verkündete, in denen er Rivalen für ungläubig erklärte, endgültig durch. Konsequenterweise häuften sich nun auch die Zusammenstöße mit der AIS, wobei diese meist unterlegen war und viele ihrer Operationsgebiete der GIA überlassen musste. Zitouni reagierte mit der Eskalation auf deutliche Anzeichen von Kriegsmüdigkeit bei der algerischen Bevölkerung, die den Militanten immer ablehnender gegenüberstand. Er war vor allem verstimmt darüber, dass es nicht gelungen war, die Präsidentschaftswahlen vom November 1995 nachhaltig zu behindern. Nun argumentierte er offen, dass die Algerier sich vom Islam abgewandt hätten und – als Apostaten – getötet werden dürften.[102]

Seit Zitouni zum Emir der Gruppe ernannt worden war, hatten sich auch die inneren Spannungen verschärft. Einige lokale Unterführer weigerten sich, seinen Kurs mitzutragen, und verbreiteten die These, dieser sei das Ergebnis einer systematischen Manipulation der GIA durch algerische Sicherheitskräfte. In den nächsten Jahren schlossen sich viele Kritiker Zitounis und seines Nachfolgers Zouabri (Zawabiri) dieser Auffassung an, die heute die offizielle Version der GSPC geworden ist. Auch ehemalige Angehörige der algerischen Sicherheitskräfte haben dies mittlerweile in mehreren Büchern bestätigt.[103] In vielen ähnlichen Konflikten weltweit ist zu beobachten, dass die staatlicherseits mit der «Terrorismusbekämpfung» beauftragten Spezialtruppen und Paramilitärs ebenso zügellos Gewalt anwenden wie die von ihnen gejagten substaatlichen Akteure. Häufig fallen ihren Aktionen mindestens ebenso viele Zivilisten wie denen der Aufständischen zum Opfer, weil sie jene verdächtigen, mit den Rebellen zu kooperieren. Auch in Algerien waren die Sicherheitskräfte für viele Gewalttaten gegen die Zivilbevölkerung der Hauptoperationsgebiete der AIS und der GIA im Zentrum des Landes und der Mitija-Ebene verantwortlich. Bei den

Säuberungen innerhalb der GIA und der anschließenden Eskalation der Gewalt scheint es sich dennoch eher um einen vielen totalitären Organisationen inhärenten Automatismus gehandelt zu haben. Dass Zitouni im Juli 1996 von Angehörigen einer rivalisierenden Faktion der GIA umgebracht wurde, war in einer solchen Situation nicht ungewöhnlich.

Seit 1995 bereits hatte die GIA ihre Gewalt immer mehr gegen die Bewohner ihrer Hauptoperationsgebiete gerichtet. Unter Zitounis Nachfolger Antar Zouabri (1970–2002) erreichten die Übergriffe gegen Zivilisten ihren Höhepunkt. Sie setzten Ende 1996 in der Gegend von Medea ein. Von Juli bis September 1997 und Dezember 1997 bis Januar 1998 folgten weitere Massaker, die Hunderte Opfer forderten, darunter Frauen, Kinder und alte Menschen. Viele wurden enthauptet, mit Äxten, Macheten und Messern getötet, andere lebendig verbrannt. Auch Bombenanschläge gegen Zivilisten in den Bevölkerungszentren gehörten zum Repertoire der GIA. Infolge dieser Ereignisse verloren die militanten Islamisten jegliche Unterstützung in der algerischen Bevölkerung, so dass die Regierung aus dem Konflikt im Jahr 1997 siegreich hervorging. Dies war allerdings noch nicht das Ende der islamistischen Militanz. Einzelne Teilgruppen innerhalb der GIA spalteten sich ab und bildeten neue Organisationen. Eine war die der «Wächter des Salafistischen Aufrufs zum Glauben» (*Humat ad-Da'wa as-Salafiya*), die bis heute im algerischen Nordwesten operiert. Die erfolgreichste wurde jedoch die «Salafistische Gruppe für Predigt und Kampf» (GSPC) Hassan Hattabs, eines ehemaligen GIA-Kommandeurs in der Gegend von Boumerdès östlich von Algier. Sie setzte den bewaffneten Kampf in den folgenden Jahren fort.

Internationalisierung des Kampfes

Die GIA hatte bereits im September 1993 den Kampf internationalisiert, indem sie zwei Franzosen entführen ließ und anschließend ermordete. Wie schon die FLN 1956 kalkulierte die Organisation mit der öffentlichen Wirkung der Anschläge auf Franzosen. Tatsächlich wurde die GIA schlagartig zur bekanntesten militanten Gruppe in Algerien. In den folgenden Monaten setzte sie die Kampagne gegen Franzosen fort und rief alle Ausländer auf, das Land zu verlassen.[104] Die Gewalt gegen Ausländer fand ihren Höhepunkt mit der Entführung von sieben französischen Mönchen aus ihrem Kloster in der Region Medea im März 1996. Die GIA forderte die Freilassung von inhaftierten Mitgliedern ihrer Gruppe in Frankreich und tötete die Mönche, nachdem Paris sich geweigert hatte, mit ihr zu verhandeln.

Über den kommunikativen Aspekt hinaus, den die Anschläge auf Ausländer hatten, richteten sie sich direkt gegen die ehemalige Kolonialmacht, die sich nach dem Staatsstreich der Armee vom Januar 1992 auf deren Seite gestellt hatte und das Regime in Algier auch in der Folge als dessen wichtigster Verbündeter unterstützte. Paris teilte die Sorge der Armeeführung und der Regierung in Algier, die Islamisten könnten nach dem Wahlsieg die Macht vollkommen an sich reißen und einen islamischen Staat errichten. Indem die GIA zunächst Franzosen in Algerien tötete und anschließend auch in Frankreich aktiv wurde, versuchte sie Paris zu zwingen, die Unterstützung des algerischen Regimes aufzugeben. Am Weihnachtstag 1994 entführte ein vierköpfiges Kommando der GIA ein Flugzeug der Air France in Algier. Es wird vermutet, dass die Täter die Maschine in den Eiffelturm steuern oder sie über Paris zur Explosion bringen wollten. Es gelang jedoch, sie nach Marseille umzuleiten, wo französische Spezialkräfte die meisten Geiseln befreiten. Alle Entführer und drei Geiseln starben.[105]

Im Jahr 1995 weitete die GIA den bewaffneten Kampf auf Frankreich selbst aus. Sie verfügte hier über eine breite Unterstützerszene unter algerischen Migranten, die zu einem wichtigen Faktor im transnationalen Terrorismus wurden. Der aufsehenerregendste Anschlag in einer Serie von sechs fand im Juli 1995 statt, als eine Bombe in einer Pariser Vorortbahn im Bahnhof St. Michel detonierte und acht Fahrgäste tötete. Im Dezember 1996 folgte eine weitere Explosion, ebenfalls in einer U-Bahn, der vier Personen zum Opfer fielen. Da die GIA damals bereits in rivalisierende Gruppen zerfiel, waren die Anschläge nur noch wenig zielführend. Für Frankreich allerdings zeigte sich, dass die Bindungen zwischen Algerien und seiner ehemaligen Kolonialmacht immer noch so eng waren, dass jede Entwicklung in Algerien auch Folgen in Frankreich haben musste. Anstatt aber, wie von der GIA erhofft, die Unterstützung für Algier einzustellen, zerschlugen französische Sicherheitskräfte weite Teile des GIA-Netzwerks in Frankreich.

Die GIA war damals bereits eng an transnationale Netzwerke angebunden, von denen sie logistische und ideologische Unterstützung erhielt. So halfen ihr in Europa lebende Islamisten mit Finanzhilfen und Waffenlieferungen. Mindestens ebenso wichtig war aber die Wochenzeitung *al-Ansar* (Die Helfer), die seit Juli 1993 in London publiziert wurde und als Sprachrohr der GIA galt. Sie wurde von Abu Qutada al-Filastini und Abu Mus'ab as-Suri herausgegeben, die auch als Verbindungsmänner der GIA zu den transnationalen Gruppen fungierten.[106] Von London aus übernahmen sie die Öffentlichkeitsarbeit der Organisation, indem sie ihre Kommuniqués herausgaben, die jeweiligen neuen Emire vorstellten und selbst ideologische Traktate verfassten. Damit glichen sie eine der wichtigsten Schwächen der algerischen Gruppen aus: das fast vollständige Fehlen religiös gebildeter Vordenker.

Abu Qutada und Abu Mus'ab reagierten zunehmend irritiert auf die Politik Zitounis. Es gelang diesem nicht, seine Säuberungsaktionen – denen einige angesehene Führungspersönlichkeiten zum Opfer gefallen waren – hinreichend zu rechtfertigen, und auch die zunehmend radikalere Ausrichtung der GIA stieß auf Ablehnung. Die Londoner Ideologen befürchteten, der Ansehensverlust der GIA könne auch ihre Position beeinträchtigen und stellten Ende Mai 1996 die Publikation von *al-Ansar* ein. Im Juni entzogen sie Zitouni öffentlich die Unterstützung, indem sie behaupteten, der engere Führungskreis der GIA sei von Kollaborateuren und Spionen unterwandert.[107] Seine Ideologie des *takfir* unterschied sich zu deutlich von der der transnationalen Gruppen, das heißt vor allem Zawahiris *Jihad* und der *al-Qa'ida* Bin Ladens, mit denen Abu Qutada und Abu Mus'ab in enger Verbindung standen. Ihnen ging es um den Kampf gegen Regierungen, nicht um den gegen Gesellschaften. Nach dem Tode Zitounis gelang es seinem Nachfolger Zouabri nicht mehr, die GIA zu reorganisieren. Er setzte die Säuberungen innerhalb der Organisation fort und verspielte durch die Massaker der Jahre 1997 und 1998 jegliche Unterstützung, die die GIA im In- und Ausland genossen hatte. Seit Ende der 1990er Jahre spielte sie keine Rolle mehr.

Die Salafistische Gruppe für Predigt und Kampf (GSPC)

Hassan Hattab gründete im Mai 1998 die «Salafistische Gruppe für Predigt und Kampf» (GSPC), die bis heute die wichtigste militante Organisation in Algerien geblieben ist, weil Hunderte von Angehörigen der GIA ihm folgten. Hattab verurteilte die «Massaker an unschuldigen Zivilisten» und sagte zu, dass sie sich unter seiner Führung nicht wiederholen würden. Oft wird geschrieben, Usama Bin Laden oder *al-Qa'ida* hätten Hattab ermutigt, sich von der GIA abzuspalten oder zumindest einen neuen Namen zu wählen, um so zu verdeutlichen, dass er mit der GIA gebrochen habe. Einige algerische Autoren behaupten sogar, die GSPC sei auf Anweisung von *al-Qa'ida* gegründet worden.[108] Es ist jedoch unwahrscheinlich, dass *al-Qa'ida* damals so direkten Einfluss auf die interne Dynamik der militanten Szene in Algerien hatte. Wahrscheinlich ist eher, dass die Abwendung der Londoner Ideologen Abu Qutada und Abu Mus'ab as-Suri zu einer Schwächung der GIA führte, die Hattab unabhängig von auswärtigen Akteuren nutzte, um seine eigene Organisation zu gründen. Indem sie sich von der Ideologie der GIA lossagte, befand sich die GSPC auch wieder auf einer ideologischen Wellenlänge mit dem *Jihad* und *al-Qa'ida*. Dass die Londoner Ideologen konsequenterweise die GSPC unterstützten, steigerte die Attraktivität der neuen Organisation. Es gelang ihr in den folgenden Jahren sehr schnell, das gesamte Logistik- und Unterstützernetzwerk der GIA in Europa zu übernehmen, was den Aufstieg der Gruppierung besser erklärt als Hinweise auf die Rolle Bin Ladens.

Die GSPC konzentrierte sich weiterhin auf den Kampf gegen die algerische Regierung und zeigte keinerlei Interesse am transnationalen *jihad*. Sie griff dabei – auch um ihren Bruch mit der GIA deutlich zu machen – zunächst ausschließlich Sicherheitskräfte und staatliche Einrichtungen an. Auch wenn ihr im Verlauf der letzten Jahre immer wieder Zivilisten zum Opfer fielen, konnte sie doch glaubwürdig vermitteln, dass sie Gewalt als Mittel zu einem genau begrenzten Zweck einsetzte. So gelang es ihr, unter den algerischen Militanten in Europa Unterstützung zu gewinnen, wenngleich sie in der algerischen Bevölkerung kaum mehr Rückhalt hat. Die Zahl ihrer Kämpfer wurde für 1998 mit mehreren Hundert geschätzt, wobei sie zwischenzeitlich auf bis zu 2000 anwuchs, seit 2004 aber nur noch zwischen 350 bis höchstens 1000 liegen soll.[109] Ihr Hauptoperationsgebiet lag im Osten und Südosten der Hauptstadt, wobei sie auch im Süden und in einigen anderen Landesteilen vertreten ist. Sichtbarster Ausdruck ihrer Kontakte zur *al-Qa'ida* waren enge Verbindungen zu einem Jemeniten namens 'Imad 'Ulwan (Abu Muhammad al-Yamani), der als Emissär der *al-Qa'ida* an die GSPC und für den Sahararaum galt. Er wurde im September 2002 in Südostalgerien getötet.[110] In diesem Gebiet operierte damals der GSPC-Emir Mukhtar Belmukhtar, dem – auch aufgrund des Kontaktes zu 'Ulwan – *al-Qa'ida*-Beziehungen nachgesagt wurden. Es gab jedoch keine weiter gehenden Hinweise, die für eine engere Verbindung zwischen den Organisationen sprachen.

Nach dem 11. September 2001 nutzte die algerische Regierung jede Gelegenheit, Kontakte zwischen der GSPC und *al-Qa'ida* zu betonen, um auf diese Weise internationale Unterstützung für ihre Politik zu gewinnen. Eine Entführung von 32 europäischen Touristen, mehrheitlich Deutschen und Österreichern, im Frühjahr 2003 schien diese These ebenfalls zu stützen und wies auf die Präsenz der GSPC im Sahara-Raum hin. Eine erste Gruppe der Geiseln wurde im Mai 2003 durch die algerische Armee befreit, die zweite wurde im August 2003 freigelassen, nachdem die Deutsche Michaela Spitze an einem Hitzschlag gestorben war. Für die Entführung verantwortlich war ein anderer regionaler Emir der GSPC, 'Amari Saifi, weithin bekannt als «'Abdarrazzaq al-Para». Dieser stellte jedoch keine politischen Forderungen, wie dies zu erwarten gewesen wäre, wenn *al-Qa'ida* eine Rolle gespielt hätte, sondern entführte die Geiseln, um anschließend Lösegeld zu fordern. Hier deutet sich an, dass auch die GSPC (oder zumindest ihre südalgerischen Angehörigen) sich von einer militanten zu einer kriminellen Organisation entwikkeln könnte, für die nicht mehr politische Ziele, sondern Profitstreben im Vordergrund steht. Eine ähnliche Entwicklung wurde beispielsweise für die kolumbianische FARC, den peruanischen Leuchtenden Pfad und mittlerweile auch für Teile der IRA festgestellt, so dass die GSPC möglicherweise einer allgemeinen Entwicklungstendenz (erfolgloser) militanter Gruppierungen folgt.

Der Entführungsfall zeigte auch, dass die GSPC keine geschlossene Organisation ist, sondern Einzelgruppen in verschiedenen Gebieten weitgehend autonom agieren. Dies gilt vor allem für Mukhtar Belmukhtar und seine Einheiten im Süden des Landes, die häufig auf die Nachbarländer ausweichen. Darüber hinaus setzten im Norden Flügelkämpfe ein. Im September 2003 verbreitete sich die Meldung, dass Hassan Hattab abgesetzt und durch einen neuen nationalen Emir namens Nabil Sahraoui (Sahraui, alias Abu Ibrahim Mustafa, 1966–2004), einen ehemaligen GIA-Kommandeur, ersetzt worden war. Es kursierten Gerüchte, dass Hattab sich entschlossen hatte, in Verhandlungen mit der Regierung einzutreten und Sahraoui deshalb revoltiert hatte.[111] Obwohl auch Sahraoui sich auf den Kampf gegen den «nahen Feind» in Algerien konzentrierte, zeigte er ein deutlich größeres Interesse an engen Kontakten zu transnationalen Gruppierungen. Im Oktober 2003 veröffentlichte er deshalb eine Erklärung, in der er versicherte, dass die GSPC sich der *al-Qa'ida* Usama Bin Ladens und Mulla 'Umar unterstellt habe und ihren Kampf gegen die USA unterstütze.[112] Anfang Juni 2004 bekräftigte er seine neue Ausrichtung in einer Kriegserklärung an alle Ausländer und ausländischen Einrichtungen in Algerien:

«Die GSPC beschließt unter diesen schwierigen Umständen, die die muslimische Gemeinschaft (*umma*) im Allgemeinen und die *Mujahidin* im Besonderen durchleben, diese Kriegserklärung gegen alle ungläubigen Ausländer – innerhalb der algerischen Grenzen – seien es Einzelpersonen, öffentliche Einrichtungen oder Privatunternehmen und ihre Anlagen …»[113]

Als sie diese Erklärung veröffentlichte, hatte die Organisation bereits zahlreiche Rückschläge hinnehmen müssen und war gerade noch in der Lage, sich in ihrem angestammten Operationsgebiet östlich und südöstlich von Algier zu halten. Die internen Flügelkämpfe trugen ebenso zur Schwächung bei wie der Verlust von Führungspersönlichkeiten und das zunehmend professionelle Vorgehen der algerischen Sicherheitskräfte. Es kursierten zudem Gerüchte, dass die Organisation sich in zwei Flügel aufgespalten habe. In dem Maße, wie die GSPC geschwächt wurde, schien sie zu versuchen, sich verstärkt an transnationale Netzwerke anzuschließen. Zunächst riss die Serie der Rückschläge dennoch nicht ab. Sahraoui wurde im Juni 2004 zusammen mit vier weiteren GSPC-Anführern in einer Bergregion östlich von Algier getötet. Sein Nachfolger, Abu Mus'ab 'Abdalwudud ('Abdalmalik Drukdal), bestätigte den Kurs Sahraouis, indem er zu Angriffen auf französische Ziele aufrief. Im Oktober 2004 soll er den Jordanier Abu Mus'ab az-Zarqawi, der sich zu dieser Zeit im Irak aufhielt, um Hilfe im Kampf gegen Frankreich gebeten haben.[114] Die Organisation erläuterte in den folgenden Monaten ihre Haltung mehrmals und machte dabei deutlich, dass die Hinwendung zur *al-Qa'ida* und zu Zarqawi keine Änderung ihrer Strategie bedeutete. Das algerische Regime sei ein ähnlich wichtiger Akteur im Kampf zwischen dem Westen und dem Islam wie die Regierungen in Pakistan, Saudi-Arabien und Ägypten. Bouteflika sei ebenso wie der afghanische Präsident Karzai und der irakische Ministerpräsident Allawi ein Agent des Westens und deshalb stelle der Kampf gegen die algerische Regierung eine wichtige Aufgabe für den transnationalen *jihad* dar.[115] Ganz offensichtlich ging es der GSPC darum, Unterstützung der *al-Qa'ida* für ihren Kampf gegen den «nahen Feind» zu gewinnen, und nicht um einen generellen Strategiewechsel. Bisher konzentrieren sich die algerischen Militanten weiterhin auf den Kampf gegen den «nahen Feind» im eigenen Land.

4. Islamistische Terroristen im Irak

Der Irak-Krieg von 2003 revolutionierte die terroristische Landkarte der arabischen Welt. Die meisten Araber, die sich *al-Qa'ida* in Afghanistan angeschlossen hatten, suchten nach dem Verlust der Basis im Land der Taliban nach neuen Handlungsmöglichkeiten. Viele von ihnen kehrten in ihre Heimatländer zurück und setzten ihren Kampf dort fort. Infolge des Irak-Krieges bot sich ihnen nun die Gelegenheit, den *jihad* gegen «Ungläubige» in einem Kernland der arabischen Welt fortzusetzen. Usama Bin Laden selbst sprach in einem Audioband vom Dezember 2004 von einer «seltenen und kostbaren Gelegenheit», den Kampf gegen die USA im Irak fortzuführen.

Im Unterschied zu Kampagnen gegen den «nahen Feind» wie in Saudi-Arabien war es weitaus leichter, für einen *jihad* gegen die USA im Irak Rekruten zu mobilisieren, weil es zumindest unter Islamisten weit verbreitete Meinung ist, dass der bewaffnete Kampf gegen Ungläubige, die muslimisches Land angreifen, verpflichtend ist. Ganz im Sinne des defensiven *jihad* 'Abdallah 'Azzams fanden sich nun Militante im Irak ein, um dort die Besatzungsmächte und ihre einheimischen Verbündeten zu bekämpfen. Junge Islamisten, die in ihren Heimatländern – in den meisten Fällen Syrien, Saudi-Arabien, Kuwait und Jordanien – keine Chance gesehen hatten, gegen Israel (oder den Westen) zu kämpfen, weil die Grenzen zwischen dem jüdischen Staat und seinen Nachbarn weitgehend abgeriegelt waren, konnten nun ohne größere Probleme in den Irak reisen.[1] Bei diesen jungen Männern handelte es sich meist nicht um erfahrene Terroristen, die in Afghanistan ausgebildet worden waren, sondern um neu rekrutierte Freiwillige, die häufig nur geringe Chancen hatten, den Irak nach der Einreise wieder lebend zu verlassen.

Seine besondere Sprengkraft gewinnt der irakische Widerstand, weil militante Islamisten aus der gesamten Region ein gemeinsames Ziel mit den Aufständischen verfolgen, die sich mehrheitlich aus Angehörigen der ehemaligen Sicherheitskräfte, sonstigen Anhängern des Regimes Saddam Husains und neu hinzugestoßenen Nationalisten zusammensetzen. Viele von ihnen verfügen über die militärische Expertise, die Organisation, Waffen und Finanzen, um einen langfristig angelegten Guerilla-Krieg gegen die amerikanischen Truppen und ihre irakischen Verbündeten zu führen. Die ausländischen Kämpfer zeigen zusätzlich große Opferbereitschaft, so dass sie gemeinsam mit den Irakern eine starke Widerstandsbewegung aufbauten, die die amerikanischen Truppen vor große Probleme stellt. Ihr öffentlich bekanntester Exponent wurde der jordanische Terrorist Abu Mus'ab az-Zarqawi (Ahmad al-Khalaila), der eine terroristische Organisation errichtet hat, die sich anschicken könnte, Bin Ladens *al-Qa'ida* als wichtigste transnationale Gruppierung abzulösen.

Die US-Regierung versuchte in den Monaten vor dem Beginn des Krieges, die Weltöffentlichkeit und mögliche Verbündete davon zu überzeugen, dass der Irak über Massenvernichtungswaffen verfüge und *al-Qa'ida* unterstütze. Nach Ende der Kampfhandlungen wurde jedoch schnell deutlich, dass der Irak keine A-, B- oder C-Waffen mehr besaß und keine Bedrohung seiner Nachbarstaaten darstellte. Der Vorwurf, die *al-Qa'ida* unterstützt zu haben, war ebenso haltlos. Der Irak hatte zwar in der Vergangenheit palästinensischen Gruppierungen wie beispielsweise Mahmud Abbas Palästinensischer Befreiungsfront (PLF) oder der Abu Nidal-Gruppe Hilfe gewährt und beherbergt. Zu *al-Qa'ida* jedoch erwiesen sich die Behauptungen der US-Administration als falsch; sie hatte nicht mit dem Regime Saddam Husains zusammengearbeitet. Vielmehr verschaffte der Irak-Krieg transnationalen Gruppen ein neues Betätigungsfeld und verschärfte die terroristische Bedrohung in der islamischen Welt und Europa. Es waren vor allem die kurdische Organisation *Ansar al-Islam* (oder *Ansar as-Sunna*) und die Zarqawi-Gruppe, die im Kampf gegen die amerikanischen Truppen zu schlagkräftigen Organisationen wurden. Wenn es auch gute Gründe gab, das Regime Saddam Husains zu beseitigen, war der Irak-Krieg für die Bekämpfung des islamistischen Terrorismus ein schwerer Rückschlag.

4.1. Widerstand und Terrorismus

Nach dem Beginn der Kampfhandlungen am 20. März 2003 gelang es den amerikanischen und britischen Truppen innerhalb von knapp drei Wochen, das Regime Saddam Husains zu stürzen und den gesamten Irak einzunehmen: Die irakische Armee hatte sich weitgehend aufgelöst, ohne ernsthaften Widerstand zu leisten, die wichtigsten Funktionsträger des alten Regimes einschließlich Saddam Husains und seiner Söhne Udai und Qusai waren untergetaucht. Bis heute wird debattiert, ob das Baath-Regime geplant hatte, die angreifenden Truppen ins Leere laufen zu lassen, um sie anschließend in einer andauernden Guerilla-Kampagne zu bekämpfen, oder ob der Widerstand sich «von unten» entwickelte, nachdem die Koalitionstruppen das Land besetzt hatten. Dass es führenden Persönlichkeiten über Monate hinweg gelang, sich dem Zugriff der Amerikaner zu entziehen, spricht dafür, dass sie Vorbereitungen getroffen hatten und sich auf besonders loyale Teile des ehemaligen Sicherheitsapparates stützen konnten.

Die Lage verschärfte sich, als der Chef der amerikanischen Zivilverwaltung (Coalition Provisional Authority, CPA), Paul Bremer, im Mai 2003 beschloss, die irakische Armee und alle Sicherheitsdienste aufzulösen und eine radikale «Entbaathifizierung» des Regierungsapparates einzuleiten. Damit drängte die US-Regierung viele Angehörige des alten Regimes, die sich möglicherweise noch nicht zum Widerstand entschlossen hatten, in den Untergrund und zum Kampf gegen die Besatzungsmächte. Bei ihnen handelte es sich insgesamt immerhin um mehrere hunderttausend Personen, wobei sich die demobilisierten Schiiten nicht den Aufständischen anschlossen. Es ist allerdings fraglich, ob die CPA damals eine Alternative hatte. Denn die USA waren, um die Lage im Land stabilisieren zu können, auf die Unterstützung des schiitischen Bevölkerungsteils angewiesen, der am meisten unter der Diktatur gelitten hatte. Es ist höchst unwahrscheinlich, dass die Schiiten eine weit gehende Kontinuität im Sicherheitsapparat und in der Armee akzeptiert hätten. So musste die US-Regierung zwischen zwei Übeln wählen und provozierte einen breit angelegten Aufstand. Die Unzufriedenheit der Bevölkerung wuchs darüber hinaus, weil es den Besatzungstruppen nicht gelang, die öffentliche Sicherheit zu gewährleisten und für eine spürbare Verbesserung der Lebensbedingungen zu sorgen. Da die verlässlichsten Unterstützer des alten Regimes immer Angehörige der sunnitischen (arabischen) Minderheit des Landes gewesen waren, die etwa 15–20% der Bevölkerung stellt, und die Schiiten und Kurden die Besatzung entweder duldeten oder offen unterstützten, bekam der Konflikt schnell einen konfessionellen und ethnischen Charakter. Die arabischen Sunniten stellen im so genannten »sunnitischen Dreieck» im Norden und Westen von Bagdad und in der Hauptstadt selbst die Bevölkerungsmehrheit, so dass der Aufstand hier am intensivsten war.

Bis heute ist die Identität der Aufständischen und die Zusammensetzung der einzelnen Gruppierungen nicht vollständig geklärt. Notwendigerweise grobe, aber seriöse Schätzungen gingen 2004 und 2005 von einer Gesamtzahl von 5000 bis 20 000 aktiven Kämpfern aus. Vermutlich ist die höhere Zahl korrekt.[2] Dabei sollte jedoch berücksichtigt werden, dass von allen Gruppierungen – auch den Islamisten – berichtet wird, sie hätten Kriminelle bezahlt, um einzelne Anschläge auszuführen. Insofern muss von einer hohen Zahl von «Teilzeit»- und «Aushilfskämpfern» ausgegangen werden. Insgesamt kann man drei dominierende Gruppen unterscheiden: erstens die Angehörigen des ehemaligen Sicherheitsapparates und/oder der Baath-Partei, denen sich mittlerweile auch Iraker angeschlossen haben, die aus nationalistischen Motiven handeln und nicht dem alten Regime angehörten, zweitens die einheimischen und drittens die ausländischen Islamisten. Hinzu kommen die schiitischen Islamisten, die jedoch im Zusammenhang mit unserem Thema keine Rolle spielen.

Kurz nach Abschluss der eigentlichen Kampfhandlungen blieben die Anschläge auf die Koalitionstruppen noch sporadisch, so dass lange Zeit fraglich war, ob man es hier mit einer größeren Widerstandsbewegung zu tun habe. Militärische Qualität und Zahl der Angriffe nahmen jedoch im Laufe des Sommers 2003 stetig zu und machten schnell deutlich, dass hier Angehörige des ehemaligen Militärs und der Sicherheitskräfte am Werk waren. Sie führten einen klassischen Guerillakrieg, indem sie mit am Straßenrand versteckten improvisierten Sprengsätzen oder raketengetriebenen Granaten vorbeifahrende Militärkonvois angriffen und sich anschließend zurückzogen. In den Städten attackierten sie unbewegliche Ziele auch häufig mit Mörsern oder verübten herkömmliche Feuerüberfälle. Auch nachdem Saddam Husains Söhne Udai und Qusai im Juli 2003 in Mosul getötet und ihr Vater im Dezember desselben Jahres gefangen genommen wurde, änderte sich nichts an der Vorgehensweise. Deshalb scheint es so, als sei der Widerstand nicht zentral durch die ehemalige Staatsführung koordiniert, sondern als seien die einzelnen Aktionen auf lokaler oder regionaler Ebene organisiert und finanziert worden. Häufig berichteten amerikanische Zeitungen, der ehemalige Vizepräsident und Vertraute Saddam Husains, ʻIzzat Ibrahim ad-Duri, organisiere den Widerstand. Tatsächlich scheint es Duri gelungen zu sein, einige Gruppen um sich zu scharen, ohne jedoch überregional präsent zu sein.[3]

Dennoch spielen prominentere Funktionäre des ehemaligen Regimes eine Rolle bei der Organisation und Finanzierung des Kampfes. Als ein wichtiger Financier wurde mehrmals Muhammad Yunis al-Ahmad, ein ehemaliger hoher Funktionär der Baath-Partei, erwähnt. Er soll ein Unterstützernetzwerk aus Syrien heraus leiten.[4] In den Frühlingsmonaten 2005 wurden zudem mehrere Angehörige der Familie Sabʻawi verhaftet, an erster Stelle Ibrahim Sabʻawi, Saddam Husains Halbbruder, die man verdächtigte, eine führende Position in der Organisation und Finanzierung des Aufstandes einzunehmen.[5] Diese Personen gehörten nicht zum engsten Umkreis von Saddam Husain, sondern eher zur mittleren Führungsebene des alten Regimes. Nachdem sich andeutete, dass die USA die alten Eliten durch einen neuen, wahrscheinlich schiitisch dominierten Staat ersetzen würden, hatten sie nichts mehr zu verlieren. Bis 2005 gelang es diesem Teil des Widerstands nicht, sich überregional zu organisieren. Im Jahr 2003 wurde zwar von einer «Partei der Rückkehr» *(Hizb al-ʻAuda)* berichtet, die die wichtigste Organisation der Regimeloyalisten gewesen sein soll und den Widerstand koordinierte und finanzierte.[6] Seither ist sie jedoch aus den Schlagzeilen verschwunden und scheint vor Ort keine Rolle zu spielen. Die dezentrale Organisation scheint vielmehr die besondere Stärke des irakischen Widerstands zu sein.

Die einheimischen (sunnitischen) militanten Islamisten sind fast ebenso schwer zu fassen wie die Regimeloyalisten und Nationalisten, und es ist häufig kaum möglich, diese Gruppen zu unterscheiden. Es hatte bereits vor 2003 eine starke islamistische Strömung im Irak gegeben, die allerdings im westlichen Ausland weitgehend unbekannt war. Ihre sichtbarste Ausprägung waren kurdische Gruppierungen, aus denen im September 2001 die «Soldaten des Islam» (*Jund al-Islam*) hervorgingen, eine militante Organisation mit Verbindungen zu *al-Qa'ida*. Sie profitierten davon, dass das Kurdengebiet seit 1991 faktisch autonom und damit der Kontrolle des Irak entzogen war. Doch auch unter den sunnitischen Arabern hatten sich in den 1990er Jahren die Anzeichen für die Existenz einer islamistischen Untergrundbewegung vermehrt. Nach dem Ende des Krieges 2003 wurde dann zunehmend deutlich, dass etliche irakische Teilnehmer am Kampf gegen die Besatzungsmächte und die neue Regierung islamistisch motiviert waren. Während viele sich der Nachfolgeorganisation der Soldaten des Islam, die sich zunächst «Helfer des Islam» (*Ansar al-Islam*), anschließend «Helfer der Sunna» (*Ansar as-Sunna*) nannte, oder der Organisation des Jordaniers Zarqawi anschlossen, bildeten sich auch genuin arabisch-irakische Gruppierungen. Die bekannteste wurde die «Islamische Armee im Irak» (*al-Jaish al-Islami fi l-'Iraq*), die sich unter anderem zur Ermordung des italienischen Journalisten Enzo Baldoni im September und zur Entführung der französischen Journalisten Georges Malbrunot und Christian Chesnot im August 2004, die später freigelassen wurden, bekannte. Laut Angaben der entführten Journalisten bestand diese Organisation zumindest teilweise aus ehemaligen Regimeangehörigen.[7] Dies mag zunächst widersprüchlich scheinen, bedenkt man, dass die Islamisten zu den entschiedensten Gegnern der Baath-Partei gehört hatten und zeitweilig brutal unterdrückt wurden. Doch schon in den 1980er Jahren hatte Saddam Husain Teile des pan-arabischen Diskurses der Partei durch stark sunnitisch geprägte panislamische Elemente ersetzt. Dieser Diskurs prägte viele der damals jungen Sunniten in der Armee und den Sicherheitskräften, so dass es vielen von ihnen nach Beginn des Aufstandes nicht als Widerspruch erschien, mit islamistischen Gruppen zu kooperieren oder sich ihnen anzuschließen. Dies machte die Unterscheidung zwischen den Gruppierungen des Widerstands sehr schwierig.

Die dritte Teilgruppe waren die ausländischen Islamisten. Ihr wichtigster Vertreter war Abu Mus'ab az-Zarqawi, wobei die aus dem Ausland anreisenden Freiwilligen sich nicht ausschließlich seiner Organisation, sondern auch den *Ansar al-Islam* und anderen Gruppen anschlossen. Ebenso wenig wie für den Widerstand insgesamt, gibt es keine verlässlichen Zahlen für die einzelnen Teilgruppierungen und auch nicht für die ausländischen Kämpfer. Sie sind aber nur eine kleine Minderheit und ihre Zahl beträgt möglicherweise nicht mehr als 1000.[8] Die meisten von ihnen stammen aus den arabischen Nachbarstaaten, aus Syrien, Saudi-Arabien, Kuwait und Jordanien, und reisen mehrheitlich über Syrien an, selbst wenn sie von der Arabischen Halbinsel kommen.[9]

Bis August 2003 hatte die Zahl der Anschläge auf amerikanische Truppen stetig zugenommen. Seit Sommer 2003 wurden im Irak vermehrt Anschläge von Selbstmordattentätern ausgeführt, deren Urheber sich nicht zu den Aktionen bekannten. Am 7. August sprengte sich ein Attentäter vor der jordanischen Botschaft in Bagdad in die Luft. Am 19. August folgte ein Anschlag auf das Hauptquartier der Vereinten Nationen in Bagdad und am 29. ein Selbstmordattentat auf den schiitischen Spitzenpolitiker Muhammad Baqir al-Hakim in Najaf. Die meisten Kommentatoren hielten es für unwahrscheinlich, dass Regimeloyalisten bereit wären, sich selbst in die Luft zu sprengen, und vermuteten nun, Islamisten seien an den Widerstandsaktivitäten beteiligt.

Ab Sommer 2003 etablierte sich die Stadt Falluja in der Provinz Anbar zum Hort des Widerstands. Die Stadt liegt im sunnitischen Dreieck westlich von Bagdad und gilt seit jeher als sehr konservativ. Amerikanische Soldaten hatten Ende April 2003 eine Demonstration in der Stadt aufgelöst und dabei mehr als ein Dutzend unbewaffnete Zivilisten getötet. Seitdem verschlechterte sich die Stimmung zusehends und die Anzeichen mehrten sich, dass militante Islamisten aus der Stadt heraus operierten. Ende März 2004 wurden vier Angestellte einer amerikanischen Sicherheitsfirma angegriffen, als sie in ihren Fahrzeugen durch die Stadt fuhren. Sie wurden erschossen und anschließend in ihren Autos verbrannt. Mindestens zwei der verkohlten und zerrissenen Leichen wurden anschließend an einer Brücke über dem Euphrat aufgehängt. Bis heute ist unklar, ob es sich hier um eine spontane Aktion oder aber eine gezielte Provokation handelte. Der Ablauf erinnerte jedoch sehr daran, wie im Oktober 1993 ein getöteter amerikanischer Soldat durch die Straßen von Mogadischu in Somalia geschleift worden war, worauf die damalige US-Regierung ihre Truppen abzog. Deshalb ist es durchaus wahrscheinlich, dass islamistische Militante den Mord an den amerikanischen Söldnern gezielt inszenierten, um eine möglichst verheerende Gegenreaktion der US-Truppen zu provozieren.

Im April 2004 eskalierte die Situation, als amerikanische Truppen versuchten, die Stadt wieder unter ihre Kontrolle zu bringen, und die Auslieferung der Schuldigen forderten. Zahlreiche Gefechte in und in der Umgebung der Stadt führten aber nicht zum Erfolg, auch, weil die US-Truppen nicht entschlossen genug gegen die Aufständischen vorgingen. Im Irak selbst und in den Nachbarstaaten herrschte hingegen helle Empörung über den Artilleriebeschuss und die Luftangriffe auf Falluja. Ab Mai mussten die US-Truppen ihre begrenzten Offensivkapazitäten zudem auf die Bekämpfung eines Aufstandes des Schiiten Muqtada as-Sadr verwenden, der in Najaf ausgebrochen war. Nachdem die Kämpfe dort nach kurzer Zeit beendet worden waren und in einen brüchtigen Waffenstillstand mündeten, brachen sie im August 2004 erneut aus, bevor eine Verhandlungslösung gefunden wurde. Da die Amerikaner in der Schiitenregion gebunden waren, wurde Falluja zu einer «islamistisch befreiten Zone», wo ein «Rat der Glaubenskämpfer» eine Stadtregierung führte, die schnell zu einer Schreckensherrschaft nach Art der Taliban wurde. Die Amerikaner hatten zwar eine einheimische Sondereinheit, die «Falluja-Brigade», unter dem Kommando eines ehemaligen Generals der Truppen Saddam Husains mit der Wahrung der Sicherheit in der Stadt beauftragt. Doch ihre Angehörigen kooperierten offen mit den Aufständischen, so dass sie sich schrittweise auflöste. In dieser Zeit machten Mitglieder der Zarqawi-Gruppe mit spektakulären Entführungen auf sich aufmerksam, deren Opfer mehrmals vor laufender Kamera enthauptet wurden. Zumindest einige von ihnen operierten von Falluja aus.

In den auf Mai folgenden Monaten entglitt den US-Truppen auch in weiteren Städten des sunnitischen Dreiecks wie vor allem in Ramadi und Samarra die Kontrolle, an anderen Orten verschlechterte sich die Sicherheitslage massiv. Daraufhin beschloss die US-Regierung, Falluja kurz nach den amerikanischen Präsidentschaftswahlen am 2. November 2004 einzunehmen. Innerhalb von vier Wochen war die Operation abgeschlossen. Da die Lage im schiitischen Südirak ruhig war, konnten sich die amerikanischen Truppen auf die Einnahme Fallujas konzentrieren und profitierten zudem davon, dass die Herrschaft der Islamisten über die Stadt etliche Bewohner abgeschreckt hatte. Viele Aufständische hatten die Stadt jedoch bereits verlassen, als die US-Truppen einrückten. Sie wussten, dass sie einem amerikanischen Angriff kaum etwas entgegenzusetzen hatten und verließen die Stadt nach dem Vorbild einer herkömmlichen Guerilla, die sich dem überlegenen Feind nicht zum Kampf stellt. Hunderte derjenigen, die dennoch den Kampf gegen die amerikanischen Truppen aufnahmen, wurden getötet.

Ab Anfang 2004 stieg die Gefahr eines Bürgerkrieges zwischen Sunniten und Schiiten. Da der Widerstand fast ausschließlich von den sunnitischen Verlierern im Nachkriegsirak geführt wurde und die neue irakische Armee und die Sicherheitskräfte mehrheitlich mit schiitischem Personal ausgestattet waren, nahmen die Aktionen der Aufständischen fast zwangsläufig auch antischiitischen Charakter an. Der Jordanier Zarqawi verkündete ab Januar 2004 zudem eine antischiitische Strategie mit dem Ziel, einen Bürgerkrieg zu provozieren. Auf diese Absichtserklärung folgte eine Reihe antischiitischer Anschläge des Zarqawi-Netzwerkes, die im Sommer allerdings zunächst abzuebben schienen. Im Süden von Bagdad hingegen, im Dreieck zwischen den Städten Mahmudiya, Yusufiya und Iskandariya, verfolgten sunnitische Aufständische, deren Zugehörigkeit zu einzelnen Organisationen nicht gesichert ist, eine ähnliche Strategie, die Züge ethnischer Säuberungen annahm. Es handelt sich hier um eine Grenzregion zwischen dem vorwiegend sunnitischen Zentral- und dem mehrheitlich schiitisch besiedelten Südirak, in der beide Konfessionen vertreten sind. Da auch in Bagdad rund zwei Millionen Schiiten leben, herrscht ein reger Verkehr zwischen dem Süden und der Hauptstadt. Seit Herbst 2004 mehrten sich die Nachrichten über Überfälle der Aufständischen auf Schiiten auf den Durchgangsstraßen südlich von Bagdad, so dass sich die Bezeichnung «Dreieck des Todes» durchsetzte.[10] Schnell verschärften sich auch die Konflikte zwischen hier lebenden Sunniten und Schiiten, so dass sich im Frühjahr 2005 auch Nachrichten über Mordanschläge auf Sunniten dort und in Bagdad häuften. Schiitische Milizen begannen zurückzuschlagen.

Das Bürgerkriegsszenario wurde seit November 2003 immer wahrscheinlicher, weil die US-Zivilverwaltung die Macht schrittweise an Einheimische abgab. Zu diesem Zweck schuf sie am 13. Juli 2003 den provisorischen Regierungsrat (Iraqi Governing Council, IGC), eine regierungsähnliche Institution, deren Präsidentschaft unter neun Vertretern verschiedener Gruppierungen rotierte. Im November desselben Jahres wurde ein Zeitplan für die Übergabe der Macht an eine irakische Regierung und die Auflösung der CPA am 30. Juni 2004 verkündet. Parallel bemühte sich die Besatzungsmacht um einen möglichst schnellen Aufbau der irakischen Sicherheitskräfte und der Armee. Je mehr Kompetenzen allerdings an Iraker abgegeben wurden und je effektiver die einheimischen Sicherheitskräfte vorgingen, desto häufiger wurden sie zum Ziel terroristischer Angriffe. Schon Anfang 2004 überstieg die Zahl der getöteten Iraker die der getöteten Soldaten der Koalition. Fortan führten die Aufständischen einen zweiseitigen Kampf gegen die Besatzungstruppen einerseits und gegen den neu entstehenden Staat andererseits. Besonders effektiv waren die zahlreichen Mordanschläge gegen Vertreter des neuen Staates, von einfachen Polizisten über alle Hierarchiestufen der Behörden bis hin zu Ministern und Abgeordneten.

Am 28. Juni 2004 bereits übergab die CPA die Regierungsverantwortung im Irak an eine Interimsregierung unter der Führung des Ministerpräsidenten Iyad Allawi (geb. 1945). Allawi hatte sich bereits in seiner Jugend der Baath-Partei angeschlossen, aber während seines Studiums in England 1975 von ihr losgesagt und lebte seitdem im britischen Exil. Dort gründete er Ende 1990 die Exilorganisation Iraqi National Accord (INA). Die Aufständischen versuchten mit einer bis dahin präzedenzlosen Anschlagsserie, die Machtübergabe zu verhindern. Nachdem dies nicht gelungen war, wurde Allawi in den folgenden Monaten zum wichtigsten Feindbild der Aufständischen; Zarqawi rief mehrfach dazu auf, ihn zu ermorden, und tatsächlich scheiterten mehrere Attentate auf den neuen Ministerpräsidenten. Die größte Herausforderung für die neue Regierung wurde die Organisation von allgemeinen Wahlen zu einer Nationalversammlung. Trotz der katastrophalen Sicherheitslage gelang es, die Wahlen am 30. Januar 2005 abzuhalten. Es war allerdings lange fraglich, ob dies überhaupt möglich werden würde. Schlussendlich fanden sie nur statt, weil der schiitische Großayatollah 'Ali as-Sistani darauf bestand. Obwohl die meisten sunnitischen Organisationen und Parteien die Wahlen boykottierten, wurden sie zu einem großen Erfolg, da es den Aufständischen nicht gelang, sie zu verhindern oder auch nur nennenswert zu stören. In den Wochen vor dem 30. Januar jedoch hatten sie im Nord- und Zentralirak vermehrt Anschläge verübt und in einer Vielzahl von Verlautbarungen alle Wahlberechtigten vor dem Gang an die Urnen gewarnt. Zarqawi, *Ansar as-Sunna* und die Islamische Armee drohten jedem Wähler mit dem Tod.

Nach der Abstimmung gelang es den Siegern, der schiitischen «Vereinigten Irakischen Allianz», einem losen Bündnis verschiedener Gruppierungen, und den beiden Kurdenparteien erst nach drei Monaten, sich auf eine neue Regierung zu einigen. Am 4. Mai wurde der neue Ministerpräsident Ibrahim al-Jaafari (Ja'fari, geb. 1947), der bis dahin als Vertreter der schiitischen *Da'wa*-Partei einer von zwei Vizepräsidenten gewesen war, vereidigt. Die Aufständischen nutzten das in diesen Monaten entstehende Machtvakuum wiederum für eine bis dahin beispiellose Offensive im Zentral- und Nordirak. Besonders erschreckend war die große Zahl von Autobomben, die von Selbstmordattentätern in ihre Ziele gelenkt wurden, häufig Rekrutierungszentren von Sicherheitskräften und Militär. Auf die Vereidigung Jaafaris reagierten sie, indem sie die Anschlagszahl deutlich erhöhten. Insbesondere die Zahl der Autobombenanschläge stieg im April und Mai 2005 sprunghaft an.[11]

Der regionale Schwerpunkt des Aufstandes verlagerte sich ab Oktober/November 2004, nachdem zahlreiche Aufständische Falluja verlassen hatten. Viele von ihnen zogen in die benachbarten Städte Samarra, Ramadi und in das etwas weiter entfernte Baquba, einige aber auch in den Nordirak. In Samarra rückten amerikanische Truppen erstmals im September ein, mussten die Aktion aber im März 2005 wiederholen, weil die Aufständischen sich wieder in der Stadt etabliert hatten. Ramadi blieb ein ständiger Unruheherd, wo auch Zarqawi mehrfach gesehen worden und sich knapp der Festnahme entzogen haben soll. Bagdad war wie bisher ein Zentrum des Widerstands, jetzt aber geriet zunehmend die nordirakische Stadt Mosul in das Blickfeld der Aufständischen. Mosul ist mit 1,8 Mio. Einwohnern die größte Stadt des Nordirak und die drittgrößte des

Landes. Davon sind nach sehr umstrittenen Schätzungen zwischen 50 und 70% sunnitische Araber und 30–45% Kurden. Da die Kurden mehrheitlich im Ostteil der Stadt wohnen, der vom Westen durch den Tigris getrennt wird, konzentrierten sich die Auseinandersetzungen auf den Westen, wo Aufständische Anfang November Infrastruktureinrichtungen wie die Brücken über den Tigris und den Flughafen, aber auch amerikanische und irakische Sicherheitskräfte und Militär angriffen.[12] Kurden und die in Mosul sehr zahlreichen Christen wurden immer häufiger zu Zielen von Mordanschlägen.

Im Jahr 2005 hatten die Aktivitäten der Aufständischen ihre Schwerpunkte in Bagdad und den umliegenden Provinzen, insbesondere in der westlich der Hauptstadt bis zur syrischen Grenze gelegenen Provinz al-Anbar, sowie in Mosul und dem Gebiet westlich der Stadt Richtung syrische Grenze. Auch in Kirkuk kam es häufiger zu Zwischenfällen, in den Kurdengebieten jedoch blieb es ruhiger als im Zentralirak. Lediglich im schiitischen Süden des Landes war die Situation im Allgemeinen stabil.

4.2. *Ansar al-Islam* und *Ansar as-Sunna*

Im irakischen Kurdistan hatte sich bereits in den 1950er Jahren ein Zweig der Muslimbruderschaft etabliert, ohne jedoch eine nennenswerte Rolle in der Politik der Region zu spielen. Erst in den 1980er Jahren wurde der politische Islam dort eine prägende Kraft lokaler Politik. Die Islamisten vertraten zwar das Fernziel der Gründung eines islamischen Staates in Kurdistan, schlossen sich zunächst jedoch dem bewaffneten Kampf gegen den Irak Saddam Husains an. Dessen Sturz blieb das wichtigste Ziel der kurdischen Islamisten bis 2003 und zu diesem Zweck kooperierten sie zunächst auch mit den säkularen Kurdenparteien.[13] Nach Beginn des irakisch-iranischen Krieges 1980 unterstützte Teheran verschiedene kurdische Gruppierungen in dem Bemühen, sie gegen das Regime Saddam Husain instrumentalisieren zu können. Neben den säkularen kurdischen Parteien KDP und PUK war dies vor allem die 1987 von Mulla

'Uthman b. 'Abdal'aziz in Halabja gegründete «Islamische Bewegung in Kurdistan» (*al-Haraka al-Islamiya fi Kurdistan*). Sie wurde allerdings nicht von Iran kontrolliert, sondern akzeptierte auch Finanzhilfen der saudi-arabischen Regierung, die seit 1979 in der gesamten Region versuchte, den wachsenden Einfluss Teherans einzudämmen. So profitierten Mulla 'Uthman und die kurdischen Islamisten von saudi-arabischer Großzügigkeit einerseits und dem sicheren Rückzugsraum jenseits der iranischen Grenze andererseits, ohne ihre Unabhängigkeit zu verlieren. Ideologisch orientierte sich Mulla 'Uthman allerdings immer an den sunnitischen Islamisten im arabischen Raum. Seine neu gegründete Organisation rief 1987 zum heiligen Krieg gegen Bagdad auf und beteiligte sich 1988 an militärischen Offensiven des Iran gemeinsam mit den beiden Kurdenparteien. Bagdad reagierte darauf mit der berüchtigten *Anfal*-Offensive[14] gegen die kurdische Zivilbevölkerung und setzte in Halabja auch Giftgas ein. Mit dem Ende des Krieges mussten sich die kurdischen Truppen zurückziehen.

Nach dem zweiten Golfkrieg 1991 bot sich der Islamischen Bewegung erneut die Gelegenheit, in die Geschicke des irakischen Kurdistan einzugreifen. Unter dem Schutz der USA marschierten Truppen der Kurdenparteien in den von irakischen Truppen geräumten irakischen Teil Kurdistans ein und errichteten eine autonome Zone, die faktisch wie ein kleiner Kurdenstaat agierte. Zunächst regierten die KDP Mas'ud Barazanis und die PUK Jalal Talabanis das Gebiet gemeinsam. Auch die Islamisten konnten als politische Kraft agieren, zeigten sich allerdings nach den ersten Wahlen, bei denen sie nicht den Einzug ins Parlament schafften, vom politischen Prozess enttäuscht und zogen sich in ihre Hochburgen zurück. Die wichtigste war die Umgebung von Halabja im Südosten des Autonomiegebietes in der schwer zugänglichen Gebirgsregion Hauraman nahe der iranischen Grenze. Dort versuchten sie in den folgenden Jahren, ihre Vision eines islamischen Staates in Miniatur durchzusetzen.

In den Jahren 1994 bis 1996 eskalierten die Konflikte zwischen KDP und PUK und endeten in einem blutigen Bürgerkrieg, in dem die KDP 1996 sogar die Truppen Saddam Husains zu Hilfe rief und der erst auf Druck der USA beendet werden konnte. Während die KDP von nun an den nördlichen Teil des Kurdengebietes beherrschte, dominierte die PUK den Süden. Da die Islamische Bewegung nach ersten militärischen Auseinandersetzungen mit der PUK im Dezember 1993 zeitweilig der KDP beigestanden hatte, konnten auch die Beziehungen zwischen der Islamischen Bewegung und der PUK, auf deren Gebiet die Enklave in Halabja lag, nur mühsam und auf Vermittlung Teherans normalisiert werden. Die Kompromissbereitschaft der Islamischen Bewegung, die der PUK-Regierung beitrat und zusagte, nicht auf der Anwendung der *shari'a* zu beharren, veranlasste kleinere militante Splittergruppen, sich im Jahr 1997 von ihr loszusagen. Einige Führer und Angehörige dieser Gruppen waren in Afghanistan ausgebildet worden. Die bekanntesten Organisationen waren die kurdische *Hamas* von 'Umar Baziyani und *at-Tauhid* von Abu Bakr Hauleri.[15]

In den nächsten Jahren verschärften sich die Konflikte zwischen den kurdischen Islamisten. Einige militante Splittergruppen schlossen sich unter dem Druck ihrer Gegner unter den gemäßigteren Islamisten und der beiden Kurdenparteien zusammen. Im September 2001 gründeten sie die neue Organisation «Soldaten des Islam in Kurdistan» (*Jund al-Islam fi Kurdistan*), indem sie die genannten kleineren Gruppen mit den «Soran-Truppen» (*Quwwat Soran*) zusammenschlossen, die von Mulla Asu Hauleri (As'ad Muhammad Hasan, geb. 1962) angeführt wurden.[16] In einer Erklärung, die sie an arabische Medien verschickte, rief die Gruppe zum *jihad* gegen die säkularen Kurdenparteien auf und bestätigte, dass sie diesen Schritt mit «islamischen Persönlichkeiten im Ausland» besprochen habe.[17] Ihr Führer war zunächst Abu 'Abdallah ash-Shafi'i, ein irakisch-kurdischer Afghanistanveteran, der in den 1990er Jahren zwischen dem Land am Hindukusch und dem irakischen Kurdistan gependelt war. Im Dezember 2001 soll er seine Position abgegeben haben, als sich einige militante Dissidenten der Islamischen Bewegung den *Jund al-Islam* anschlossen und sich die neue Organisation in «Helfer des Islam» (*Ansar al-Islam*) umbenannte.[18] Einer der Neuzugänge, Najmaddin Faraj Ahmad, der als Mulla Krekar bekannt wurde, übernahm die Führung der Gruppe. Mulla Krekar war ein ehemaliger Kommandeur der Islamischen Bewegung in Kurdistan und Afghanistanveteran. Er geriet aber – wenn er denn überhaupt jemals eine effektive Kontrolle über die Organisation ausübte – schnell in den Hintergrund, da er sich nicht ständig in

Kurdistan aufhielt, sondern zwischen Norwegen, wo er seit 1991 als Asylant lebte, und dem Nordirak hin und her pendelte.[19] Shafi'i scheint die Gruppe faktisch angeführt zu haben.

Die neue Organisation richtete ihr Hauptquartier in der kleinen Stadt Biyara in der Nähe von Halabja ein und regierte die Zone ganz im Stil der Taliban. Zu Beginn zerstörten ihre Mitglieder einige lokale Heiligenschreine. Sie zwangen Frauen, sich aus dem öffentlichen Leben zurückzuziehen, und setzten strikte Kleidungsvorschriften durch. Musik, Tanz und Fernsehen wurden verboten, sämtliche Satellitenschüsseln verschwanden aus der Gegend. Ihre Ziele waren jedoch ausschließlich auf den «nahen Feind» im Irak begrenzt: den Sturz des Regimes Saddam Husain und die Errichtung eines islamischen Staates.[20] Obwohl diese Ausrichtung weiterhin identisch mit der der Islamischen Bewegung des Mulla 'Uthman war, hatte sich ein Schwerpunkt deutlich verlagert: Die Islamisten der «Soldaten des Islam» kämpften auch gegen die säkularen Kurdenparteien, wobei die PUK ihr Hauptgegner wurde. Schon im September 2001 brachen Kämpfe aus. Dutzende PUK-Kämpfer starben. Es gelang der *Ansar al-Islam*, sich bis Frühjahr 2003 gegen die weitaus stärkeren Truppen der PUK zu behaupten, bevor sie Anfang 2003 – kurz vor Beginn der amerikanischen Angriffe – selbst die Initiative übernahmen. Im Februar ermordeten sie mehrere hochrangige Funktionäre der PUK, und im selben Monat griff der erste Selbstmordattentäter eine Straßensperre der PUK an.

Mehrere Gründungsmitglieder der *Jund al-Islam* hatten sich in den Monaten vor September 2001 in Afghanistan aufgehalten. Dementsprechend wurde – ähnlich wie im Fall der algerischen GSPC – oft berichtet, die Organisation gehöre zu *al-Qa'ida* oder aber zumindest zu ihrem engeren Umfeld. Die *Ansar al-Islam* seien von Usama Bin Laden beauftragt worden, im Nordirak ein Rückzugsgebiet für Kämpfer der *al-Qa'ida* einzurichten. Nachrichten über nichtkurdische, arabische Kämpfer, die sich nach Beginn der amerikanischen Angriffe in Afghanistan in die nordirakische Enklave geflüchtet hatten, schienen dies zu bestätigen. Auch Abu Mus'ab az-Zarqawi soll einige Monate in Biyara verbracht haben. Insbesondere die PUK-Regierung in Sulaimania verbreitete diese These, vermutlich um für die Bekämpfung der Islamisten die Unterstützung der US-Regierung zu gewinnen. Auch wenn einiges dafür zu sprechen scheint, dass die *al-Qa'ida*-Führung Einfluss auf die *Ansar al-Islam* nahm – wie beispielsweise die Gründung kurz vor dem 11. September 2001 suggeriert –, fehlen wirklich stichhaltige Belege für eine engere Verbindung. Dass Mitglieder der Organisation vor 2001 in Afghanistan ausgebildet worden waren, ist – wie viele andere Beispiele und nicht zuletzt das des Abu Mus'ab az-Zarqawi zeigen – kein Beleg für eine Zugehörigkeit zu *al-Qa'ida*. Die *Ansar al-Islam* wollten, wie andere Militante auch, von den Ausbildungsmöglichkeiten in Afghanistan Gebrauch machen, um anschließend ihre eigenen Ziele im Kampf gegen den «nahen Feind» in ihrem Heimatland zu verfolgen.

Als US-Außenminister Powell am 5. Februar 2003 vor den Sicherheitsrat der Vereinten Nationen trat, um den bevorstehenden Angriff auf den Irak zu begründen, bildete der Aufenthalt Zarqawis bei den *Ansar al-Islam* einen wichtigen Punkt seiner Argumentation, mit der er belegen wollte, dass *al-Qa'ida* vom Irak Saddam Husains unterstützt worden sei. Zarqawi gehöre zu *al-Qa'ida*, so Powell, und hätte den *Ansar al-Islam* geholfen, ein Trainingslager einzurichten, in dem auch Gifte zur terroristischen Nutzung hergestellt worden seien. Zarqawi wiederum habe sich im Sommer 2002 in Bagdad ein Bein abnehmen lassen, nachdem er in Afghanistan verletzt worden war. Dies wäre ohne Wissen der Regierung nicht möglich gewesen und sei deshalb ein deutlicher Beleg für die Zusammenarbeit zwischen der Terrorgruppe und dem Irak. Ein weiterer Beweis für die Kooperation zwischen *al-Qa'ida* und dem Regime Saddam Husain, den Powell präsentierte, waren Informationen über einen hochrangigen Kommandeur der *Ansar al-Islam* namens Abu Wa'il, einen irakischen Araber. Dieser arbeite für einen irakischen Geheimdienst und habe im Jahr 2002 der *al-Qa'ida* das Gebiet der *Ansar al-Islam* als sicheres Rückzugsgebiet angeboten. Während Powell mit der Behauptung, die *Ansar al-Islam* gehörten zu *al-Qa'ida*, die Argumentation der PUK aufgriff, konnten deren Funktionäre seine Ausführungen zu den Verbindungen zwischen *al-Qa'ida* und Saddam Husain nicht bestätigen. Wie mittlerweile jedoch auch die amerikanische Untersuchungskommission zu den Anschlägen vom 11. September 2001 festgestellt hat, erwiesen sich alle diese Hinweise für eine Kooperation zwischen dem Irak Saddam Husains und *al-Qa'ida* als nicht stichhaltig.

Dennoch griffen amerikanische Spezialeinheiten gemeinsam mit der PUK Ende März 2003 die Stellungen der *Ansar al-Islam* bei Biyara an und töteten und verhafteten mehrere hundert Islamisten. Viele Angehörige der Organisation, die damals über rund 650 bis 1000 Kämpfer verfügte, hatten es jedoch rechtzeitig geschafft, in den Iran zu flüchten, wo es ihnen gelang, sich in den folgenden Monaten zu reorganisieren und wieder in den Irak einzusickern. Schon im Juli 2003 erklärten Sprecher der US-Truppen im Irak, dass sie Angehörige der Organisation verhaftet hätten. Als nach den ersten Selbstmordattentaten im August immer deutlicher wurde, dass Islamisten am Widerstand beteiligt waren, nannte die amerikanische Zivilverwaltung *Ansar al-Islam* als die möglichen Schuldigen und verwies auf Geheimdienstinformationen, dass die Gruppierung wieder im Irak operiere.[21]

Am 20. September 2003 änderten die *Ansar al-Islam* wiederum ihren Namen, diesmal zu «Armee der Helfer der Sunna» (*Jaish Ansar al-Sunna*) oder kurz «Helfer der Sunna». In einer Erklärung, die die neue Organisation auf ihrer Webseite veröffentlichte, erläuterte sie, dass der islamistische Widerstand Gefahr laufe, sein Ziel, die Errichtung eines islamischen Staates im Irak, zu verfehlen, wenn die einzelnen Gruppen nicht gemeinsam vorgingen. Sollten sie weiterhin ohne gemeinsame Strategie und Führung kämpfen, könnte es säkularen Irakern gelingen, das Land nach dem Sieg gegen die Besatzungstruppen zu kontrollieren. Damit würde der Irak zu dem Zustand vor 2003, zur Herrschaft von «Ungläubigen», zurückkehren. Um dies zu verhindern, so die Autoren der Erklärung, hätten sich islamistische Gruppen in der «Armee der Helfer der Sunna» zusammengeschlossen und riefen alle islamistischen Kämpfer auf, sich dieser Organisation anzuschließen.[22] Als ihren Führer präsentierte die Organisation einen Abu 'Abdallah al-Hasan b. Mahmud, der höchstwahrscheinlich mit dem *Ansar al-Islam*-Führer Abu 'Abdallah ash-Shafi'i (Ja'far Hasan Quta oder Wuria Rashsh, geb. Anfang der 1960er Jahre in Irbil) identisch ist.[23] Würde es sich nicht um ein und dieselbe Person handeln, wäre es höchst erstaunlich, dass zu Shafi'i, sollte er tot sein, kein Nachruf oder, sollte er noch leben, keinerlei Informationen über seine weitere Karriere vorliegen.

Vermutlich ging es der Führung der *Ansar as-Sunna* mit der Umbenennung darum, die Gruppe für sunnitische Araber attraktiver zu machen, denen sie weiterhin als eine kurdische Organisation galt. In einem Konflikt, den viele Iraker zunehmend als einen zwischen sunnitischen Arabern einerseits und schiitischen Arabern und Kurden andererseits wahrnahmen, konnten die *Ansar al-Islam* mit der Neubenennung auf die Gemeinsamkeiten zwischen den kurdischen Islamisten und den sunnitischen Arabern, die gemeinsame Religion und Konfession, hinweisen. Ohne die Unterstützung sunnitischer Araber konnte die Organisation nicht hoffen, außerhalb des irakischen Kurdistan und Mosuls operieren zu können. Wie so oft, wenn militante Gruppen sich verbünden, folgte auch eine Änderung ihrer Strategie. Die *Ansar as-Sunna* beschränkten sich fortan nicht mehr auf den Kampf gegen die Kurdenparteien, sondern erklärten die Koalitionstruppen zu legitimen Zielen. Die «Befreiung» des gesamten Irak von der amerikanischen Besatzung und die Errichtung eines islamischen Staates wurde nun zu ihrem erklärten Ziel.

Bis heute ist das Verhältnis zwischen *Ansar al-Islam* und *Ansar al-Sunna* nicht hinreichend geklärt. Einige Beobachter glauben, dass es sich bei den neu gegründeten *Ansar as-Sunna* entsprechend ihrer Selbstdarstellung um eine Art Dachorganisation für kurdische und irakisch-arabische Gruppen handelt, die maßgeblich von den *Ansar al-Islam* beeinflusst wird, aber eben ein sehr viel weiteres Spektrum abdeckt als die ursprünglich rein kurdischen *Ansar al-Islam*. Andere bezeichnen die beiden Gruppierungen als vollkommen identisch und wiederum andere behaupten, die *Ansar as-Sunna* seien eine Abspaltung von den *Ansar al-Islam*. Meines Erachtens sind die *Ansar al-Islam* in den *Ansar as-Sunna* aufgegangen. Hätten die *Ansar al-Islam* als eigenständige Organisation fortbestanden, wäre zu erwarten gewesen, dass sie sich weiterhin öffentlich zu Wort meldeten. Dies taten aber nur noch die *Ansar as-Sunna*. Darüber hinaus spricht der regionale Schwerpunkt der Aktivitäten der *Ansar as-Sunna* für eine weitgehende Kontinuität zwischen ihnen und den *Ansar al-Islam*. Viele Anschläge verübte die Gruppe im irakischen Kurdistan und in Mosul. Sie ermordete Funktionäre der Kurdenparteien, griff Polizeistationen an, attackierte irakische und amerikanische Truppen und verübte Attentate auf Rekruten für Sicherheitskräfte und Armee. Dabei scheint sie zu beabsichtigen, im Nordirak Konflikte zwischen Kurden einerseits und arabischen Sunniten und Turkmenen andererseits zu provozieren. Ihr aufsehenerregendster Anschlag war der am 1. Februar 2004, als zwei Selbstmordattentäter ihre Sprengsätze innerhalb der beiden Hauptquartiere der Kurdenparteien PUK und KDP detonieren ließen. Die Männer hatten sich im Rahmen der Feiern zum jährlichen Opferfest (*'id al-adha*) Zugang zu den Gebäuden verschafft, wo führende Funktionäre und Anhänger der Parteien zusammengekommen waren. Es gelang ihnen, 109 Menschen zu töten, unter ihnen mehrere hohe Funktionsträger.[24] Am 5. Februar bekannte sich die Organisation auf ihrer Webseite zu den Anschlägen und begründete sie mit der Unterstützung der PUK und der KDP für die amerikanische Invasion des Irak:

»Die Sunniten im Irak und in der ganzen Welt wissen, dass die Kreuzzügler die Provinzen von Kirkuk und Ninive (mit der Hauptstadt Mosul, G.S.) nur mit der Hilfe der PUK, die der (amerikanische, G.S.) Agent Jalal Talabani anführt, und der KDP unter der Führung des Verbündeten der Juden Mas'ud Barazani haben erobern können. Sie haben dem amerikanischen Kreuzfahrerheer den Weg bereitet und diese beiden Provinzen besetzt … .»[25]

Deutlich wird an dieser Formulierung vor allem, dass die *Ansar as-Sunna* vorwiegend die sunnitische arabische und kurdische Bevölkerung des Nordirak ansprachen. Eine genauere Untersuchung der Webseite der *Ansar as-Sunna*, die in Arabisch und Kurdisch aufrufbar ist, führt zu einem ähnlichen Ergebnis. Dennoch weitete die Organisation ihren Operationsradius in den Jahren 2003 und 2004 nicht nur auf das an das irakische Kurdistan angrenzende Gebiet, insbesondere Mosul, sondern auch auf den Zentralirak und Bagdad aus, in Einzelfällen sogar in das Gebiet südlich der Hauptstadt. Im Herbst 2003 beispielsweise interviewte die spanische Tageszeitung El Mundo Angehörige der *Ansar al-Sunna*, die in und um Falluja operierten.[26] Außerdem bekannten sich die *Ansar as-Sunna* zu einem Feuerüberfall auf spanische Geheimdienstmitarbeiter südlich von Bagdad im November 2003, bei dem sieben von ihnen getötet wurden. Die Ausweitung des Operationsgebietes ist nur zu erklären, wenn man annimmt, dass sich viele Araber den *Ansar as-Sunna* angeschlossen hatten oder zumindest in ihrem Namen handelten. Nach der großen Zahl von Anschlägen zu urteilen, zu denen sich die Organisation mittlerweile bekennt, gehören ihr zahlreiche arabische Gruppierungen an. Da viele Angriffe auf Militärkonvois und

Polizeistationen auf weit entwickelte militärische Fähigkeiten der Angreifer schließen lassen, dürften sich wohl etliche Angehörige der ehemaligen Sicherheitskräfte auf ihre Seite geschlagen haben. Es ist allerdings ungeklärt, in welcher Verbindung die Einzelgruppen im Zentralirak zur Gesamtorganisation stehen. Höchstwahrscheinlich ist die Bindung sehr locker und wenig organisiert, und es ist nicht anzunehmen, dass die Führung der *Ansar as-Sunna* mehr als einen Teil der einzelnen Zellen, vermutlich diejenigen, die in Kurdistan (einschließlich Kirkuk) und Mosul operieren, auch effektiv kontrolliert und führt. So wie der irakische Widerstand insgesamt keiner zentralen Führung unterworfen ist, scheinen auch die *Ansar as-Sunna* weitgehend dezentral organisiert zu sein.

Die militanten Aktivitäten der *Ansar as-Sunna* unterschieden sich kaum von denen anderer Gruppierungen im Irak. Neben Guerilla-Methoden bekannten sie sich zu einigen Entführungen, die mehrfach tödlich endeten. Ein Zielobjekt dieser Aktionen waren Lastwagenfahrer, die Waren aus Jordanien oder der Türkei in den Irak transportierten. Im August 2004 veröffentlichten sie ein Video, auf dem sie die Ermordung von 12 entführten Nepalesen festgehalten hatten. Die Täter enthaupteten einen der Männer und erschossen den Rest. In einer beigefügten Erklärung begründeten sie den Mord damit, dass die Nepalesen für eine jordanische Transportfirma arbeiteten, die wiederum die US-Armee belieferte. Sie «dienten den Juden und Christen» und «glaubten an Buddha als ihren Gott».[27]

Im Namen der *Ansar as-Sunna* wurden auch zahlreiche Selbstmordattentate und Autobombenanschläge verübt, häufig von ausländischen Freiwilligen, die sich der Organisation angeschlossen hatten.[28] Am 21. Dezember 2004 gelang es einem Attentäter, in ein Kantinenzelt einer US-Basis in Mosul einzudringen und dort seinen Sprengsatz zu zünden. 22 Menschen, die meisten von ihnen militärisches Personal, starben. Dieser Anschlag war Ende 2004 jedoch insofern schon untypisch, als die Organisation, der Strategie des gesamten Widerstands folgend, zunehmend Iraker selbst angriff, vor allem Regierungsangehörige, Militär, Polizei und deren jeweilige Rekrutierungszentren.

Es ist vor allem die Fähigkeit der *Ansar as-Sunna*, irakische Araber in größeren Zahlen für ihren Kampf gegen die Besatzungstruppen und den neuen irakischen Staat zu gewinnen und einzubinden, die die Organisation so gefährlich macht. Laut dem Terrorismusbericht des amerikanischen Außenministeriums für 2004 verfügte sie zwar nur über 500 bis 1000 Kämpfer. Sie konnte sich darüber hinaus jedoch auf ein ausgedehntes Helfernetzwerk auch unter Irakern in der Diaspora stützen, insbesondere in Deutschland, Italien und Skandinavien, das versucht, Geld zu beschaffen und Rekruten für den Kampf im Irak zu gewinnen. Schon im Jahr 2003 hoben italienische Sicherheitsbehörden eine Zelle in Mailand aus, die Geld und Kämpfer für die *Ansar al-Islam* über Syrien in den Irak schmuggelte.[29] Daraufhin gelangen auch anderen europäischen Ländern Fahndungserfolge. So wurden im Mai 2005 zwei Iraker in Schweden zu Haftstrafen verurteilt, weil sie für *Ansar al-Islam/Ansar as-Sunna* Spenden gesammelt und in den Irak transferiert hatten.[30] In Deutschland wurde der irakische Kurde Luqman M. im Dezember 2003 unter dem Verdacht verhaftet, als Logistiker und Geldbeschaffer für die *Ansar al-Islam* tätig gewesen zu sein. Besorgnis erregend ist jedoch, dass häufig nicht nur Iraker und Kurden, sondern auch viele Nordafrikaner gefasst werden. Die *Ansar as-Sunna* könnten so wieder zu einem Nukleus einer transnational operierenden Organisation werden, obwohl sie sich gegenwärtig vollständig auf den bewaffneten Kampf im Irak konzentrieren.

4.3. Abu Mus'ab az-Zarqawi

Abu Mus'ab az-Zarqawi ist heute die schillerndste Figur des islamistischen Terrorismus im Irak. Schon 2002 tauchte sein Bild häufig in westlichen Medien auf, nachdem im April desselben Jahres einige seiner Anhänger, die so genannte *Tauhid*-Gruppe, von der deutschen Polizei verhaftet worden waren. Sie sollen auf seine Anweisung Anschläge geplant haben. Sein Verhältnis zu *al-Qa'ida* blieb damals noch weitgehend im Dunkeln und da er vor Oktober 2002 keinen erfolgreichen Anschlag verübt hatte, wurde er von vielen Beobachtern zunächst unterschätzt. Es war vor allem die Diskrepanz zwischen der offensichtlichen Erfolglosigkeit Zarqawis und dem großen öffentlichen Interesse, das ihm seitdem gewidmet wurde, was viele Skeptiker zu der Frage veranlasste, ob Zarqawi überhaupt existiere. Seitdem im Winter 2003/04 klar wurde, dass Zarqawi seine terroristischen Aktivitäten weitgehend in den Irak verlegt hatte, wurde er zum Gesicht des terroristischen Widerstands. Sein Foto wurde von der amerikanischen Zivilverwaltung im Irak und der US-Regierung immer wieder unter Hinweis auf die besondere Gefährlichkeit des Jordaniers präsentiert; die Belohnung für Hinweise, die zu seiner Ergreifung führen würden, wurde von 5 auf 25 Mio. US-Dollar erhöht.

Weite Teile der arabischen Welt, aber auch der europäischen Öffentlichkeit, begegneten dieser Darstellung mit Misstrauen. Nachdem sich herausgestellt hatte, dass der Irak im Jahr 2003 nicht mehr über Massenvernichtungsmittel verfügte und sich auch die Behauptungen Powells zu den Verbindungen zwischen *al-Qa'ida* und Saddam Husain als unwahr erwiesen hatten, erschien die Präsentation Zarqawis vielen als der allzu durchsichtige Versuch der Regierung Bush, nun eine neue terroristische Gefahr medial zu präsentieren. Diese Haltung ist von einem Misstrauen gegenüber den USA geprägt, das oft prinzipieller Natur ist und nur wenig mit dem offenkundigen Versagen der US-Geheimdienste (bezüglich der Massenvernichtungswaffen im Irak) und der wahrscheinlich bewussten Täuschung der Öffentlichkeit hinsichtlich der Kooperation zwischen Bin Laden und Saddam Husain zu tun hat. Dennoch verweist dieses Misstrauen auf ein sachliches Problem: Tatsächlich ist Zarqawi nur einer von mehreren Akteuren im irakischen Widerstand und seine Position ist wahrscheinlich nicht so herausragend, wie es in der Öffentlichkeit oft scheint. Die weitaus größte Zahl der Kämpfer stammt aus dem Irak selbst, aus den ehemaligen Sicherheitskräften und der Armee. Viele von ihnen haben sich Zarqawi angeschlossen, wobei aber nicht klar ist, wie hoch ihre Zahl ist.

Herkunft und Jugend

Über Zarqawis Jugend und die Gründe seiner Hinwendung zum Islamismus liegen kaum gesicherte Informationen vor. Oft wird berichtet, er sei in seiner Jugend ein Schläger und Trunkenbold gewesen, der auch einmal wegen sexueller Belästigung angezeigt wurde.

Die Sekundarschule brach er ab, bevor er einen Abschluss erworben hatte. In einer kleinen Nachbarschaftsmoschee, die für viele Jugendliche der Stadt zum Ausgangspunkt der Reise nach Afghanistan wurde, habe er sich dann zum Islamisten gewandelt und schnell Interesse am Kampf der «arabischen Afghanen» gegen die Sowjets entwickelt. Von entscheidender Bedeutung für die weitere Entwicklung dürfte die stark palästinensische Prägung seiner Heimatstadt Zarqa und des benachbarten Flüchtlingslagers Rusaifa gewesen sein. Zarqa und Rusaifa sind sehr arme Städte und wurden ab den 1970er Jahren zu einer Hochburg der jordanischen Salafisten. Mit dem Zuzug der Flüchtlinge aus Kuwait ab 1990 entwickelte sich auch eine militante Szene, die stark palästinensisch geprägt war.[31] Deshalb arbeitete Zarqawi während seiner gesamten Karriere nicht nur auf den Sturz des jordanischen Königshauses, sondern auch auf die Befreiung Palästinas hin. Dies ist nicht verwunderlich, weil die meisten seiner Gefolgsleute palästinensischstämmige Jordanier sind, spiegelt allerdings auch Zarqawis eigene Überzeugungen wider.

Ende der 1980er Jahre reiste er nach Pakistan und Afghanistan, wo er an Kämpfen teilgenommen haben soll. Gesichert erscheint jedoch nur, dass er damals als Korrespondent für die weitgehend unbekannte Zeitschrift *al-Bunian al-Marsus* (Das fest gefügte Gebäude) arbeitete. Er spielte keine wichtige Rolle unter den jordanischen «Afghanen», baute jedoch bereits damals ein weiteres Kontaktnetz zu Islamisten auf, das er sich später zunutze machen sollte. Nachdem er aus Pakistan zurückgekehrt war, schloss er sich Abu Muhammad al-Maqdisi und dessen Gruppe namens «Gefolgschaftseid für den Imam» an. Sie soll damals geplant haben, von Jordanien aus jüdische Ziele in Israel oder der Westbank anzugreifen, worauf ihre Mitglieder im November 1993 verhaftet wurden. Tatsächlich ist es auch denkbar, dass die jordanischen Sicherheitsbehörden Afghanistanrückkehrer, die zu einem Sicherheitsrisiko zu werden schienen, präventiv verhafteten. Zarqawi war unter den Angeklagten, wurde zu 15 Jahren Zwangsarbeit verurteilt und verbrachte die nächsten sechs Jahre im Gefängnis. Dort soll Maqdisi ihm die Führung der Gruppe übertragen haben. Wie in so vielen Fällen islamistischer Militanter prägte die Zeit im Gefängnis Zarqawi tief und dürfte maßgeblich zu seiner Radikalisierung beigetragen haben. Er soll hier eine intensive ideologische Schulung durchlaufen und den gesamten Koran auswendig gelernt, sich gleichzeitig aber auch als Führungspersönlichkeit unter den gefangenen Aktivisten etabliert haben. Zarqawi und seine Anhänger behandelten damals selbst diejenigen inhaftierten Islamisten, die den jordanischen Muslimbrüdern zuneigten und nicht prinzipiell eine Zusammenarbeit mit dem Staat ablehnten, als Ungläubige.

Zarqawi in Afghanistan, 1999–2001

Im Februar 1999 wurde Zarqawi im Rahmen einer allgemeinen Amnestie anlässlich der Thronbesteigung König ʻAbdallah II. freigelassen. Doch schon 2000 suchte die Polizei ihn erneut, diesmal im Zusammenhang mit den in Jordanien geplanten Anschlägen zum Jahreswechsel am 31. Dezember 1999. Ihm war jedoch die Flucht gelungen und er reiste zunächst nach Pakistan und anschließend nach Afghanistan. Dort setzte er sich mit Usama Bin Laden in Verbindung, ohne sich ihm durch einen Gefolgschaftseid anzuschließen.[32]

Dennoch soll Zarqawi zunächst in Lowgar, einer afghanischen Provinz südlich von Kabul, als Führer einer Gruppe von Palästinensern und Jordaniern fungiert haben. Anschließend betrieb er für rund zwei Jahre ein kleines Trainingslager mit nur drei bis vier Gebäuden nahe Herat, einer Stadt im Westen Afghanistans nahe der iranischen Grenze. Über den Iran ließ Zarqawi seine Anhänger, mehrheitlich palästinensischstämmige Jordanier, anreisen. Er ließ nur Palästinenser, Jordanier, Syrer, Libanesen und Iraker zum Training in seinem Lager zu, wobei die meisten Rekruten Jordanier palästinensischer Abstammung aus Zarqa und Salt waren. Dass er nur wenige Monate nach seiner Haftentlassung überhaupt über Gefolgsleute verfügte und eine eigene Organisation gründete, zeigt, dass er sich bereits im Gefängnis zu einer wichtigen Persönlichkeit der militanten Szene entwickelt haben muss. Um die Erlaubnis zu erhalten, ein solches Lager zu betreiben, muss er trotz seiner Weigerung, einen Gefolgschaftseid zu leisten, in einer engen Beziehung zu Bin Laden und/oder den Taliban gestanden haben. Da Herat aber weit von der Zentrale der *al-Qaʻida* in Kandahar und

Kabul entfernt war, dürfte Bin Laden nicht in der Lage gewesen sein, eine effektive Kontrolle über die Vorgänge in dem Camp auszuüben.

Zarqawi vermied es, Bin Laden Gefolgschaft zu schwören, weil sich seine Ziele von denen der *al-Qa'ida* unterschieden und er die ausschließliche Kontrolle über seine Gruppe, die er *at-Tauhid* nannte, behalten wollte. Bei diesem Begriff handelt es sich ursprünglich um das zentrale Konzept der islamischen Glaubenslehre, den absoluten Monotheismus, auf den islamistische Gruppierungen häufig rekurrieren. Zarqawi zielte damals einzig auf den Sturz der Herrscherfamilie in Jordanien und die Befreiung Palästinas ab.[33] *al-Qa'ida* hingegen verfolgte eine antiamerikanische Strategie mit einem deutlichen Schwerpunkt auf Saudi-Arabien und Ägypten. Es ist zu vermuten, dass die Ausrichtung der Zarqawi-Gruppe insgesamt – weil sie sich gegen zwei mit den USA verbündete Regierungen richtete – in die Strategie der *al-Qa'ida* passte, auch wenn er die Internationalisierung von 1998 nicht mittrug. Deshalb duldete sie seine Aktivitäten, auch in der Hoffnung, ihn zukünftig unter die Kontrolle der Organisation zu bringen. Schon damals deutete sich also die eigentümliche Ambivalenz von Konkurrenz und Kooperation an, die das Verhältnis zwischen Zarqawi und *al-Qa'ida* seitdem geprägt hat. Einerseits benötigte er ihre Unterstützung, um seine Organisation aufzubauen und seine Gefolgsleute auszubilden, so dass er sich deren weitergehenden Zielen nicht vollkommen verschließen konnte. Andererseits folgte er einer auf den «nahen Feind», die jordanische Regierung und – im Falle seiner Palästinenser – Israel abzielende Strategie. Diese wollte er nicht der Gesamtstrategie der *al-Qa'ida* unterordnen.

Zwischen internationalem jihad *und Jordanien*

Als sich Ende 2001 die Truppen der Nordallianz Herat näherten, floh Zarqawi laut Aussagen eines seiner damaligen Gefolgsleute über Kandahar und Pakistan nach Zahedan im Iran. Von dort aus reiste er weiter nach Westen und hielt sich im Laufe des Jahres 2002 vorwiegend im Iran und in der Enklave der *Ansar al-Islam* im kurdischen Nordirak auf. Seine Anwesenheit dort nutzte Colin

Powell vor dem Sicherheitsrat der Vereinten Nationen im Februar 2003, um eine Verbindung zwischen *al-Qa'ida* und dem Regime Saddam Husains zu konstruieren.

Im Frühjahr 2002 versuchte Zarqawi zunächst, in Europa aktiv zu werden. Im Ruhrgebiet wurden mehrere militante Islamisten verhaftet, die sich um einen Gefolgsmann Zarqawis, den Iraker Muhammad Abu D. geschart hatten und Anschläge auf jüdische Einrichtungen in Berlin und Düsseldorf geplant haben sollen. Der Jordanier Shadhi 'Abdallah zeigte sich als einziger der Inhaftierten bereit, als Kronzeuge auszusagen. Seine Aussagen zum Verhältnis zwischen *al-Qa'ida* und der Zarqawi-Gruppe gelten gemeinhin als belastbar.[34] Nachdem er sich Zarqawi angeschlossen hatte, so 'Abdallah, habe er dessen Forderung abgelehnt, in Jordanien an Anschlagsplanungen teilzunehmen. Stattdessen habe er angeboten, in Deutschland lebende Juden anzugreifen, und daraufhin den Auftrag erhalten, sich der Gruppe im Ruhrgebiet anzuschließen. Dass Zarqawi Anschläge in Europa plante, musste als Warnzeichen gelten. Zwar scheint er seine Anhänger angewiesen zu haben, sich gemäß seiner Gesamtstrategie auf jüdische Ziele zu beschränken, doch hatte er bisher nie außerhalb Jordaniens operiert. Die Pläne wiesen auf weiterreichende internationale Ambitionen des Jordaniers hin. Dass er auch von seinem «nahen Feind» im Vorderen Orient trotz der Planungen in Deutschland nicht abzulassen gedachte, zeigte sich im Oktober 2002. Damals ermordeten zwei seiner Anhänger den US-Amerikaner Lawrence Foley in Amman, ein Anschlag, der in erster Linie gegen den jordanischen Staat gerichtet war. Diese Aktion blieb Zarqawis einziger «Erfolg» vor 2003 und seine bis dahin überschaubare terroristische Bilanz trug dazu bei, dass viele Beobachter ihn unterschätzten, bevor er im Irak aktiv wurde.

at-Tauhid wa-l-Jihad *im Irak*

Für Zarqawi wurde die amerikanische Intervention im Irak eine große Chance, seine kleine Organisation im Kampf gegen die US-Truppen und ihre Verbündeten einzusetzen und auf diese Weise neue Anhänger zu mobilisieren. Ihm kam hier zugute, dass er im Frühjahr 2003 bereits über gute Kontakte zu den *Ansar al-Islam* und damit in den Irak hinein verfügte. Die Koalitionstruppen hatten sich im Irak in das Herz derjenigen Region gewagt, aus der die überwiegende Mehrheit der islamistischen Militanten stammte, unter ihnen auch Zarqawi. Während *al-Qa'ida* große Anstrengungen unternehmen musste, um terroristische Anschläge gegen amerikanische Ziele und schlussendlich in den USA selbst durchzuführen, kamen die Amerikaner nun in den Vorderen Orient selbst und boten den Militanten der gesamten Region eine willkommene Gelegenheit, den «fernen Feind» zu bekämpfen. Zarqawi rekrutierte sein Personal vor allem in den Nachbarstaaten des Irak – Syrien, Saudi-Arabien, Jordanien und Kuwait –, stützte sich aber insgesamt auf einen stets wachsenden Personalstamm aus dem Irak selbst, wahrscheinlich sogar in Kooperation mit ehemaligen Funktionären des gestürzten Regimes Saddam Husains.[35]

Schon beim ersten Aufsehen erregenden Selbstmordanschlag im Irak – dem auf die jordanische Botschaft in Bagdad Anfang August – lag der Verdacht nahe, dass Zarqawi nun aktiv geworden war. Ein Attentat auf eine jordanische Einrichtung im Ausland entsprach genau der Strategie seiner Gruppe. Es folgten jedoch Anschläge, zu denen sich Zarqawis Gruppierung später bekannte und die darauf hinwiesen, dass er sein Zielspektrum erweitert hatte: Am 19. August 2003 griff ein Selbstmordattentäter das Hauptquartier der Vereinten Nationen in Bagdad an. Er zerstörte einen Großteil des Gebäudes und tötete 23 Menschen, darunter den UN-Sondergesandten Sergio Vieira di Mello. Anschließend zogen sich die Vereinten Nationen aus dem Irak zurück, da die Sicherheit ihrer Mitarbeiter dort nicht zu gewährleisten war. Am 29. August folgte ein Autobombenanschlag auf den schiitischen Spitzenpolitiker Muhammad Baqir al-Hakim (1939–2003) in Najaf, gerade zu dem Zeitpunkt, als dieser den Schrein des Imam 'Ali, des Schwiegersohnes und Cousins des Propheten Muhammad, der in Najaf begraben liegt, verlassen wollte.[36] Hakim war der Vorsitzende des Hohen Rates für die Islamische Revolution im Irak (*al-Majlis al-A'la li-th-Thaura al-Islamiya fi l-'Iraq*), der größten schiitischen Organisation, und hatte seit 1980 im Iran gelebt, bevor er im Mai 2003 in sein Heimatland zurückkehrte. Im November griff ein Selbstmordattentäter das Hauptquartier der italienischen Truppen in Nasiriya an, wo sich unter den mehr als 30 Toten auch 19 Italiener befanden, was in deren Heimatland eine heftige Debatte über die Unterstützung der amerikanischen Irak-Politik auslöste.

Bis Winter 2003/04 blieb unklar, wer für diese Anschläge verantwortlich war, da sich die Täter nicht zu ihnen bekannten. Anfang Januar 2004 jedoch erschien auf islamistischen Internetseiten ein Tonband, in dem sich Zarqawi zu seiner Strategie äußerte. Es handelte sich um einen langen, mit zahlreichen Zitaten aus Koran und Sunna gespickten Text, in dem er die Pflicht jedes Muslims betonte, den *jihad* gegen die Feinde des Glaubens und damit die USA zu führen. Sein Titel lautete «Schließe dich der Karawane an» (*Ilhaq bi-l-qafila*), was eine Anspielung auf die berühmte, gleich lautende Schrift 'Abdallah 'Azzams war, in der dieser Mitte der 1980er Jahre zum *jihad* in Afghanistan aufgerufen hatte.[37] In den folgenden Monaten veröffentlichte Zarqawi mehrere ähnliche Verlautbarungen, in denen er sich erstmals zu den genannten Anschlägen bekannte. Lediglich in Bezug auf den Mord an Hakim äußerte er sich nicht deutlich, wobei meist davon ausgegangen wird, dass Zarqawi auch für diesen verantwortlich war.

Mit dem Tonband vom Januar 2004 begann die Zarqawi-Gruppe, eine intensive Öffentlichkeitsarbeit zu betreiben. Fortan trat sie unter der Bezeichnung «Gemeinschaft des Einheitsbekenntnisses und des heiligen Krieges» (*Jama'at at-Tauhid wa-l-Jihad*) auf, wobei sie mit dieser Benennung an den bisherigen Namen *at-Tauhid* anschloss, den gewaltsamen Charakter ihrer Aktionen jedoch durch den Zusatz *jihad* hervorhob. Die Fahne der Organisation bestand aus einem gelben Kreis auf schwarzem Grund, der wahrscheinlich die aufgehende Sonne darstellte. Oberhalb des Kreises stand das muslimische Glaubensbekenntnis: «Es gibt keinen Gott außer Gott und Muhammad ist sein Prophet». Unterhalb fand sich der Name der Organisation. In den nächsten Monaten wurde dieses Logo zum Markenzeichen der zunehmend selbstbewusst auftretenden Gruppe. Das Tonband war der Auftakt zu einer Propagandakampagne, die von der Öffentlichkeitsarbeit der *al-Qa'ida* in Saudi-Arabien inspiriert war. Zarqawi nutzte Videos, Audiobotschaften, Internetmagazine und -verlautbarungen, um die mediale Wirkung seiner terroristischen Aktivitäten zu steigern.

Wie professionell er und seine Anhänger terroristische Aktionen und auf maximale Aufmerksamkeit abzielende Öffentlichkeitsarbeit aufeinander abstimmten, zeigte sich am Fall der Ermordung des amerikanischen Geschäftsmannes Nicholas Berg. Nach seiner Entführung im Mai erschien im Internet ein Video, auf dem eine vermummte Person – angeblich Zarqawi selbst – dem Amerikaner mit einem langen Messer den Kopf abtrennte. Berg war in einen orangenfarbigen Overall gekleidet, wie die Gefangenen in Guantanamo Bay auf Kuba. So gelang es Zarqawi, den Mord als Vergeltung für die Inhaftierung muslimischer Militanter durch die USA darzustellen. Darüber hinaus sollte es vermutlich die öffentliche Meinung in den USA gegen die Politik der US-Regierung mobilisieren. Dieses Video war das erste seiner Art im Irak, auch wenn Enthauptungen bereits in Afghanistan, Tschetschenien und – im Fall Daniel Pearls – in Pakistan gefilmt worden waren. Zarqawi wurde zum terroristischen Trendsetter, als *al-Qa'ida* in Saudi-Arabien diese Methode im Juni 2004 kopierte, indem sie den amerikanischen Ingenieur Paul Johnson vor laufender Kamera köpfte. Im Irak wurden in den folgenden Monaten mehrere ähnliche Videos veröffentlicht, einige von irakischen Opfern, meist aber von Staatsangehörigen derjenigen Staaten, die der von den USA geführten Koalition angehörten oder sie unterstützten. Die Ermordung zweier amerikanischer und – mit entsprechend medienwirksamer Verzögerung – einer britischen Geisel im September und Oktober 2004 waren die bisherigen medialen Höhepunkte der terroristischen Kampagne Abu Mus'ab az-Zarqawis.[38] Andere irakische Gruppen – vor allem die *Ansar as-Sunna* – folgten seinem Vorbild, allerdings ohne das öffentliche Interesse hervorzurufen, das Zarqawi erregte. Ab Herbst 2004 jedoch ging auch *at-Tauhid wa-l-Jihad* vermehrt gegen Vertreter der neuen Regierung und deren Sicherheitskräfte vor. Diese Aktionen waren für die westliche Öffentlichkeit weniger spektakulär, behinderten den Aufbau des Landes allerdings in einer Form, die es fraglich erscheinen ließ, ob die Sicherheitslage im Irak innerhalb der nächsten Jahre überhaupt stabilisiert werden kann.

Die Bürgerkriegsstrategie

Zarqawi entwarf im Winter 2003/04 eine eigene Strategie, die sich deutlich von der der *al-Qa'ida* unterschied. Sie zielte auf die Entfesselung eines Bürgerkriegs ab, indem *at-Tauhid wa-l-Jihad* die

Angriffe auf schiitische Ziele in einer Weise intensivierte, die die schiitische Bevölkerungsmehrheit zum Gegenschlag gegen die arabischen Sunniten provozieren sollte.

Noch zu Beginn des Jahres 2004 fanden US-Truppen im Irak einen Brief, den sie Zarqawi zuordneten und der an Usama Bin Laden und Aiman az-Zawahiri gerichtet war. Der Fund verdeutlichte, dass es Versuche gab, Kontakte zwischen den beiden Organisationen herzustellen.[39] Zarqawi beschrieb in diesem Brief die Schwierigkeiten der Glaubenskämpfer im Krieg gegen die Amerikaner im Irak und folgerte, dass nur die Entfesselung eines Bürgerkriegs zwischen Sunniten und Schiiten die Möglichkeit biete, ein derart chaotisches Umfeld zu schaffen, dass sich militante islamistische Gruppen auch längerfristig im Zweistromland würden halten können. Als spätesten Zeitpunkt («Stunde Null») für den Beginn eines breit angelegten Angriffs nannte Zarqawi den Tag vier Monate vor dem Übergang der Regierungsverantwortung auf die Iraker. Da es sich bei dem geplanten Datum um den 30. Juni handelte, musste um den 1. März ein Aufsehen erregender Anschlag stattfinden, zum *'Ashura*-Fest der Schiiten, an dem diese das Gedenken an das Martyrium des Prophetenenkels und dritten Imam Husain in Passionsspielen begehen. Da Husain im irakischen Kerbela gestorben war und dort auch sein Grab liegt, versammeln sich Tausende Schiiten zu diesem Anlass rund um sein Heiligtum und auch an den Gräbern der anderen schiitischen Imame. Trotz strenger Sicherheitsvorkehrungen gelang es Selbstmordattentätern, am Morgen des 2. März tatsächlich mehrere Bomben in Kerbela und Bagdad zu zünden, nahe der Schreine der Imame Husain und Musa al-Kazim.[40] Mehr als 180 Menschen starben. Dass es Zarqawi gelang, einen lange angekündigten Anschlag trotz erheblicher operativer Schwierigkeiten durchzuführen, zeigte, wie effektiv seine Gruppe mittlerweile arbeitete. *At-Tauhid wa-l-Jihad* wurde so im Frühjahr 2004 zum bekanntesten identifizierbaren Einzelakteur unter den Aufständischen im Irak.

Die Bürgerkriegsstrategie, die Zarqawi so meisterhaft in die Tat umsetzte, liefert seitdem Anlass zu heftigen Diskussionen. Vielen Kommentatoren erscheint es naiv zu glauben, sunnitische Terroristen könnten sich in einem Bürgerkrieg mit den Schiiten, die rund 60% der irakischen Bevölkerung stellen, behaupten. Dennoch sind die dieser Strategie zugrunde liegenden Überlegungen strikt logisch. Zarqawi schilderte in seinem Brief an Bin Laden bereits, dass die Terroristen unter großem Druck stünden und er befürchtete, sich nicht mehr halten zu können, sobald eine neue irakische Regierung effektiv gegen die Aufständischen vorginge. Um den Aufbau einer einheimischen Sicherheitsstruktur zu unterbinden, konnten bewaffnete Auseinandersetzungen zwischen Sunniten und Schiiten tatsächlich ein probates Mittel sein, insbesondere, wenn man, wie die meisten sunnitischen Islamisten dies tun, von einem sunnitischen Bevölkerungsanteil von weitaus mehr als 20% ausgeht. Im Fall eines Bürgerkriegs war es auch wahrscheinlich, dass die Aufständischen zumindest die Unterstützung einer überwiegenden Mehrheit der arabischen Sunniten gewinnen würden. Darüber hinaus weist die Reaktion der schiitischen Führer darauf hin, dass sie einen Bürgerkrieg fürchteten. Der bedeutendste schiitische Geistliche, Ayatollah Sistani, wirkte beständig auf seine Glaubensbrüder ein, sich durch antischiitische Anschläge nicht provozieren zu lassen. Auch die großen schiitischen Organisationen wie der Hohe Rat für die Islamische Revolution im Irak (SCIRI) und die *Da'wa*-Partei übten Zurückhaltung. Beobachter erklärten dies meist mit deren Überlegung, dass sie nach freien Wahlen den Nachkriegsirak in jedem Fall dominieren würden und es sich deshalb anbiete, zumindest so lange stillzuhalten, wie sich die Koalitionstruppen im Land befänden. Dies ist jedoch nur ein Teil der Wahrheit. Denn die Schiiten würden einen Bürgerkrieg trotz ihrer numerischen Überlegenheit nicht zwangsläufig gewinnen. Zum einen verfügen die arabischen Sunniten im Zentralirak, die unter der Herrschaft Saddam Husains auch die Armee und die diversen Sicherheitsdienste dominiert hatten, über beträchtliche militärische Expertise, Waffen und Geld. Zum anderen entwickeln Bürgerkriege meist eine Dynamik, die benachbarte Mächte zum Eingreifen verleitet, so dass die Machtbalance zwischen den einzelnen Bevölkerungsgruppen im Land selbst nicht ausschlaggebend für den Ausgang des Konflikts sein muss. Dies war offensichtlich auch der schiitischen Führung bewusst.

Unabhängig davon, ob die Bürgerkriegsstrategie zielführend war oder nicht, setzte *at-Tauhid wa-l-Jihad* die Attentate auf Schiiten fort. Im Frühjahr 2004 verübte die Organisation mehrere Anschläge auf vorwiegend schiitische Politiker. Ihr prominentestes Opfer wurde der Vorsitzende des Regierungsrates, 'Izzaddin Salim (1942–2004), der Kopf der *Da'wa*-Partei. Hatten einige Beobachter noch Zweifel an der Authentizität des Zarqawi-Briefes vom Januar geäußert, so machte der Jordanier im Jahresverlauf mehrfach deutlich, dass er seine Bürgerkriegsstrategie weiter verfolgen würde. Anfang April 2004 veröffentlichte Zarqawi wiederum eine Audiobotschaft, in der er die Verantwortung für die genannten Anschläge seit Sommer 2003 übernahm.[41] Darüber hinaus beschuldigte er hier die Schiiten in der gesamten Region, mit den USA in einen Vernichtungskrieg gegen die Sunniten eingetreten zu sein. Mit dieser Behauptung griff er Vorwürfe auf, die in erster Linie unter den Islamisten auf der Arabischen Halbinsel verbreitet waren.

In den folgenden Monaten folgten nur noch vereinzelt spektakuläre Anschläge auf hochrangige schiitische Politiker. So scheiterte beispielsweise ein Attentat auf den neuen Vorsitzenden des Hohen Rates für die Islamische Revolution im Irak, 'Abdal'aziz al-Hakim, im Dezember 2004. Dennoch setzte sich das Bürgerkriegskonzept in den folgenden Monaten im gesamten Irak durch, wo sich die Angriffe auf Schiiten häuften und ab April auch zunehmend Sunniten den Vergeltungsaktionen schiitischer Gruppen zum Opfer fielen. Die Gefahr eines Bürgerkriegs wuchs ständig.

Über Bagdad nach Jerusalem

Zarqawis Organisation entwickelte sich bereits seit seinem Aufenthalt in der Kurdenenklave im Nordirak im Jahr 2002 von einer jordanischen zu einer multinationalen Truppe, der sich immer mehr Iraker anschlossen. Ihr Rückgrat bildeten zunächst jedoch weiterhin Jordanier palästinensischer Abstammung. Noch im Nordirak wurde Zarqawi von mehreren begleitet, von denen einige bei Angriffen amerikanischer Truppen im März 2003 getötet wurden. Der prominenteste war 'Abdalhadi Daghlas (Abu 'Ubaida), ein Palästinenser aus Zarqa und enger Vertrauter Zarqawis. Im Irak schlossen sich diesem weitere Jordanier an, der nun davon profitierte, dass die Reise über Syrien in den Irak für sie weitgehend problemlos zu bewältigen war.

Der wichtigste unter ihnen war 'Umar Yusuf Juma', genannt Abu Anas ash-Shami (geb. 1969), der Ideologe von *at-Tauhid wa-l-Jihad* und ein enger Vertrauter Zarqawis. Abu Anas war palästinensischer Abstammung und hielt sich vor seiner Reise in den Irak in einem Vorort im Osten der Hauptstadt Amman auf. Er hatte gemeinsam mit seiner Familie zunächst in Kuwait gelebt, das Land infolge der irakischen Invasion 1990 aber verlassen. Er studierte Religionswissenschaften an der Islamischen Universität in Medina, einer wichtigen Kaderschmiede der *Wahhabiya*. In den 1990er Jahren hielt er sich mehrfach in Saudi-Arabien auf und reiste 1995 im Auftrag einer kuwaitischen Wohlfahrtsorganisation nach Bosnien. In der Zwischenzeit arbeitete er als Imam einer kleinen Moschee im Westen Ammans, in einem Viertel, in dem die Salafisten besonders stark waren. Abu Anas galt bereits vor seiner Irak-Zeit als Salafist mit einigen Kontakten zu oppositionellen saudi-arabischen Gelehrten wie Hawali und 'Auda, verfügte aber zudem über enge Beziehungen zu den jordanischen Muslimbrüdern. Auffällig ist an seiner Biographie lediglich, dass er auch mit Abu Muhammad al-Maqdisi, dem bekannten Vordenker militanter Gruppen, in Kontakt stand.[42] Diese Informationen weisen eher auf einen Mann hin, der gute Verbindungen sowohl zu den militanten als auch zu den gemäßigten Islamisten hatte. An seinem Beispiel zeigt sich sehr deutlich, dass erst die Präsenz amerikanischer Truppen im Vorderen Orient selbst den Anstoß für viele Islamisten gab, sich den militanten Gruppen anzuschließen. Da Zarqawi selbst Jordanier war und weiterhin enge Beziehungen zu Gesinnungsgenossen in seinem Heimatland unterhielt, schlossen sich seine Landsleute meist seiner Organisation an.

Im April 2003, kurz nach dem Sturz Saddam Husains, reiste Abu Anas ash-Shami in den Irak, wo er sich zu Zarqawi gesellte. In der Organisation Zarqawis füllte er eine wichtige Lücke, da jener bis dahin über keine religiös gebildete Person verfügt hatte, die er zu Propagandazwecken einsetzen konnte. Shami selbst war als Imam einer kleinen Vorstadtmoschee zwar kein Religionsgelehrter, doch reichte seine Bildung aus, die Aktionen der Gruppe religionsrechtlich zu begründen. So ist es auch kein Zufall, dass Zarqawi erst nachdem Abu Anas zu ihm gestoßen war, begann, Audiobotschaften zu veröffentlichen. Vermutlich hatte Abu Anas die Texte verfasst.

Darüber hinaus veröffentlichte dieser jedoch auch eigene Audiobotschaften und Texte im Internet, in denen er beispielsweise die Tötung von Muslimen rechtfertigte, wenn es nur auf diese Weise möglich war, die «Ungläubigen» im Irak zu treffen. Obwohl im Jahr 2003 noch völlig unbekannt, wurden Shamis Texte über das Internet weit verbreitet und genossen große Popularität in militanten Kreisen.[43] Dementsprechend war sein Tod im September 2004 ein herber Verlust für die Organisation. Das Auto, in dem er und einige weitere Anhänger Zarqawis im westlichen Bagdader Vorort Abu Ghuraib unterwegs waren, wurde von einer amerikanischen Rakete getroffen. Wie wichtig er für *at-Tauhid wa-l-Jihad* war, zeigte sich vor allem daran, dass Zarqawi nach seinem Tod für mehrere Monate keine Audiobotschaften mehr veröffentlichte.

Es ist weiterhin ungeklärt, in welchem Verhältnis die *Ansar as-Sunna* zu Abu Mus'ab az-Zarqawi und seiner Organisation stehen. Da sich Zarqawi und mehrere seiner Anhänger im Nordirak aufgehalten hatten und die Führungspersonen der *Ansar al-Islam/Ansar as-Sunna* weitgehend unbekannt sind, wurde er in der Presse mehrfach fälschlicherweise als Emir der Kurdenorganisation bezeichnet. Dennoch ist es weitgehend gesichert, dass beide Gruppierungen getrennt voneinander operieren, auch wenn sie vor Ort häufig kooperieren und zuweilen gemeinsame Bekennerschreiben herausgeben. In einzelnen Fällen sollen kleinere Gruppen von einer Organisation zur anderen übergewechselt sein. 'Umar Baziyani zum Beispiel, der ehemalige Emir der kurdischen *Hamas* und prominenter Angehöriger von *Ansar al-Islam* und *Ansar as-Sunna*, der 2003/04 in Bagdad operiert hatte, wurde im Mai 2004 von amerikanischen Truppen gefasst und soll zum Zeitpunkt seiner Verhaftung zu Zarqawis *at-Tauhid wa-l-Jihad* gehört haben. Er lieferte wichtige und detaillierte Informationen zur Struktur der Organisation im Irak.[44] Oft ist es schwierig, zwischen den beiden Gruppierungen zu unterscheiden, da sich ihre Ideologie, Strategie und Taktik stark ähneln. Bemerkenswert ist – vor dem Hintergrund einer weit gehenden Fragmentierung des irakischen Widerstands –, dass es ihnen trotzdem gelingt, einer gemeinsamen Linie im Kampf gegen die Amerikaner und den irakischen Staat zu folgen. Auf Dauer ist nicht auszuschließen, dass sich aus Fragmenten beider Gruppen wiederum eine größere Organisation bildet.

Seit Kriegsbeginn schlossen sich beiden Gruppen vermehrt Freiwillige aus anderen arabischen Staaten an. Es ist unklar, um wie viele Personen es sich handelt, auch wenn im Laufe des Jahres 2004 deutlich wurde, dass sie nur eine kleine Minderheit unter den Aufständischen stellten. Schätzungen ihrer Zahl reichten von 200 bis hin zu 3000, wobei die höhere Zahl nur für alle seit Frühjahr 2003 ins Land geströmten Freiwilligen korrekt sein kann.[45] Vermutlich handelt es sich um bis zu 1000 Mann, die nach April 2003 auf Seiten der Aufständischen kämpften. Sie verübten die überwiegende Mehrzahl der Selbstmordattentate, für die sich offenbar kaum irakische Freiwillige fanden. Auffällig ist darüber hinaus, dass die weitaus meisten Kämpfer aus den unmittelbaren Nachbarländern des Irak stammen. Auf im Internet verbreiteten Listen von toten Kämpfern rangieren die saudi-arabischen Staatsbürger mit Abstand an erster Stelle, es folgen Syrer, Kuwaitis, einige Jordanier und dann erst wenige Angehörige anderer Nationalitäten. Dabei ist anzumerken, dass bei weitem nicht alle Ausländer sich Zarqawi anschlossen, sondern einige auch zu den *Ansar as-Sunna*, zur Islamischen Armee im Irak und anderen Splittergruppen stießen. Insofern bieten diese ohnehin schon sehr vagen Informationen keine Anhaltspunkte für die wahre Stärke der Organisation Zarqawis. Ebenso wenig finden sich gesicherte Informationen zu ihrer Logistik und ihren Finanzen. Lediglich die Herkunft vieler Rekruten aus Saudi-Arabien, Kuwait, Syrien und Jordanien weist auf Unterstützernetzwerke in diesen Staaten hin. Tatsächlich wurde in Kuwait im Juli 2004 eine Gruppierung ausgehoben, deren Mitglieder Jugendliche in den Irak schleusten.[46] Auch in Syrien verfügte die Organisation über ein intaktes Netzwerk, das von einem prominenten Gefolgsmann Zarqawis namens Sulaiman Khalid Darwish (Abu Ghadiya) angeführt wurde. Fast alle bekannten Freiwilligen, auch die aus Kuwait kommenden, reisten deshalb über Syrien in den Irak.[47]

Iraker bilden mittlerweile den Stamm des Personals und der mittleren Führungsebene von *at-Tauhid wa-l-Jihad*. Dies deutete sich bereits früh an, weil viele Anschläge ohne genaue Ortskenntnis und militärische Kenntnisse nicht durchzuführen gewesen wären. Überdies ist nicht zu erklären, warum es Zarqawi bis heute gelang, sich dem Zugriff der Koalitionstruppen und der irakischen Sicherheitskräfte zu entziehen, verfügte er nicht über viele Unterstützer im gesamten Land. Allzu deutlich wurde der Aufstieg von Irakern in der Organisation, als der prominente kurdische Militante 'Umar Baziyani überlief. Aber es finden sich auch zahlreiche Beispiele für sunnitische Araber, die sich Zarqawi anschlossen. Einer von ihnen war 'Umar Hadid aus Falluja. Hadid hatte einmal den irakischen Sicherheitskräften angehört, soll das Land jedoch schon Anfang der 1990er Jahre verlassen haben, laut einigen Quellen, weil er wegen Mordverdachtes gesucht wurde. Anschließend soll er mehrere Jahre bei *al-Qa'ida* in Afghanistan verbracht haben. Im April 2004 nahm er an den Kämpfen gegen die amerikanischen Truppen in seiner Heimatstadt teil und führte im Sommer 2004 eine bewaffnete Gruppe in der Stadt an, die laut Presseangaben mehr als 1000 Kämpfer umfasste, darunter viele Syrer und Jordanier. Hadid galt als einflussreicher Kommandeur und als einer der radikalsten unter den lokalen Militanten. Er schloss sich im Laufe des Jahres Zarqawi und seiner *at-Tauhid wa-l-Jihad* an und wurde lokaler Kommandeur in Falluja.[48] Er verdeutlichte seine Zugehörigkeit beispielsweise, indem er sich vor einer Fahne der Organisation filmen ließ. Im Frühjahr 2005 veröffentlichte CNN zudem Fotos, auf denen Hadid neben Zarqawi saß. Er starb im Winter 2004/05 im Kampf gegen amerikanische Truppen. An Hadids Beispiel zeigt sich besonders deutlich, wie heterogen Zarqawis Gruppe zusammengesetzt ist und dass sie immer mehr zu einer irakischen Organisation wurde. Möglicherweise ist sie viel größer, als die geringe Zahl ausländischer Kämpfer im Irak vermuten lässt. Ohne die Kooperation Hadids jedenfalls hätte Zarqawi in Falluja gar nicht operieren können.

Zarqawi deutete in seiner Zeit im Irak mehrmals an, dass seine Ambitionen über die Befreiung des Zweistromlands von den Amerikanern hinaus reichten und er weiterhin den Sturz seines «nahen Feindes», des jordanischen Königshauses, beabsichtigte. Die Anschlagsplanungen auf die Zentrale des jordanischen Geheimdienstes im April 2004 zeigten dies allzu deutlich. Es ist bezeichnend, dass Zarqawi zu einer Zeit, als er im Irak selbst unter großem Druck der amerikanischen Truppen stand, einen Anschlag in Jordanien organisierte und einen seiner besten Sprengstoffexperten hierfür abstellte. Der Vorgang ist nur zu erklären, wenn man annimmt, dass es Zarqawi weiterhin um den Sturz der Monarchie in seinem Heimatland ging. Tatsächlich behielt er seine auf Jordanien und Palästina orientierten Zielvorstellungen bei, passte seine Strategie allerdings den neuen Gegebenheiten im Irak an. Einer seiner Anhänger stellte Zarqawis Vorstellungen in einem Gespräch mit der Tageszeitung *al-Hayat* vor: Zunächst würde *at-Tauhid wa-l-Jihad* die Amerikaner aus dem Irak vertreiben, wo sie einen islamischen Staat errichten würden. Anschließend würden sie ihren *jihad* auf die Nachbarstaaten ausdehnen, mit dem Ziel der Befreiung Jerusalems.[49] Da Zarqawi über viele irakische Gefolgsleute verfügte, war eine solche Strategieänderung notwendig, wollte er sowohl seine jordanisch-palästinensischen als auch seine irakischen Anhänger sowie die Freiwilligen aus den arabischen Nachbarstaaten angemessen berücksichtigen. Während die Jordanier und Palästinenser die Befreiung Palästinas und den Sturz der jordanischen Herrscherfamilie betrieben, wollten die Iraker die Entstehung eines schiitisch dominierten Staates verhindern und die amerikanischen Truppen vertreiben. Zarqawis Neuorientierung ist durchaus vergleichbar mit dem Bündnis Zawahiris und Bin Ladens aus dem Jahr 1998. Auch damals hatten beide auf der Grundlage ihrer unmittelbaren Ziele – den Kampf gegen den «nahen Feind» in Saudi-Arabien und Ägypten – eine internationale Strategie gegen den «fernen Feind» entwickelt, um auf diese Weise gemeinsam agieren zu können. Ihr vorrangiges Ziel blieben immer ihre Heimatländer.

Zarqawi und al-Qa'ida

Bis Herbst 2004 hatte Zarqawi mehrmals deutlich gemacht, dass er sich durchaus als einen Konkurrenten Usama Bin Ladens betrachtete. Allein die Tatsache, dass er wie sonst nur Bin Laden und Zawahiri eigene Tonbandbotschaften veröffentlichte und eine eigene Fahne entwarf, verdeutlichte, dass er sich als den beiden ebenbürtig sah. Darüber hinaus hatte er immer an seinen eigenen Zielen in Jordanien und Palästina festgehalten und im Irak eine Bürgerkriegsstrategie entwickelt, die sich deutlich von der Vorgehensweise der *al-Qa'ida* abhob. Zwar ist der Hass auf die Schiiten eines der Wesensmerkmale der Ideologie der *al-Qa'ida*, vor allem ihrer saudi-arabischen Mitglieder. Sie halten die Schiiten für Ketzer. Doch hatte Bin Laden daraus nie gefolgert, dass *al-Qa'ida* die Schiiten bekämpfen müsse. Der Kampf gegen die Regierungen der arabischen Welt war ihm wichtiger als die Auseinandersetzung mit der gegnerischen Konfession. Er soll sogar punktuell mit der libanesischen *Hizballah* kooperiert haben.

Mitte Oktober 2004 jedoch veröffentlichten Zarqawi und seine Organisation *at-Tauhid wa-l-Jihad* in islamistischen Webforen eine Erklärung, in der er Usama Bin Laden Gefolgschaft (*bai'a*) schwor, der übliche Vorgang, durch den sich ein Rekrut bis Ende 2001 der *al-Qa'ida* angeschlossen hatte. Seitdem bezeichnet sich seine Gruppe als «*Qa'idat al-Jihad* im Zweistromland» (*Qa'idat al-Jihad fi Bilad ar-Rafidain*) und änderte auch ihre Flagge und ihr Logo, das sie im Internet verwendete. Dies war umso überraschender, als sich «*Jama'at at-Tauhid wa-l-Jihad*» in den vorangegangenen Monaten zu einem weltbekannten Markennamen entwickelt hatte. Bin Laden reagierte in einer Tonbandbotschaft, die Ende Dezember 2004 veröffentlicht wurde, in der er den Anschluss Zarqawis an *al-Qa'ida* bestätigte, ausdrücklich begrüßte und ihn als den Emir der Organisation im Irak bezeichnete.[50] So konnte man glauben, die seit 2002 öffentlich geführte Diskussion über die Zugehörigkeit Zarqawis zur *al-Qa'ida* sei beendet – zugunsten der schon im Februar 2003 von US-Außenminister Powell vor dem UN-Sicherheitsrat vertretenen Ansicht, Zarqawi und seine Anhänger seien ein integraler Bestandteil der *al-Qa'ida*.

Zarqawi hätte den Gefolgschaftseid nicht geleistet, wenn er befürchtet hätte, sich dadurch tatsächlich der Kontrolle Bin Ladens zu unterwerfen. Vielmehr profitiert er davon, dass die Führung von *al-Qa'ida* aus dem afghanisch-pakistanischen Grenzgebiet nicht in der Lage ist, seine Aktivitäten wirksam zu beeinflussen. Es ist noch nicht einmal bekannt, inwieweit beide Seiten fortgesetzt miteinander kommunizieren können. Dennoch nutzt die Kooperation beiden Partnern. Für *al-Qa'ida* hat das Bündnis den Vorteil, dass sie weiterhin den Eindruck erwecken kann, in mehreren Weltteilen aktiv zu sein, obwohl sie selbst nur noch stark eingeschränkt handlungsfähig ist. Der Kampf gegen die Amerikaner im Irak entspricht genau ihren Zielen und hat seit 2003 erheblich dazu beigetragen, dass militante Islamisten in der arabischen Welt einen großen Zulauf haben. Zarqawi für seinen Teil könnte durch ein Bündnis mit *al-Qa'ida* zum einen vermehrt Rekruten aus Saudi-Arabien gewinnen, die möglicherweise ohne ein Placet Bin Ladens nicht bereit wären, für einen Jordanier zu kämpfen, der noch dazu Pläne in seinem Heimatland verfolgt, nicht aber auf der Arabischen Halbinsel. Zum anderen dürfte es Zarqawi auf diese Weise gelingen, Logistik- und Finanzierungsnetzwerke der *al-Qa'ida* in Saudi-Arabien und den kleinen Golfstaaten für seine Zwecke zu gewinnen. Über die Finanzen der Zarqawi-Gruppe ist allerdings wenig bekannt. Sein Drang zur öffentlichen Darstellung könnte auch auf Finanzierungsprobleme hinweisen. Denn seine Videos und Tonbänder sind auch Erfolgsbilanzen und dienen potentiellen Geldgebern als Leistungsnachweis. Ebenso könnte seine antischiitische Ausrichtung auf zahlungskräftige Financiers aus den Golfstaaten abzielen, wo solche Ressentiments weit verbreitet sind. In jedem Fall hat sich Zarqawi faktisch beileibe nicht der *Qa'ida* untergeordnet, und sein Verhältnis zu Bin Laden und Zawahiri ist weiterhin zugleich von Konkurrenz und Kooperation geprägt.

5. Terrorismus und politische Reform

Am 15. Dezember 2004 ließ Usama Bin Laden ein Tonband veröffentlichen, in dem er sich an die saudi-arabische Bevölkerung wandte. Darin erklärte er, dass die beiden mekkanischen Attentäter des 11. September 2001 das World Trade Center und das Pentagon zerstört hätten, «um Mekka und seine Umgebung (d.h. den Hijaz und Saudi-Arabien, G.S.) zu verteidigen.» Der *al-Qa'ida*-Führer sprach damit nach langer Zeit wieder einmal deutlich aus, worum es ihm vor allem ging: um den Sturz der saudi-arabischen Regierung, indem er den «fernen Feind» attackierte, um den «nahen Feind» zu schlagen. Dass *al-Qa'ida* die USA auf ihrem eigenen Territorium angegriffen hatte, verdeckte zeitweilig die starke regionale Dimension des Anschlags.

Die Ereignisse im Irak und in Saudi-Arabien seit 2003 zeigen deutlich, dass die Militanten weiterhin auf die Regime in ihren Heimatländern abzielen und die Wurzeln des islamistischen Terrorismus in der arabischen Welt zu suchen sind. Usama Bin Laden, Aiman az-Zawahiri, Abu Mus'ab az-Zarqawi und ihre Anhänger waren zu Beginn ihrer Karrieren Angehörige islamistischer Oppositionsbewegungen, die den Umsturz in ihren Heimatländern zum Ziel hatten. Auch wenn sie im Laufe der Zeit weitergehende Ziele entwickelt haben, so zum Beispiel den amerikanischen Rückzug aus der arabischen Welt, geschah dies vor dem Hintergrund ihrer nationalen Ausrichtung. Dies wurde nach 2001 offensichtlich, als viele Militante aus Afghanistan in ihre Heimatländer zurückkehrten, um dort ihren Kampf fortzuführen. Diejenigen, die sich entschieden, nicht in ihr Heimatland zurückzukehren, verfolgten anderswo Ziele, die meist einen deutlichen Bezug zu ihrem Heimatland aufwiesen. So begaben sich viele Jordanier – palästinensischstämmige und Ostjordanier – in den Irak, wo sie ab 2003 die multinationalen Besatzungstruppen und schon bald den neu entstehenden irakischen Staat bekämpften. Doch machte Zarqawi durch seine geplanten Anschläge in Jordanien deutlich, dass es ihm und seinen Anhängern weiterhin um den Kampf gegen das jordanische Königshaus ging. Sehr pragmatisch bezeichnete er den Irak nun als Ausgangspunkt für eine Befreiung seiner Nachbarländer.

Die Angriffe der militanten Islamisten auf die Regierungen ihrer Heimatländer verweisen auf die wichtigste Ursache dieser Konflikte: Despotische Regime in Saudi-Arabien, Ägypten, Syrien, Jordanien, Algerien u. a. haben sich über Jahrzehnte als nicht fähig und häufig auch nicht willens erwiesen, die Probleme ihrer Staaten zu lösen. Dies gilt für die katastrophale Wirtschaftslage, soziale Probleme wie die Arbeitslosigkeit, vor allem unter Jugendlichen, die sogar die reichen Golfmonarchien ergriffen hat, sowie eine verbreitete Wahrnehmung, einem überlegenen Westen wirtschaftlich und kulturell schutzlos ausgeliefert zu sein. Fehlende Aussicht auf politische Partizipation, sei es für Islamisten, sei es für andere Oppositionelle, und die Unterdrückung oppositioneller Bestrebungen führten dabei nahezu zwangsläufig dazu, dass der Widerstand militante Ausdrucksformen annahm. Den Militanten ging es nicht mehr nur um Partizipation, sondern um uneingeschränkte Macht. Da sie meist unterlegen waren, wählten sie häufig terroristische Methoden.

Diese Analyse gilt nicht nur für diejenigen Länder, die von amerikanischen und europäischen Kommentatoren und Regierungen schon einmal als «Schurkenstaaten» bezeichnet werden oder wurden, wie beispielsweise Libyen, Syrien oder der Sudan, sondern gilt ausnahmslos auch für Staaten, die aufgrund ihrer pro-westlichen außenpolitischen Orientierung als «gemäßigt» angesehen werden. Marokko, Tunesien, Ägypten und Jordanien sind ebenso Diktaturen wie Syrien, der Sudan oder Saudi-Arabien und in allen diesen Ländern hat die repressive Innenpolitik die Entstehung militanter Gruppierungen begünstigt. Inwieweit es sich hier um «gemäßigte» Staaten handelt, sollte zunächst anhand der Innenpolitik oder – noch konkreter – des Umgangs mit innenpolitischen Gegnern untersucht werden. Legt man strenge Maßstäbe an, wird es allerdings schwierig, in der arabischen Welt «gemäßigte» Staaten zu finden. Dementsprechend findet sich auch kaum ein Land, in dem es keine militanten Oppositionsgruppen gibt.

Wenn es nicht gelang, sich gegen den «nahen Feind» zu Hause durchzusetzen und wenn die Gegenmaßnahmen des Staates zu greifen begannen, setzten sich viele Einzelpersonen und zumindest einzelne Splittergruppen ins Ausland ab. Häufig handelte es sich bei den Zielländern um solche Staaten, in denen sie politisches Asyl und damit Sicherheit vor Verfolgung durch ihre Regierung erhalten konnten. So siedelten sich Militante aus der arabischen Welt in allen Ländern des Westens an. Zentren bildeten sich vor allem in England und in Frankreich, aber auch in allen anderen westeuropäischen Staaten, in den USA, Kanada und Australien entstanden militante Exilgruppen. Andere flüchteten in den Sudan, nach Afghanistan oder in Krisengebiete, in denen Muslime – so zumindest die Wahrnehmung der Islamisten – gegen Nichtmuslime kämpften, wie in Bosnien bis 1995 oder in Tschetschenien. Die militanten Gruppen versuchten jeweils, eine sichere Operationsbasis einzurichten, von der aus sie wiederum gegen den «nahen Feind» vorgehen konnten. In Frankreich aber ging die GIA zwischen 1994 und 1996 auch dazu über, den Aufnahmestaat zu attackieren, da dieser die Regierung ihres Heimatlandes im Kampf gegen die Islamisten unterstützte.

Ein Einschnitt wurde in der Regel dann erreicht, wenn sich abzeichnete, dass die jeweiligen Gruppierungen auch aus dem Ausland gegen ihre Regierungen keinen Erfolg haben würden. Viele ließen vom bewaffneten Kampf ab, einige jedoch entwarfen eine neue Strategie, die sich gegen den wichtigsten Verbündeten der Regime ihrer Heimatländer richtete: die USA oder den Westen und Israel, den «fernen Feind». Auf diese Weise hofften sie, die Unterstützung anderer Gruppen zu gewinnen, die ähnliche Probleme hatten. Das wichtigste Beispiel für einen solchen Wandel war derjenige Teil des ägyptischen *Jihad*, der sich unter der Führung Aiman az-Zawahiris ab Mitte der 1990er Jahre einer internationalen Strategie, die auf den «fernen Feind» USA abzielte, verschrieb. Ein weiteres Beispiel stellt der Jordanier Zarqawi dar, der im Irak im Jahr 2004, um die Unterstützung von Irakern zu gewinnen, den Kampf gegen die USA und den irakischen Staat zu seinem Hauptziel erklärte. Heute zeichnet sich vor allem in Algerien ein ähnlicher Prozess ab. Dort gehen die Sicherheitskräfte seit einigen Jahren mit guten Erfolgen gegen GIA und GSPC vor, so dass die GSPC sich öffentlich bereits an *al-Qa'ida* und Abu Mus'ab az-Zarqawi gewandt hat, vermutlich um deren Unterstützung zu gewinnen. Eine Internationalisierung des Kampfes der GSPC mit allen damit verbundenen Folgen für die algerische Diaspora in Europa ist mittlerweile nicht mehr auszuschließen.

Die militanten Islamisten bevorzugten als Aufnahmeländer insbesondere liberale Staaten der westlichen Welt. Sie teilten diese Präferenz mit großen Diasporagemeinschaften, die bereits dort lebten und von dem Trend zu islamistischen Politikmodellen und zur Radikalisierung ebenso betroffen waren wie die Bewohner ihrer Herkunftsländer. Die gewaltbereiten Islamisten in der europäischen Diaspora zeigten dabei eine weitaus stärkere Neigung zu einer internationalen Strategie, da ihre Bindung an ihre Heimatländer naturgemäß etwas schwächer war. In Europa dominierten lange Zeit Algerier die militante Szene. Im Jahr 2000 wurden beispielsweise Angehörige der so genannten Meliani-Gruppe in Frankfurt festgenommen, weil sie geplant hatten, einen Anschlag auf den Weihnachtsmarkt in Straßburg zu verüben. Im folgenden Jahr nahm die Polizei den algerischstämmigen Franzosen Jamel Beghal (Biqal) unter dem Verdacht fest, er habe einen Anschlag auf die amerikanische Botschaft in Paris geplant. Erst nach dem 11. September wurden die Algerier vermehrt von Marokkanern abgelöst, die für die Attentate in Madrid und die Ermordung des niederländischen Filmemachers Theo van Gogh im November 2004 verantwortlich waren. Im Juli 2005 schließlich verübte eine von Pakistanis dominierte Zelle den ersten Anschlag von London, bei dem 52 Opfer starben; das zwei Wochen später in der britischen Hauptstadt vereitelte Attentat auf U-Bahnen und einen Bus hatte eine Gruppe junger Ostafrikaner organisiert.

Doch auch diejenigen Anschläge, die scheinbar keiner nationalen Zielsetzung mehr folgten, zeigten immer wieder Charakteristika, die auf ihre Bindung an islamistische Bewegungen in ihren Heimatländern verwiesen. So war es kein Zufall, dass die überwiegende Mehrheit der Attentäter von Madrid aus Marokko stammte. Der Hass der marokkanischen Islamisten auf den mächtigeren und reicheren Nachbarn im Norden ist nämlich ebenso groß wie der Wunsch vieler Marokkaner, in Spanien zu leben. Marokko exportiert hier seine militanten Gruppen nach Europa. Dennoch zeigt sich an den Anschlägen marokkanischer Täter, dass die Bindung islamistischer Terroristen an ihre Heimatländer schwächer und ihre Aktivitäten damit immer mehr zu einem rein europäischen Problem werden. Der Mörder van Goghs beispielsweise, Muhammad Bouyeiri, agierte zwar im Rahmen einer marokkanischen Gruppierung, war jedoch bereits in den Niederlanden geboren und wies – soweit dies bekannt ist - über seine Umgebung hinaus keinerlei Verbindung mit dem Herkunftsland seiner Eltern mehr auf. Dies galt weitgehend auch für die ostafrikanischen Attentäter in London im Juli 2005.

Das wichtigste Schlachtfeld der islamistischen Militanten ist seit 2003 der Irak geworden. Mit dem Irak-Krieg ist der islamistische Terrorismus zunächst einmal wieder in diejenige Region zurückgekehrt, aus der er stammt, und die Länder des arabischen Ostens sind erneut die wichtigsten Aktionsgebiete geworden, die sie bis Mitte der 1990er Jahre gemeinsam mit Algerien schon waren. Ob sie sich im Irak und seinen Nachbarstaaten werden halten können, hängt in erster Linie davon ab, ob es der irakischen Regierung gelingen wird, die innere Sicherheit zu gewährleisten. Nicht ohne Grund haben die Aufständischen die Sicherheitskräfte seit 2004 zu ihrem wichtigsten Ziel erkoren. In jedem Fall werden kampferprobte Militante aus dem Irak ins Ausland ziehen und versuchen, ihre Aktivitäten dort fortzusetzen. Das liberale Europa bietet sich für einige von ihnen an, die meisten werden jedoch in ihre Heimatstaaten zurückkehren, nach Saudi-Arabien, Syrien, Jordanien, Kuwait u. a.

Schon heute hat die Situation im Irak die innere Sicherheit seiner Nachbarstaaten massiv beeinträchtigt, wie sich vor allem am Beispiel Saudi-Arabiens nachweisen lässt. Insgesamt hat der Krieg im Irak zu einer Destabilisierung der Nachbarländer geführt.

Syrien war schon vor Kriegsbeginn im Frühjahr 2003 schnell zum wichtigsten Transitland der islamistischen Freiwilligen geworden, weil Organisationen wie die *Ansar al-Islam* oder die Zarqawi-Gruppe dort über eine funktionierende Infrastruktur verfügen. Während die Führung in Damaskus diese Reisebewegungen zu Beginn zumindest wohlwollend duldete, versuchte sie später auf Druck der USA, die Kämpfer an der Einreise und am Grenzübertritt zu hindern. Dass dies nur unzureichend gelang und dass sehr viele Freiwillige im Irak aus Syrien selbst stammen, ist ein Warnzeichen. Der starke militante Untergrund in Syrien ist umso bemerkenswerter, als der syrische Diktator Hafiz al-Asad die einheimischen Islamisten schon zu Beginn der 1980er Jahre besiegt zu haben schien.

Zwischen 1979 und 1982 tobte ein blutiger Konflikt zwischen islamistischen Gruppierungen und dem Staat der Baath-Partei, den Asad erst beenden konnte, nachdem Regierungstruppen einen Aufstand in der mittelsyrischen Stadt Hama im Februar 1982 blutig niedergeschlagen hatten. Besorgnis erregend ist insbesondere, dass viele Militante, die heute in den Irak ziehen, aus denjenigen Städten – wie in erster Linie dem nordsyrischen Aleppo – stammen, die schon in den 1970er und 1980er Jahren Hochburgen der Gewalt waren. Darüber hinaus griffen vermutlich islamistische Täter im April 2004 ein leer stehendes Gebäude der Vereinten Nationen in Damaskus an, ohne dass dabei ein größerer Schaden entstand. Obwohl nicht ausgeschlossen ist, dass syrische Geheimdienste solche «Vorfälle» inszenieren, um Syrien als Opfer des Terrorismus zu präsentieren, handelt es sich hierbei nur um einen von mehreren Hinweisen auf den Fortbestand des islamistischen Untergrunds in Syrien selbst. In Anbetracht der außenpolitischen Isolation des Landes und einer Vielzahl sozio-ökonomischer Probleme ist deshalb in den kommenden Jahren mit schweren innenpolitischen Verwerfungen zu rechnen.

Auch in Kuwait wirkte sich der Irak-Krieg negativ auf die innere Sicherheit aus. Die dort im Juli 2004 ausgehobene Organisation, die Jugendliche über Syrien in den Irak schleuste, war nur ein erster Warnhinweis. Kuwait war ansonsten dasjenige Land, in dem sowohl die Regierung als auch die Mehrheit der Bevölkerung dem amerikanischen Krieg im Irak am aufgeschlossensten gegenüberstand, da es bereits einmal zum Opfer Saddam Husains geworden war. Doch auch hier führte der Krieg zu einer Radikalisierung militanter Kreise. Im Januar 2005 trat eine Gruppierung auf den Plan, die unter der Bezeichnung «Brigaden der Löwen der Halbinsel» (*Kata'ib Usud al-Jazira*) bekannt wurde, obwohl sie mehrere Namen trug. Ihre Anhänger lieferten sich insgesamt vier blutige Feuergefechte mit kuwaitischen Sicherheitskräften. Ihr Führer, ein bekannter einheimischer Militanter namens Khalid ad-Dausari, konnte wie einige weitere Personen fliehen. Da Kuwaitis in der *al-Qa'ida* im Verhältnis zur geringen Bevölkerungszahl des Golfemirats stark überrepräsentiert waren und mit Sulaiman Abu Ghaith für einige Zeit einen der Sprecher der Organisation stellten, waren nach 2001 Sicherheitsprobleme zu erwarten. Mittlerweile scheint die Lage unter Kontrolle zu sein, doch ist unklar, wie groß die militante Szene im Land ist.

Sollten die Besatzungstruppen die Sicherheitslage im Irak nicht stabilisieren können, sind die Folgen nicht absehbar. Ein solches Szenario ist vor allem dann realistisch, wenn die irakischen Aufständischen es schaffen sollten, einen Bürgerkrieg zwischen Sunniten und Schiiten zu provozieren. In diesem Fall würden die Anrainer versuchen, ihre eigenen Interessen zu wahren, und in direkter oder indirekter Form intervenieren. Vermutlich würde sich das irakische Kurdistan abspalten und so die Türkei auf den Plan rufen. Iran würde ihm loyalen schiitischen Gruppierungen helfen, während Saudi-Arabien und Syrien vermutlich sunnitische Milizen unterschiedlicher ideologischer Ausrichtung unterstützen würden. Auch die islamistischen Militanten könnten sich langfristig in der Region behaupten.

Unabhängig davon, ob eine Stabilisierung des Irak gelingt, wird der Konflikt auch Auswirkungen auf die Sicherheitslage in Europa haben. Die im Irak aktiven militanten Gruppen verfügen über Unterstützernetzwerke in Italien, Skandinavien, Deutschland und vermutlich außerdem in anderen europäischen Ländern. Der Irak-Krieg hat auch unter hier lebenden Islamisten zu einer bisher beispiellosen Radikalisierung geführt. Dennoch scheint die Zahl der aus Europa stammenden Kämpfer im Irak sehr gering zu sein. Wäre dem nicht so, müssten in den im Internet kursierenden Listen mehr Nachrichten über tote Freiwillige vorliegen. Europäische Islamisten scheinen sich bisher auf die logistische Unterstützung der im Irak agierenden Gruppen zu konzentrieren. Sollten aber größere Zahlen, mindestens einige Dutzend, zurückkehren, würden sie auch zu einer direkten Bedrohung für die innere Sicherheit hier. Es wäre zu befürchten, dass sie ihre im Kampf gegen die Besatzungstruppen und den neuen irakischen Staat gewonnenen Erfahrungen in ihren Aufnahmeländern weitergäben und ihren Kampf, diesmal gegen den «fernen Feind» in Europa, fortsetzten.

Eine erfolgreiche Terrorismusbekämpfung ist nur möglich, wenn man den militanten Aktivisten die Zustimmung ihrer Sympathisanten nimmt. Hierzu gilt es, die tiefer liegenden Probleme, auf die ihre Aktivität hinweist, zu lösen. Die große Zahl von Sympathisanten, die *al-Qa'ida* und auch die Zarqawi-Gruppe in der arabischen

Welt haben, ist ein Hinweis darauf, dass die Forderungen Bin Ladens, Zawahiris und Zarqawis die Stimmung der dortigen Bevölkerung widerspiegeln und gleichzeitig geschickt manipulieren.

Die Menschen in diesen Staaten fordern politische Partizipation, mit dem Ziel, ihre sozialen und wirtschaftlichen Probleme anschließend selbst zu lösen. Dahin gehende Reformen in Saudi-Arabien, Ägypten und allen anderen Staaten der arabischen Welt sind der erste notwendige Schritt, will man *al-Qa'ida* und ihren Verbündeten die Argumentationsgrundlage und damit auch die Rekrutierungsbasis entziehen. Der Anstoß hierzu muss aus den Ländern selbst kommen, die dortigen Zivilgesellschaften sind jedoch zu schwach, um sich gegen ihre Regierungen durchzusetzen. Hier muss der Westen eingreifen. Die Bush-Administration hat dieses Problem erkannt und die Demokratisierung der arabischen Welt als eines ihrer wichtigsten Ziele für die nächsten Jahre definiert. Tragischerweise fehlt ihr das Bewusstsein, dass es sich dabei um einen langwierigen Prozess handeln wird, der sich über Jahrzehnte hinziehen kann. Darüber hinaus hat sie sich mit dem Irak-Krieg vieler Handlungsoptionen beraubt. Sie wird auf Jahre hinaus Truppen im Irak stationieren müssen, bis die neue irakische Regierung in der Lage sein wird, den Aufstand selbst einzudämmen. Die überwältigende Beteiligung der Schiiten und Kurden an den Wahlen im Januar 2005 gibt zwar einigen Anlass zu Optimismus. Ob es den USA indes letztendlich gelingen wird, einen demokratischen Irak als leuchtendes Beispiel für die Region aufzubauen, ist vor dem Hintergrund der aktuellen Situation eher fraglich. Erfolgversprechender, wenn auch viel weniger spektakulär ist es, langfristig auf umfassende politische, wirtschaftliche und soziale Reformen in den Heimatländern der islamistischen Militanten zu drängen. Eine solche Strategie wird die Terroristen nicht beeinflussen, aber sie wird helfen, die verbreiteten Sympathien für die militanten Gruppen zu reduzieren und ihre Rekrutierung und Finanzierung zu erschweren.

Anhang

Anmerkungen

1. Islamistischer Terrorismus

1 Krämer, Gottes Staat, S. 190
2 Eine englische Übersetzung des Werkes liegt vor: Qutb, Sayyid: Milestones, Chicago 1993
3 Der *jihad*-Begriff wird von islamistischen Militanten meist in der Bedeutung von «Kampf» und «heiliger Krieg» verwendet, auch wenn der Ausdruck an sich vieldeutig ist und Bemühungen im Dienste des Glaubens allgemein bezeichnet.
4 So z. B. Roy, L'échec

2. al-Qa'ida *zwischen dem «nahen» und dem «fernen» Feind*

1 Burke, Al-Qaeda, S. 63 f.
2 Ebd., S. 65
3 So 'Abdallah Anas, der Schwiegersohn 'Abdallah 'Azzams, in einem Interview mit der New York Times. New York Times vom 14. Januar 2001 (One man and a global web of violence)
4 Auda, Normalization, S. 398
5 Zu diesen Zahlen vgl. Bergen, Heiliger Krieg, S. 79 f.
6 Jamal al-Fadl lieferte die meisten Informationen zur Vorgeschichte und Frühzeit der *al-Qa'ida* im Prozess zu den Anschlägen auf die amerikanischen Botschaften in Nairobi und Daressalam im August 1998. U.S. Embassy Bombing Transcript, Day 2, February 6, 2001 (http://www.ict.org.il/documents/documentdet.cfm?docid=43)
7 New York Times vom 14. Januar 2001 (One man and a global web of violence)
8 'Azzam, 'Abdallah: *ad-Difa' 'an aradi l-muslimin ahamm furud al-a'yan*, o. O., o. J. (http://www.tawhed.ws/r?i=1594)
9 'Azzam, 'Abdallah: *Ilhaq bi-l-qafila*, Peschawar, o. J., Teil 3, S. 1 (http://www.tawhed.ws/r?i=1600)
10 'Azzam, 'Abdallah: *Basha'ir an-Nasr*, Peschawar 1988, S. 5. (http://www.tawhed.ws/a?i=77)
11 'Azzam, *ad-Difa'*, S. 17
12 Burke, Al-Qaeda, S. 55
13 Zur Schlacht von Jaji vgl. Zaidan, Ahmad: Bin Laden ohne Maske (*Bin Laden bi la qina'*), Beirut 2003, S. 72 f.
14 Zu Zawahiris Biographie vgl. Wright, The Man behind Bin Laden
15 Faraj, Muhammad 'Abdassalam: *al-Jihad, al-farida al-gha'iba*, o.O, o.J. (http://www.tawhed.ws/a?i=8), S. 3

16 Ebd., S. 14
17 Sivan, Radical Islam, S. 96–98
18 Faraj, *al-Jihad*, S. 4
19 Ebd., S. 11
20 New York Times vom 14. Januar 2001 (One man and a global web of violence)
21 Der ägyptische *al-Qa'ida*-Funktionär Saif al-'Adl beschrieb diese Bemühungen noch im Juni 2005 in Bezug auf den Jordanier Abu Mus'ab az-Zarqawi. «Der jihadistische Lebenslauf des Führers, des Menschenschlächters Abu Mus'ab az-Zarqawi» (*as-Sira al-jihadiya li-l-qa'id adh-dhabbah Abi Mus'ab az-Zarqawi*) (http://www.qal3ati.net/vb/showthread.php?t=125862)
22 Dies bestätigte auch der damalige saudi-arabische Geheimdienstchef Prinz Turki al-Faisal in einem Interview mit der Welt vom 31. März 2005
23 Vgl. hierzu und im Folgenden: Lesch, Osama Bin Laden's Business, S. 203–209
24 Vgl. hierzu und im Folgenden: Schröm, Al Qaida, S. 14–52
25 9/11 Commission Report, S. 73 und S. 147
26 Zu seiner Biographie vgl. Los Angeles Times vom 22.12.2002 (The Plots and Designs of Al Qaeda's Engineer); 9/11 Commission Report, S. 145 ff.
27 Gunaratna, Inside Al Qaeda, S. 38
28 CNN Interview mit Usama Bin Laden, März 1997 (http://news.findlaw.com/hdocs/docs/binladen/binladenintvw-cnn.pdf)
29 Teitelbaum, Holier than Thou, S. 57 f.
30 Lesch, Osama Bin Laden's Business, S. 208
31 Grundlage der folgenden Ausführungen ist der arabische Originaltext.
32 *al-Hayat* vom 2. September 2004 (Die in Pakistan verhafteten Ägypter stehen in Opposition zu Bin Laden)
33 Al-Sharq al-Awsat Publishes Extracts from Al-Jihad Leader Al Zawahiri's New Book (www.fas.org). Die zitierte Textstelle findet sich im letzten Teil der Artikelserie.
34 Burke, Al-Qaeda, S. 136
35 Washington Post vom 29. Oktober 2002 (Al Qaeda's new leaders)
36 Der Text der Erklärung wurde am 23. Februar 1998 in der palästinensischen Tageszeitung *al-Quds* in London veröffentlicht: *Nass bayan al-jabha al-islamiya al-'alamiya li-jihad al-yahud wa-s-salibiyin*
37 New York Times vom 6. November 2003 (Terrorists in Kenya posed as fishermen, a report says)
38 9/11 Commission Report, S. 68–70
39 Shultz, Richard H./Ruth Margolies Beitler: Tactical Deception and Strategic Surprise in Al-Qaida's Operations, in: Middle East Review of International Affairs, Vol. 8, No. 2 (June 2004), S. 65
40 The Guardian vom 3. März 2003 (Womaniser, joker, scuba diver: the other face of al-Qaida's No 3)
41 Vgl. hierzu und im Folgenden: 9/11 Commission Report, S. 147 ff.
42 9/11 Commission Report, S. 160
43 Die Informationen zum Islamismus in Südasien entstammen dem Text: Hartung/Steinberg, Islamistische Gruppen und Bewegungen

44 Burke, Al-Qaeda, S. 164
45 Auch der *Qa'ida*-Ideologe Abu Mus'ab as-Suri kritisierte im Jahr 1999 Bin Ladens häufige öffentliche Erklärungen, mit denen er die Taliban und Mulla 'Umar provozierte. The Atlantic Monthly vom September 2004 (Inside Al-Qaeda's Hard Drive), S. 59
46 Prinz Turki al-Faisal berichtete dies in in mehreren öffentlichen Äußerungen. The Guardian vom 5. November 2001 (Taliban agreed Bin Laden handover in 1998)
47 Es gibt zahlreiche Belege für Meinungsverschiedenheiten zwischen Ägyptern einerseits und Saudis und anderen Angehörigen der Organisation andererseits. U.S. Embassy Bombing Transcript, Day 2, February 6, 2001; The Atlantic Monthly vom September 2004 (Inside Al-Qaeda's Hard Drive), S. 64f.
48 Ahmed Ressam machte dementsprechende Aussagen. New York Times vom 4. Juli 2001 (Terrorist details his training)
49 Burke, Al-Qaeda, S. 154
50 Ebd., S. 152f. und 186f.
51 Zu den Komitees vgl. U.S. Embassy Bombing Transcript, Day 2, February 6, 2001.
52 9/11 Report, S. 67, Anm. 82
53 Christian Science Monitor vom 28. September 2004 (Al Qaeda's Usbek bodyguards)
54 New York Times vom 6. November 2002 (Yemen killing based on rules set out by Bush)
55 Washington Post, 16. Juni 2002 (Three Saudis seized by Morocco outline post-Afghanistan strategy)
56 New York Times vom 24. Dezember 2002 (Terror suspect's departure from Germany raises concern in other nations)
57 *ash-Sharq al-Ausat* vom 23. November 2004 (Die Gerichtsverfahren von Istanbul)
58 Bin Laden's Warning: Full Text (http://news.bbc.co.uk/1/hi/world/south_asia/1585636.stm)
59 Nahost Jahrbuch 2003. Politik, Wirtschaft und Gesellschaft in Nordafrika und dem Nahen und Mittleren Osten, hrsg. von Deutsches Orient-Institut, Hanspeter Mattes, Wiesbaden 2004, S. 134f.
60 Bin Laden Tape: Text (http://news.bbc.co.uk/2/hi/middle_east/2751019.stm)
61 Le Monde vom 24. März 2004 (Un Franco-Marocain suspecté dans les attentats de Casablanca et de Madrid)
62 *ash-Sharq al-Ausat* vom 1. April 2004 (Spanien veröffentlicht internationalen Haftbefehl für Majati)
63 *ash-Sharq al-Ausat* vom 12. Dezember 2003 (Unter den 26 gesuchten in Saudi-Arabien ...)
64 Darif, El Grupo Combatiente Marroquí
65 Washington Post vom 16. Juni 2002 (Three Saudis seized by Morocco outline post-Afghanistan strategy)
66 Belaala, Selma: Misère et djihad au Maroc, in: Le Monde Diplomatique (Novembre 2004), S. 16f.

67 So der marokkanische Islamismusforscher Mohamed Darif in einem Presseinterview. The Guardian vom 17. März 2004 (Moroccan connection brings old enemies into a new relationship)
68 Neue Zürcher Zeitung vom 10. März 2005 (Die Attentate vom 11. März als Spitze eines Eisbergs)
69 «*Iraq al-jihad amal wa-akhtar*», o. O., o. J. (http://www.e-prism.org/images/book_-_Iraq_al-Jihad.doc)
70 Der Originaltext «Leaderless Resistance» kursiert heute auf zahllosen Webseiten. Leaderless Resistance by Louis Beam, published in The Seditionist 12, February 1992
71 Jessica Stern behauptet, dass die Theorie Beams auf vielen islamistischen Webseiten diskutiert wird, ohne dies allerdings zu belegen. Stern, Jessica: The Protean Enemy, S. 33
72 New York Times vom 23. Januar 2003 (Suspect describes ordeal of slain reporter)
73 Zu seiner Biographie vgl. bspw. New York Times vom 7. Februar 2002 (Prominent Muslim militant is named a suspect in Pearl case)
74 Diese Gruppierung nannte sich zur Zeit ihrer Gründung in den frühen 1980er Jahren *Harakat al-Ansar* (Bewegung der Helfer [des Propheten, G.S.]) und wurde ungefähr zur Zeit der Flugzeugentführung umbenannt. Während sie sich zunächst am Kampf gegen die sowjetischen Truppen in Afghanistan beteiligte, operierte sie ab 1993 in Kaschmir. Sie hat ihr Hauptquartier im pakistanischen Raiwind bei Lahore und die meisten ihrer Kämpfer sind Pakistanis
75 New York Times vom 3. Juli 2002 (Al Qaeda paid for car bomb at U.S. office, Pakistani says)
76 New York Times vom 25. Dezember 2004 (2 Soldiers sentenced for trying to kill Musharraf)
77 Asia-Pacific Foundation Analysis: US Terror Plot, Three Indicted, London, 12 April 2005
78 New York Times vom 30. Juli 2004 (Pakistan reports arrest of a suspect in '98 embassy bombings)
79 New York Times vom 2. August 2004 (U.S. warns of high risk of Qaeda attack)
80 Asia-Pacific Foundation Analysis: US Terror Plot, Three Indicted, London, 12 April 2005
81 New York Times vom 8. Februar 2004 (Regional terrorist groups pose growing threat)
82 Sikand, Islamist Militancy in Kashmir

3. Epizentren des islamistischen Terrorismus

1 Sirriya und seine Anhänger nannten die Gruppe «Jugend Muhammads» (*Shabab Muhammad*)
2 Kepel, Prophet, S. 97–99
3 Ebd., S. 71–108; Auda, Normalization, S. 377 f. und S. 381 f.

4 Ein Beispiel war die ägyptische Samawiya. Auda, Normalization, S. 399 f.
5 Le Monde vom 26. September 2001 (Plusieurs personnes interpellées seraient membres du 'Takfir)
6 Fawzi/Lübben, *Jama'a al-islamiya*, S. 10 f.
7 Kepel, Prophet, S. 159–162
8 Ebd., S. 225–227
9 Ebd., S. 139 und 223 f.
10 Auda, Normalization, S. 400
11 Islamism in North Africa II: Egypt's Opportunity, S. 5 f.
12 'Abdarrahman, 'Umar: *Kalimat haqq*, o. O. o. J. (http://www.tawhed.ws/a?i=378)
13 Vgl. bspw. Auda, Normalization, S. 409, Anm. 30
14 Weaver, Mary Ann: Anatomy of the Terror Enterprise, in: The Atlantic Monthly, May 1996 (www.theatlantic.com)
15 Bergen, Heiliger Krieg, S. 93 und S. 176
16 Gunaratna, Inside Al Qaeda, S. 101
17 USA v. Omar Ahmad Ali Abdel Rahman et al: 93-CR-181-KTD (www.findlaw.com)
18 Kepel, Schwarzbuch, S. 345–348
19 Ebd., S. 344
20 Fawzi/Lübben, *Jama'a al-islamiya*, S. 5
21 Al Ahram Weekly 402 vom 5.–11. November 1998 (Struggle within the ranks)
22 Al Ahram Weekly 556 vom 18.–24. Oktober 2001 (Egypt's most wanted)
23 Sheikh Rifa'ey Ahmad Taha, an official from Jama'a Islamia states: «The Islamic State in Egypt is Approaching, in: Nida'ul Islam, April-May 1997 (www.islam.org.au), zitiert nach: http://www.fas.org/irp/world/para/docs/egypt.htm
24 Islamism in North Africa II: Egypt's Opportunity, S. 8
25 Ebd.
26 *al-Hayat* vom 9. Oktober 2004 (Ein Lesestück über die möglichen Schuldigen)
27 Al Ahram Weekly 424 vom 8.–14. April 1999 (Jihad reject cease-fire)
28 Zu den Bekennerschreiben vgl. *al-Hayat* vom 9. Oktober 2004 (Ein Lesestück über die möglichen Schuldigen)
29 *ash-Sharq al-Ausat* vom 18. April 2005 (Das ägyptische Innenministerium ...)
30 *ash-Sharq al-Ausat* vom 11. April 2005 (Die *Azhar*-Operation)
31 Zu den «Salafisten» in Jordanien vgl. Wiktorowicz, Islamic Activism, S. 111–146
32 Zu seiner Biographie vgl. al-Majdhub, Muhammad: Gelehrte und Intellektuelle, die ich kannte (*'Ulama wa-mufakkirun 'araftuhum*), 2. Bde., Kairo 1986, Bd. 1, S. 287–325
33 Wiktorowicz, Islamic Activism, S. 139
34 *al-Hayat* vom 15. Dezember 2004 (Zarqa brachte Khalaila und Maqdisi hervor ...)
35 Diese Angaben stammen aus einem Interview mit dem libyschen Afghanistanveteranen Nu'man b. 'Uthman. *al-Hayat* vom 8. November 2004

36 Die Angaben zum Lebenslauf stammen aus einem Interview, das er einer australischen islamistischen Internetzeitschrift im Jahr 1997 aus dem Gefängnis gab. Nida'ul Islam interviews the imprisoned Sheikh Abu Muhammad Al-Maqdissy (www.islam.org.au/articles/21maqdisy.htm)
37 al-Maqdisi, Abu Muhammad: *Millat Ibrahim*, o.O. 1985 (http://www.tawhed.ws/r?i=1)
38 *az-Zarqawi*, *Munasara wa-Munasaha*, o.O. o.J. [2004] (http://www.tawhed.ws/r?i=2979)
39 Milton-Edwards, Jordan's Islamist Movement, S. 127–130
40 Gunaratna, Inside Al Qaeda, S. 118f.
41 Los Angeles Times vom 12. Februar 2002 (Jordan sentences bomb plotter)
42 Burke, Al-Qaeda, S. 179–183
43 New York Times vom 30. Oktober 2002 (Investigators in Jordan seek clues in death of U.S envoy)
44 Red Alert In Jordan (ICG), S. 2
45 Los Angeles Times vom 27. September 2004 (War blazed imam's path to extremism)
46 Jordan Times vom 18. Oktober 2004 (Jordan indicts Zarqawi, 12 others in terror plot)
47 Diese Audiobotschaft kursierte in verschiedenen islamistischen Webforen. Vgl. auch New York Times vom 1. Mai 2004 (New tape is attributed to wanted Qaeda figure)
48 Mehrere militante Gelehrte befassten sich mit Fragen der Apokalypse, darunter Sulaiman al-'Ulwan und Nasir al-Fahd
49 *ash-Sharq al-Ausat* vom 6. April 2005 (Sa'ud al-Qutaini al-'Utaibi ...)
50 *Mudhakkirat an-Nasiha*, Muharram 1413/Juli 1992, o.O.
51 Saudi Arabia Backgrounder (ICG), S. 6
52 Interview des Autors mit schiitischem Oppositionellen, London, 24. August 2001
53 Nahost Jahrbuch 2000, hrsg. vom Deutschen Orient-Institut Hamburg, Thomas Koszinowski und Hanspeter Mattes, Opladen 2001, S. 142
54 Zu seiner Biographie vgl. *Saut al-Jihad* 1, S. 14–17; *Saut al-Jihad* 2, S. 13–17
55 *Mustaqbal al-'Iraq wa-l-Jazira al-'Arabiya ba'da suqut Baghdad*, von Yusuf b. Salih al-'Uyairi, o.O., o.D. [2003]
56 The Times vom 14. Mai 2003 (Terrorists had sights set on US experts)
57 The Operation of 11 Rabi al-Awwal: The East Riyadh Operation and our War with the United States and its Agents, published by the Center for Islamic Studies and Research, FBIS Translated Text (http://www.why-war.com/files/qaeda_east_riyadh_operation.html)
58 Arab News vom 10. November 2003; New York Times vom 10. November 2003
59 *al-Hayat* vom 8. Dezember 2003 (*al-Qa'ida* ist ein Ballon voll Wasser...)
60 Saudi Arabia Backgrounder (ICG), S. 13
61 Muqrin selbst schilderte seine Biographie in einem «Interview» in *Saut al-Jihad* 1, S. 19–23
62 *Mu'askar al-Battar* 7 (April 2004), S. 23–32

63 *al-Hayat* vom 2. Mai 2005 (Fünf Ausländer und vier Terroristen tot)
64 New York Times vom 31. Mai 2004 (Saudi military storms complex to free hostages)
65 Financial Times vom 6. Dezember 2004 (Al-Qaeda's Red Sea Surprise)
66 New York Times vom 30. Dezember 2004 (Suicide Bomber attacks Saudi Arabia's Interior Ministry)
67 Schanzer, Yemen's War on Terror, S. 526
68 Glosemeyer, Iris: Jemen: Staatsbildung mit Hindernissen, in: Schneckener, Ulrich (Hrsg.): States at Risk. Fragile Staaten als Sicherheits- und Entwicklungsproblem, SWP-Studie, Berlin November 2004, S. 124
69 Ebd., S. 129
70 Zu den Hintergründen des Attentats vgl. Carapico, Sheila/Lisa Wedeen/Anna Wuerth: The Death and Life of Jarallah Omar, in: Middle East Report Online, December 31, 2002 (http://www.merip.org/mero/mero123102.html)
71 Washington Post vom 11. November 2004 (Seeking salvation in a city of insurgents)
72 Weir, Shelagh: A Clash of Fundamentalisms: Wahhabism in Yemen, in: Middle East Report Online 204 (July-September 1997 (http://www.merip.org/mer/mer204/weir.htm)
73 Burgat, François/Muhammad Sbitli: Les Salafis au Yémen ou ... la modernisation malgré tout, in: Chroniques yéménites 2002, S. 21 f. (http://cy.revues.org/document137.html)
74 Stiftl, Yemeni Islamists, S. 261
75 Rougier, Bernard: Yemen 1990–1994: la logique du pacte politique mise en échec, in: Leveau, Remy/Franck Mermier, Udo Steinbach (Hrsg.): Le Yemen contemporain, Paris 1999, S. 101–140 (S. 113)
76 Whitaker, Brian: Yemen and Osama Bin Laden, August 1998 (http://www.al-bab.com/yemen/data/laden.htm)
77 Gunaratna, Inside Al Qaeda, S. 140; Burke, Al-Qaeda, S. 129
78 Schanzer, Yemen's War on Terror, S. 523
79 Yemen: Coping with terrorism and violence (ICG), S. 16
80 Abu Hamza and the Supporters of Shariah (http://www.al-bab.com/yemen/hamza/hamza1.htm)
81 Erklärung der Helfer des Islam vom 11. Oktober 1998 (http://www.al-bab.-com/yemen/hamza/sos1.htm)
82 Los Angeles Times vom 22. November 2002 (Al Qaeda figure in custody)
83 New York Times vom 18. September 2002 (U.S. moves commandos to East Africa)
84 New York Times vom 11. Oktober 2002 (Preliminary investigation indicates oil tanker was attacked)
85 New York Times vom 12. Oktober 2003 (Unclear danger: Inside the Lackawanna terror case)
86 The Telegraph vom 16. Januar 2005 (Qatar hands back Moscow agents jailed for murder)
87 *ash-Sharq al-Ausat* vom 25. April 2003 (Jemen: 31 Persönlichkeiten, darunter Schriftsteller, Journalisten und Politiker auf einer Todesliste ...)

88 Time Magazine vom 4. August 2003 (Missionaries under cover)
89 Los Angeles Times vom 18. März 2004 (Evangelicals flock into Iraq on a mission of faith)
90 Gulf News vom 9. September 2003 (Yemeni extremists set conditions for surrender and dialogue)
91 Hoffman, Terrorismus, S. 78–82
92 Roberts, Hugh: From Radical Mission to Equivocal Ambition: The Expansion and Manipulation of Algerian Islamism, 1979–1992, in: Marty, Martin E./R. Scott Appleby (eds.): Accounting for Fundamentalisms: The Dynamic Characters of Movements, Chicago 1994, S. 428–489 (S. 440, 442).
93 Burgat/Dowell, Islamic Movement, S. 265–268
94 New York Times vom 14. Januar 2001 (One man and a global web of violence)
95 Willis, The Islamist Challenge, S. 162–164
96 Zunächst war die Rede von Bewaffneten Islamischen Gruppen (Groupes Islamiques Armés oder *al-Jama'at al-Islamiya al-Musallaha*), eine Bezeichnung, die für viele militante Gruppierungen verwandt wurde, bevor sich der Begriff zum Singular wandelte und eine bestimmte Organisation bezeichnete. Dieser Prozess ähnelt der Entwicklung der ägyptischen Islamischen Gemeinschaften (*al-Jama'at al-Islamiya*) hin zur Islamischen Gemeinschaft (*al-Jama'a al-Islamiya*).
97 Einige Schätzungen belaufen sich auf bis zu 150000 Toten. New York Times vom 21. Juni 2004 (Militant slain in Algeria)
98 Islamism, Violence and Reform in Algeria (ICG), S. 10
99 Auda, Normalization, S. 397 f.
100 U.S. Embassy Bombing Transcript, Day 2, February 6, 2001; 'Abdalhakim, 'Umar (Abu Mus'ab as-Suri): *Mukhtasar Shahadati 'ala l-Jihad fi-l-Jaza'ir*, o. O., o. J. [2004], S. 13
101 Burgat/Dowell, Islamic Movement, 320 f.
102 Islamism, Violence and Reform in Algeria (ICG), S. 13
103 Benramdane, Djamel: Rouages d'une guerre secrète, in: Le Monde Diplomatique, März 2004, S. 6
104 Willis, The Islamist Challenge, S. 283 f.
105 U.S. Department of State: Patterns of Global Terrorism 1995, Washington D.C. 1994 (Länderkapitel Frankreich)
106 Abu Mus'ab as-Suri selbst hat seine Zeit in London und sein Verhältnis zu Abu Qutada beschrieben in: *Mukhtasar Shahadati 'ala l-Jihad fi-l-Jaza'ir*, o. O., o. J. [2004]
107 Gunaratna, Inside Al Qaeda, S. 138
108 Schanzer, Jonathan: Algeria's GSPC and America's War on Terror, PolicyWatch 666, October 2, 2002 (http://www.washingtoninstitute.org/ template C05.php?CID=1544)
109 *al-Hayat* vom 8. Juni 2002, zitiert nach: BBC Monitoring Service – UK, June 12, 2002 (Al-Qa'ida said attempting to unify armed groups in Algeria) Daly, Sara: The Algerian Salafist Group for Call and Combat: A Dossier, in: The Jamestown Foundation Terrorism Monitor 3 No. 5 (March 10, 2005), S. 6

110 New York Times vom 11. Mai 2004 (U.S. training African forces to uproot terrorists)

111 *ash-Sharq al-Ausat* vom 12. Mai 2004 (Algerien: Helfer von Hattab richteten ihn hin)

112 Schanzer, Jonathan: Countering Algerian Terror: Increased U.S. Involvement?, PolicyWatch 801, October 28, 2003 (http://www.washingtoninstitute.org/templateC05.php?CID=1679)

113 «*Bayan harb al-ajanib*» vom 6. Juni 2004 (http://www.alm2sda.net/vb/showthread.php?t=9049)

114 Le Monde vom 28. Juni 2005 (Le GSPC algérien menacerait la France)

115 So der GSPC-Funktionär Abu 'Umar 'Abdalbirr im Gespräch mit dem online-Magazin *al-Fath* im Januar 2005 (http://www.globalterroralert.com/pdf/0105/gspc0105-5.pdf)

4. Islamistische Terroristen im Irak

1 Zu einer Fallstudie libanesischer Jugendlicher aus dem östlichen Bekaa-Tal, die in den Irak zogen, vgl. *al-Hayat* vom 14. Oktober 2004 (Libanesische *Mujahidin* kämpften in Samarra ...)

2 Hoffman, Bruce: Insurgency and Counterinsurgency in Iraq, Rand Occasional Paper, June 2004, S. 12; *ash-Sharq al-Ausat* vom 5. Januar 2005; New York Times vom 17. Februar 2005

3 New York Times vom 15. Mai 2005 (Some Sunnis hint at peace terms ...)

4 *ash-Sharq al-Ausat* vom 5. Januar 2005; Los Angeles Times vom 11. Januar 2005

5 *ash-Sharq al-Ausat* vom 5. Mai 2005 (Bagdad verhaftet einen der Söhne Sab'awi Ibrahims)

6 Hodges, David: Assessing the Iraqi Sunni Resistance, in: Policywatch 779, August 11, 2003 (http://www.washingtoninstitute.org/templateC05.php?CID=1657)

7 International Herald Tribune vom 10. Januar 2005 (A French ex-hostage describes his ordeal)

8 Bruce Hoffman spricht von 200 bis 400 Personen. Hoffman, Insurgency, S. 12 f. Diese Zahl ist zu niedrig, berücksichtigt man, dass im Internet Listen von weit über 100 toten ausländischen Kämpfern kursieren

9 Vgl. z. B. den Bericht über die Rekrutierung und den Reiseweg des Kuwaitis Faisal al-Mutairi. *ash-Sharq al-Ausat*, vom 16. Juni 2004

10 Washington Post vom 23. November 2004 (Iraq's forbidding «triangle of death» ...)

11 Neue Zürcher Zeitung vom 12. Mai 2005 (Fünf Autobomben an einem Morgen im Irak)

12 *ash-Sharq al-Ausat* vom 11. November 2004 (Bewaffnete breiten sich in den Straßen von Mosul aus)

13 Shourush, Sami: Islamist Fundamentalist Movements Among the Kurds, in: Abdul-Jabar, Faleh: Ayatollahs, Sufi and Ideologues. State, Religion and Social Movements in Iraq, London 2002, S. 177–182 (S. 180)

14 Die Kampagne wurde nach der Koransure *al-Anfal* (Die Beute) benannt
15 Rubin, Michael: The Islamist Threat in Iraqi Kurdistan, in: Middle East Intelligence Bulletin 3, No. 12 (December 2001) (http://www.meib.org/articles/0112_ir1.htm)
16 *ash-Sharq al-Ausat* vom 28. September 2001 (Ein Dokument, das *ash-Sharq al-Ausat* erhalten hat, deckt auf: Bin Laden gab seinen Segen zur Gründung der kurdischen *Jund al-Islam*)
17 *ash-Sharq al-Ausat* vom 11. September 2001 (Eine kurdische fundamentalistische Bewegung droht mit der Erklärung des *jihad* gegen die säkularen Parteien im Nordirak)
18 Rubin, Islamist Threat
19 Zu Krekar vgl. New York Times vom 14. Dezember 2003 (An Islamic terrorism suspect …)
20 Radical Islam in Iraqi Kurdistan: The Mouse that Roared?, ICG Middle East Briefing, 07 February 2003, S. 4
21 New York Times vom 10. August 2003 (Terror group seen as back inside Iraq)
22 «Erklärung der Führung der Armee der Helfer der Sunna» (*Bayan sadir min qiyadat Jaish Ansar as-Sunna*), 20. September 2004 (http://ansar-alsunnah.i8.com/Bayan_Sader.htm)
23 Diese Information verdanke ich Herrn Amin Sulaiman, Berlin. Die irakischen Behörden gehen auch davon aus, dass es sich um ein und dieselbe Person handelt. *ash-Sharq al-Ausat* vom 7. Juni 2005 (Bagdad setzte eine Belohnung für die Ergreifung des Führers der *Ansar as-Sunna* aus)
24 New York Times vom 2. Februar 2004 (56 Kurds killed in suicide blasts)
25 Der Titel des Dokumentes lautete: «Die Angriffe von Irbil». Es wurde veröffentlicht auf: http://ansar-alsunnah.i8.com/Arbeel.htm. Diese Seite ist mittlerweile gesperrt. Man findet die Webseite der Organisation an stetig wechselnden Standorten
26 El Mundo vom 5. Oktober 2003 (No somos terroristas, echaremos a los invasores con la guerrilla)
27 Spiegel Online vom 31. August 2004 (Zwölf nepalesische Geiseln umgebracht)
28 Eine Liste mehrerer Selbstmordattentäter, die in einem Propagandavideo der Organisation auftauchen, findet sich in: *al-Hayat* vom 27. Februar 2004 («Die Armee der Helfer der Sunna» ruft zum *jihad* auf)
29 Einen Überblick über das italienische Netzwerk bietet: Dambruoso, Stefano (con Guido Olimpio): Milano Bagdad. Diario di un magistrato in prima linea nella lotta al terrorismo islamico in Italia, Milano 2004
30 *ash-Sharq al-Ausat* vom 13. Mai 2005 (Gefängnis für zwei Iraker in Schweden …)
31 Zu Zarqa vgl. *al-Hayat* vom 14. Dezember 2004 (Die «Zarqawis» in Jordanien)
32 Saif al-'Adl bestätigte im Juni 2005, dass Zarqawi keinen Gefolgschaftseid geleistet hatte. «Der jihadistische Lebenslauf des Führers, des Menschenschlächters Abu Mus'ab az-Zarqawi» (http://www.qal3ati.net/vb/showthread.php?t=125862)

33 Christian Science Monitor vom 11. Mai 2004 (How terror groups vied for a player)
34 Ebd.
35 *al-Hayat* (London) vom 8. November 2004 («Die arabischen *Mujahidin*» im Irak sind 2000 ...)
36 Der Attentäter soll der Jordanier Yasin Jarrad gewesen sein, ein Schwiegervater Zarqawis. Vgl. *al-Hayat* vom 14. Dezember 2004 (Die «Zarqawis» in Jordanien ...)
37 Der Text findet sich in: http://www.tawhed.ws/a?i=249
38 New York Times vom 9. Oktober 2004 (Video shows beheading of kidnapped British engineer)
39 Der Brief wurde zweisprachig auf der Webseite der Coalition Provisional Authority veröffentlicht. Vgl. http://cpa-iraq.org/transcripts/20040212_zarqawi_full.html
40 New York Times vom 3. März 2004 (At least 143 die in attacks at two sacred sites in Iraq)
41 Die Audiobotschaft erschien am 6. April auf verschiedenen islamistischen Webseiten. «Text of Al-Zarqawi message threatening more attacks» (http://www.fas.org/irp/world/para/zarqawi040604.html)
42 Zu seiner Biographie und seinen Kontakten ins militante Lager vgl. *al-Hayat* vom 23. September 2004 (Die Zarqawi-Gruppe verliert ihren «Mufti» ...)
43 *ash-Sharq al-Ausat* vom 22. September 2004 (Fundamentalisten bestätigen den Tod von Abu Anas ...)
44 Schanzer, Jonathan: Inside the Zarqawi Network, in: Weekly Standard vom 16. August 2004 (http://washingtoninstitute.org/media/schanzer/schanzer081604.htm)
45 Hoffman, Insurgency, p.12 f.; Schanzer, Zarqawi Network; zu den höheren, von der Bush-Administration zitierten Zahlen vgl. New York Times vom 28. Oktober 2003
46 *al-Hayat* vom 2. Februar 2005 (Die «kuwaitischen Afghanen» kehrten aus dem Irak zurück)
47 Vgl. den Bericht über die Rekrutierung und die Reise des Kuwaitis Faisal al-Mutairi. *ash-Sharq al-Ausat* vom 16. Juni 2004
48 Zu Hadid vgl. Sunday Times vom 7. November 2004 (Suicide squads await US troops' assault on Falluja)
49 *al-Hayat* vom 10. September 2004 (az-Zarqawi: Eine islamische Regierung im Irak ...)
50 «Botschaft an die Muslime im Irak im Besonderen und an die muslimische Gemeinschaft (*umma*) im Allgemeinen, von Shaikh Usama b. Muhammad Bin Laden (Arabisch)»; Text im Besitz des Autors

Glossar und Abkürzungsverzeichnis

al-Afghani	der Afghane (als Bestandteil von Aliasnamen, bezeichnet meist arabische Afghanistanveteranen)
Al Ghamid	Stamm im südwestlichen Saudi-Arabien
amir	wörtl. Fürst, Emir; Führer einer islamistischen Organisation oder militanten Zelle
Ansar	Helfer; die ersten Unterstützer des Propheten Muhammad in Medina
'Ashura	der 10. Tag des ersten Monats des islamischen Jahres, *muharram*. Die Schiiten erinnern an diesem Tag in Passionsspielen an den Tod des Prophetenenkels Husain 680 in Kerbela
bai'a	Gefolgschaftseid
al-Balushi	der Belutsche (als Bestandteil von Aliasnamen)
Baath-Partei	Wiedererweckungspartei
Bani Shihr	Stamm im südwestlichen Saudi-Arabien
al-Britani	der Brite (als Bestandteil von Aliasnamen)
fard 'ain	individuelle Glaubenspflicht des Muslim
fard kifaya	kollektive Glaubenspflicht der Muslime
fatwa	Gutachten im islamischen Recht, durch einen Mufti ausgestellt (Pl. *fatawa*)
al-Filastini	der Palästinenser (als Bestandteil von Aliasnamen)
fiqh	Rechtswissenschaft
fitna	wörtl. Heimsuchung; auch Bürgerkrieg; für die militanten Islamisten alles, was die Einheit der Gemeinschaft der Muslime beeinträchtigen kann, von der Sünde des Individuums bis zu Konflikten in Glaubensfragen
FLN	(algerische) Nationale Befreiungsfront (Front de Libération National)
GIA	(algerische) Bewaffnete Islamische Gruppe (Groupe Islamique Armé)
GID	General Intelligence Department, jordanischer Geheimdienst
GSPC	(algerische) Salafistische Gruppe für Predigt und Kampf (Groupe Salafiste pour la Prédication et le Combat)
al-Haramain	die beiden heiligen Stätten, gemeint sind Mekka und Medina
hijra	der Auszug des Propheten Muhammad aus Mekka nach Medina im Jahr 622; gleichzeitig Beginn der islamischen Zeitrechnung

al-Hindi	der Inder (als Bestandteil von Aliasnamen)
'id al-adha	Opferfest
Imam	Vorbeter; Nachfolger des Propheten im schiitischen Islam
iman	Glaube
ISI	Directorate of Inter-Services Intelligence, der pakistanische militärische Geheimdienst
jihad	hier: heiliger Krieg; bezeichnet im Allgemeinen Bemühungen im Dienste des Glaubens
Jihadist	militanter Islamist, der unter dem Begriff *jihad* in erster Linie den heiligen Krieg versteht und militante Vorgehensweisen zumindest propagiert
al-Libi	der Libyer (als Bestandteil von Aliasnamen)
Madrasa	Religionsschule
Mahdi	der Rechtgeleitete, eine Messias-ähnliche Figur in der sunnitischen Tradition
Majlis ash-Shura	Konsultativrat; Name des Leitungsgremiums vieler militanter islamistischer Organisationen
al-Maqdisi	der aus Jerusalem (*Bait al-Maqdis*) stammt
al-Misri/Masri	der Ägypter (als Bestandteil von Aliasnamen)
muharram	erster Monat des islamischen Kalenders
Mujahidin	Glaubenskämpfer; diejenigen, die den *jihad* führen (arab. *mujahid*, Pl. *mujahidun*)
Mufti	Rechtsgutachter, derjenige, der ein *fatwa* verfasst oder abgibt
al-Muritani	der Mauretanier (als Bestandteil von Aliasnamen)
Salafismus	eine traditionelle Spielart des Islamismus
Salafiya	islamische Reformbewegung des 19. Jahrhunderts
salat	rituelles Gebet, eine der fünf Säulen des Islam
al-Salti	der aus Salt stammt (Stadt in Jordanien)
saum	das Fasten im Monat Ramadan, eine der fünf Säulen des Islam
ash-Shami	der Syrer oder Damaszener (als Bestandteil von Aliasnamen), wird häufig als Bezeichnung für Bewohner des historischen Großsyrien (*Bilad ash-Sham* = Syrien, Libanon, Jordanien, Israel/Palästina) verwandt
shari'a	das geoffenbarte Gesetz des Islam
shura	Konsultation
Sufiorden	Mystikerorden
Sunna	Sammlung der Überlieferungen über Aussagen und Taten des Propheten Muhammad und seiner Gefährten, nach dem Koran die wichtigste Rechtsquelle der Sunniten
Suri	der Syrer (als Bestandteil von Aliasnamen)
takfir	Exkommunikation, wörtlich: das Erklären einer Person für ungläubig

takfiri	derjenige, der Muslime exkommuniziert und sie damit für vogelfrei erklärt (Pl. *takfiriyun*)
tauhid	Monotheismus, zentraler Bestandteil der islamischen Glaubenslehre; häufiger Bestandteil der Namen militanter Gruppierungen
umma	Gemeinschaft aller Muslime
usul al-fiqh	Methodik der Rechtswissenschaft
'Utaiba	Nomadenstamm aus Zentralarabien
al-Yamani	der Jemenit (als Bestandteil von Aliasnamen)
yasa	Gewohnheitsrecht der Mongolen
az-Zarqawi	der aus Zarqa (Stadt in Jordanien) stammt

Anschläge islamistischer Terroristen seit 1974

18. April 1974	Überfall auf die Militärakademie in Heliopolis/Kairo
3. Juli 1977	Entführung und anschließende Ermordung des ehemaligen ägyptischen Ministers für Islamische Stiftungen, Muhammad adh-Dhahabi
6. Oktober 1981	Attentat auf den ägyptischen Präsidenten Sadat in Kairo
18. April 1983	Anschlag auf die amerikanische Botschaft in Beirut (63 Tote)
23. Oktober 1983	Selbstmordanschläge auf amerikanische und französische Truppencamps in Beirut (242 tote Amerikaner und 58 tote Franzosen)
8. Juni 1992	Ermordung des ägyptischen Intellektuellen Faraj Foda in Kairo
29. Dezember 1992	Bombenanschläge auf zwei Hotels in Aden/Jemen (2 Tote)
26. Februar 1993	Explosion einer Autobombe im World Trade Center (6 Tote)
17. März 1993	Explosion einer Autobombe vor der israelischen Botschaft in Buenos Aires (29 Tote)
18. August 1993	Gescheiterter Attentatsversuch auf den ägyptischen Innenminister Hasan al-Alfi in Kairo
25. November 1993	Gescheiterter Attentatsversuch auf den ägyptischen Ministerpräsidenten 'Atif Sidqi (1 Toter)
18. Juli 1994	Bombenexplosion in jüdischem Gemeindezentrum in Buenos Aires (96 Tote)
24. August 1994	Anschlag auf spanische Touristen in Marrakesch (2 Tote)
24. Dezember 1994	Entführung eines Flugzeugs der Air France in Algier; in Marseille von Sicherheitskräften gestürmt
26. Juni 1995	Attentat auf den ägyptischen Präsidenten Mubarak in Addis Abeba
25. Juli 1995	Bombenanschlag auf einen Pariser U-Bahn-Zug (7 Tote)
19. November 1995	Bombenanschlag auf die ägyptische Botschaft in Islamabad (16 Tote)
27. März 1996	Entführung und anschließende Ermordung von sieben französischen Mönchen in Algerien
18. April 1996	Feuerüberfall auf griechische Touristengruppe in Kairo (18 Tote)

25. Juni 1996	Autobombenanschlag auf die Khobar Towers/Saudi-Arabien (19 Tote)
3. Dezember 1996	Bombenanschlag in Pariser Metro (4 Tote)
17. November 1997	Feuerüberfall auf eine europäische Touristengruppe in Luxor (58 Tote)
7. August 1998	Doppelanschlag auf die amerikanischen Botschaften in Nairobi und Daressalam (225 Tote)
12. Oktober 2000	Anschlag auf die USS-Cole im Hafen von Aden/Jemen (17 Tote)
9. September 2001	Mordanschlag auf den Führer der afghanischen Nordallianz, Ahmed Shah Mas'ud
11. September 2001	Anschläge auf das World Trade Center und das Pentagon
13. Dezember 2001	Feuerüberfall auf das indische Parlament durch Lashkar-e Tayyiba und Jaish-e Mohammed
23. Januar 2002	Entführung (und anschließende Enthauptung) des Journalisten Daniel Pearl in Pakistan
11. April 2002	Explosion eines Lastwagens nahe der El Ghriba Synagoge auf Jerba/Tunesien (19 Tote)
8. Mai 2002	Autobombenanschlag auf französische Ingenieure in Karatschi (14 Tote)
14. Juni 2002	Bombenanschlag auf das amerikanische Konsulat in Karatschi
6. Oktober 2002	Anschlag auf den französischen Öltanker Limburg vor dem jemenitischen Hafen Mukalla (1 Toter)
8. Oktober 2002	Feuerüberfall auf amerikanische Soldaten auf der kuwaitischen Insel Failaka (1 Toter)
12. Oktober 2002	Bombenanschlag vor Diskothek im indonesischen Bali (202 Tote)
28. November 2002	Anschlag auf Ferienhotel und israelisches Flugzeug in Mombasa/Kenia (13 Tote)
12. Mai 2003	Anschläge auf Wohnsiedlungen in Riad/Saudi-Arabien (34 Tote)
16. Mai 2003	Bombenattentate von Casablanca/Marokko (33 Tote)
7. August 2003	Explosion einer Autobombe vor der jordanischen Botschaft in Bagdad (19 Tote)
19. August 2003	Autobombenanschlag auf das Hauptquartier der UN in Bagdad (23 Tote, darunter der UN-Sondergesandte Sergio di Mello)
29. August 2003	Autobombenanschlag auf den schiitischen Spitzenpolitiker Muhammad Baqir al-Hakim in Najaf, Irak (mehr als 80 Tote)
27. Oktober 2003	Selbstmordattentate auf die Zentrale des Internationalen Roten Kreuzes und vier Polizeiwachen in Bagdad (40 Tote)

8. November 2003	Autobombenanschlag auf die Wohnsiedlung *al-Muhayya* in Riad (17 Tote)
12. November 2003	Autobombenanschlag auf das Hauptquartier der italienischen Truppen in Nasiriya, Irak (mehr als 30 Tote, darunter 19 Italiener)
15. November 2003	Zwei Autobombenanschläge auf Synagogen in Istanbul (25 Tote)
20. November 2003	Zwei Autobombenanschläge auf das britische Konsulat und eine Filiale der britischen HSBC-Bank in Istanbul (63 Tote)
14. Dezember 2003	Bombenanschlag auf den pakistanischen Präsidenten Musharraf in Rawalpindi
25. Dezember 2003	Autobombenanschlag auf den pakistanischen Präsidenten Musharraf in Rawalpindi
31. Dezember 2003	Explosion einer Autobombe vor dem Restaurant Nabil in Bagdad (8 Tote)
18. Januar 2004	Autobombenanschlag vor der US-Zivilverwaltung in Bagdad (mindestens 18 Tote)
1. Februar 2004	Doppelanschlag auf Parteibüros der kurdischen KDP und PUK in Irbil (109 Tote)
2. März 2004	Serie fast zeitgleicher Anschläge auf Schiiten an den Schreinen der Imame Husain und Musa al-Kazim in Bagdad und Kerbela (rund 180 Tote)
11. März 2004	Bombenanschläge auf vier Vorortzüge in Madrid (191 Tote)
1. Mai 2004	Feuerüberfall auf Büros eines Öldienstleisters in Yanbu/Saudi-Arabien (4 Tote)
29. Mai 2004	Feuerüberfall und Geiselnahme im saudi-arabischen Khobar (22 Tote)
9. September 2004	Bombenanschlag auf die australische Botschaft in Jakarta/Indonesien (9 Tote)
7. Oktober 2004	Drei zeitgleiche Bombenanschläge in Ferienorten auf der Sinaihalbinsel (34 Tote)
6. Dezember 2004	Feuerüberfall auf das amerikanische Konsulat in Jidda (9 Tote)
29. Dezember 2004	Autobombenanschläge auf das Innenministerium und Basis der Sondereinsatztruppen des Innenministeriums in Riad (3 Tote)
28. Februar 2005	Autobombenanschlag auf Warteschlange vor einem Krankenhaus in Hilla (132 Tote, überwiegend Schiiten)
19. März 2005	Bombenanschlag nahe britischer Schule in Qatar (1 Toter)
7. April 2005	Bombenanschlag auf Touristen in Kairo (4 Tote)
30. April 2005	Selbstmordattentate auf Touristen in Kairo (3 Tote)
7. Juli 2005	Bombenanschläge auf drei U-Bahnzüge und einen Omnibus in London (56 Tote)

21. Juli 2005	Gescheiterte Bombenanschläge auf drei U-Bahnzüge und einen Omnibus in London (keine Opfer)
23. Juli 2005	Drei zeitgleiche Bombenanschläge im Urlaubsort Sharm ash-Shaikh/Sinai (64 Tote)

Ausgewählte europäischsprachige Literatur

Abou Zahab, Mariam/Olivier Roy: Islamist Networks. The Afghan-Pakistan Connection, London 2004

Red Alert In Jordan: Recurrent Unrest in Maan, ICG Middle East Briefing, 19 February 2003 (www.crisisweb.org)

Auda, Gehad: The Normalization of the Islamic Movement in Egypt from the 1970s to the early 1990s, in: Marty, Martin E./R. Scott Appleby (eds.): Accounting for Fundamentalisms: The Dynamic Characters of Movements, Chicago 1994, S.374–412

Bergen, Peter: Heiliger Krieg Inc. Osama Bin Ladens Terrornetz, Aktualisierte Ausgabe, Berlin 2003

Burgat, Francois/William Dowell (Hrsg.): The Islamic Movement in North Africa, New Edition, Austin 1997

Burke, Jason: Al-Qaeda. Casting a Shadow of Terror, London/New York 2003

The 9/11 Commission Report. Final Report of the National Commission on Terrorist Attacks upon the United States, Washington 2004

Darif, Mohamed: El Grupo Combatiente Marroquí (ARI), Análisis del Real Instituto Elcano, Madrid (23/3/2004) (http://www.realinstitutoelcano.org/analisis/453.asp)

Echeverría Jesús, Carlos: Los Terroristas de Origen Magrebí en el Yihadismo Internacional: Su Activismo en Europa y en el Mundo (Enero 2005), Madrid 2005 (http://www.uned.es/investigacion/publicaciones/Cuadernillo%20Enero05.pdf)

Fandy, Mamoun: Saudi Arabia and the Politics of Dissent, London 1999

Fawzi, Issam/Ivesa Lübben: Die ägyptische *Jama'a al-islamiya* und die Revision der Gewaltstrategie, Deutsches Orient-Institut Hamburg (DOI-Focus Nr. 15), Juli 2004

Glosemeyer, Iris: Jemen: Mehr als ein Rückzugsgebiet für al-Qa'ida, Hamburg: Deutsches Orient-Institut (= DOI-Focus 10), April 2003

Gunaratna, Rohan: Inside Al Qaeda. Global Network of Terror, New York 2002

Hartung, Jan-Peter/Guido Steinberg: Islamistische Gruppen und Bewegungen, in: Ende, Werner/Steinbach, Udo (Hrsg.): Der Islam in der Gegenwart, München[5] 2005 (im Druck)

Hoffman, Bruce: Terrorismus. Der unerklärte Krieg. Neue Gefahren politischer Gewalt, 4. Aufl., Frankfurt/M. 2002

Ibrahim, Saad Eddin: Anatomy of Egypt's Militant Islamic Groups. Methodological Notes and Preliminary Findings, in: International Journal of Middle East Studies 12 (1980) S. 423–453

Radical Islam in Iraqi Kurdistan: The Mouse that Roared?, ICG Middle East Briefing, 07 February 2003

Islamism in North Africa I: The Legacies of History, ICG Middle East and North Africa Briefing, 20 April 2004 (www.crisisweb.org)

Islamism in North Africa II: Egypt's Opportunity, ICG Middle East and North Africa Briefing, 20 April 2004 (www.crisisweb.org)

Islamism, Violence and Reform in Algeria: Turning the Page (Islamism in North Africa III), ICG Middle East Report No 29, 30 July 2004 (www.crisisweb.org)

Jansen, Johannes: The Neglected Duty: The Creed of Sadat's Assassins and Islamic Resurgence in the Middle East, New York 1986

Juergensmeyer, Mark: Terror in the Mind of God: The Global Rise of Religious Violence, Third Edition, University of California Press 2003

Kepel, Gilles: Die neuen Kreuzzüge, Frankfurt/M. 2004

Kepel, Gilles: Der Prophet und der Pharao. Das Beispiel Ägypten: Die Entwicklung des muslimischen Extremismus, München und Zürich 1995

Kepel, Gilles: Das Schwarzbuch des Dschihad. Aufstieg und Niedergang des Islamismus, München und Zürich 2002

Krämer, Gudrun: Gottes Staat als Republik. Reflexionen zeitgenössischer Muslime zu Islam, Menschenrechten und Demokratie, Baden-Baden 1999

Laqueur, Walter: Krieg dem Westen. Terrorismus im 21. Jahrhundert, München 2003

Lesch, Ann M.: Osama Bin Laden's Business in Sudan, in: Current History 101 (May 2002), No. 655, S. 203–209

Milton-Edwards, Beverley: Climate of Change in Jordan's Islamist Movement, in: Sidahmed, Abdel Salam/Anoushiravan Ehteshami (Hrsg.): Islamic Fundamentalism, Boulder 1996, S. 123–142

Münkler, Herfried: Die neuen Kriege, 4. Aufl., Hamburg 2003

Nasr, Vali: Regional Implications of Shi'a Revival in Iraq, in: the Washington Quarterly 27, No.3 (Summer 2004), S.7–24

Nesser, Petter: Jihad in Europe – A survey of the motivations for Sunni Islamist terrorism in post-millenium Europe, FFI/Rapport-2004/0116 (http://www.mil.no/multimedia/archive/00043/Jihad_in_Europe_43302a.pdf)

Nesser, Petter: The Slaying of the Dutch Filmmaker – Religiously motivated violance or Islamist terrorism in the name of global jihad? FFI/Rapport-2005/00376 (http://www.mil.no/felles/ffi/start/article.jhtml?articleID=94516)

Rashid, Ahmed: Heiliger Krieg am Hindukusch. Der Kampf um Macht und Glauben in Zentralasien, München 2002

Rashid, Ahmed: Taliban. Afghanistans Gotteskrieger und der Dschihad, München 2001

Roussillon, Alain: Entre Al-Jihad et Al-Rayyan: phènoménologie de l'islamisme égyptien, in: Maghreb-Machrek Nr. 127, Januar-März 1990, S. 5–50

Roy, Olivier: L'échec de l'Islam politique, Paris 1992 [engl. Übers.: The Failure of Political Islam, London (u. a.) 1995]
Roy, Olivier: L'Islam mondialisé, Paris 2002 [engl. Übers.: Globalised Islam. The Search for a New Ummah, London 2004]
Rubin, Barry/Judith Colp Rubin (eds.): Anti-American Terrorism and the Middle East. A Documentary Reader, Oxford 2002
Rubin, Michael: The Islamist Threat in Iraqi Kurdistan, in: Middle East Intelligence Bulletin 3, No. 12 (December 2001) (http://www.meib.org/articles/0112_ir1.htm)
Rubin, Michael: Ansar al-Sunna: Iraq's New Terrorist Threat, in: Middle East Intelligence Bulletin 6, No. 5 (May 2004) (http://www.meib.org/articles/0405_iraq1.htm)
Sageman, Marc: Understanding Terror Networks, Philadelphia 2004
Saudi Arabia Backgrounder: Who are the Islamists, ICG Middle East Report No 31, 21 September 2004 (www.crisisweb.org)
Schanzer, Jonathan: Yemen's War on Terror, in: Orbis (Summer 2004), S. 517–531
Schneckener, Ulrich: Transnationale Terroristen als Profiteure fragiler Staatlichkeit, SWP-Studie/S 18, Mai 2004 (http://www.swp-berlin.org/common/get_document.php?id=866)
Schneckener, Ulrich: Netzwerke des Terrors. Charakter und Strukturen des transnationalen Terrorismus, SWP-Studie/S 42, Dezember 2002 (http://www.swp-berlin.org/common/get_document.php?id=169)
Schröm, Oliver: Al Qaida. Akteure, Strukturen, Attentate, Berlin 2003
Shourush, Sami: Islamist Fundamentalist Movements Among the Kurds, in: Abdul-Jabar, Faleh: Ayatollahs, Sufi and Ideologues. State, Religion and Social Movements in Iraq, London 2002, S. 177–182
Sikand, Yoginder: Islamist Militancy in Kashmir: The Case of the Lashkar-i Tayyeba (http://www.sacw.net/DC/CommunalismCollection/ArticlesArchive/sikand20Nov2003.html)
Sivan, Emmanuel: Radical Islam. Medieval Theology and Modern Politics, Enlarged Edition, New Haven and London 1990
Steinberg, Guido: Der neue Bin Laden?, in: Internationale Politik 2/2005, S. 78–85
Steinberg, Guido: Der Islamismus im Niedergang? Anmerkungen zu den Thesen Gilles Kepels, Olivier Roys und zur europäischen Islamismusforschung, in: Bundesministerium des Innern (Hrsg.): Islamismus, Berlin 2003, S. 19–42
Steinberg, Guido: Saudi-Arabien. Politik, Geschichte, Religion, München 2004
Steinberg, Guido: Usama bin Ladin und Saudi-Arabien. Hintergründe der Terroranschläge des 11. September, in: Konrad-Adenauer Stiftung/Auslandsinformationen 11/01, S. 4–24
Steinberg, Guido: «Es ist der Westen gegen den Islam». Wahhabiya und oppositioneller Islamismus in Saudi-Arabien, in: Ibrahim, Ferhad (Hrsg.): Islam und Islamismus in der Gegenwart, Universität Erfurt 2002, S. 69–89

Stern, Jessica: The Protean Enemy, in: Foreign Affairs 82 (July/August 2003) No. 4, S. 27–40
Stiftl, L.: The Yemeni Islamists in the Process of Democratization, in: Leveau, Remy/Franck Mermier, Udo Steinbach (Hrsg.): Le Yemen contemporain, Paris 1999, S. 247–266
Teitelbaum, Joshua: Holier than Thou. Saudi Arabia's Islamic Opposition, Washington 2000
Waldmann, Peter: Terrorismus. Provokation der Macht, München 1998
Wiktorowicz, Quintan: The Management of Islamic Activism: Salafis, the Muslim Brotherhood, and State Power in Jordan, Albany 2001
Wiktorowicz, Quintan: The New Global Threat: Transnational Salafis and Jihad, in: Middle East Policy, Vol. VIII, No. 4 (December 2001), S. 18–38
Willis, Michael: The Islamist Challenge in Algeria. A Political History, Reading 1996
Wright, Lawrence: The man behind Bin Laden, in: The New Yorker vom 16. September 2002 (www.newyorker.com)
Yemen: Coping with terrorism and violence in a fragile state, 8 January 2003, ICG Middle East Reports No 8 (www.crisisweb.org)

Über den Autor

Guido Steinberg, geb. 1968, Islamwissenschaftler, arbeitete von 2002 bis 2005 im Terrorismusreferat im Bundeskanzleramt. Seit Oktober 2005 ist er wissenschaftlicher Mitarbeiter der Stiftung Wissenschaft und Politik in Berlin. Zahlreiche Publikationen zu Saudi-Arabien, Islamismus und Terrorismus. Von ihm liegen bei C.H. Beck vor: Saudi-Arabien. Politik – Geschichte – Religion (2004); (Zus. mit Jan-Peter Hartung) Islamistische Gruppen und Bewegungen, in: Ende, Werner/Steinbach, Udo (Hrsg.): Der Islam in der Gegenwart (2005); Saudi-Arabien, in: Ebd.

Register

Aus dem Verlagsprogramm

Länderkunden bei C.H.Beck – eine Auswahl

Ralf Balke
Israel
2., durchgesehene und aktualisierte Auflage. 2002
214 Seiten mit 26 Abbildungen und 6 Karten. Paperback
Beck'sche Reihe Band 886

Dietmar Herz
Palästina
Gaza und Westbank
Geschichte - Politik - Kultur
5., völlig überarbeitete und aktualisierte Auflage. 2003
252 Seiten mit 9 Abbildungen und 13 Karten. Paperback
Beck'sche Reihe Band 1433

Guido Steinberg
Saudi-Arabien
Politik – Geschichte – Religion
2004. 197 Seiten mit 16 Abbildungen und und 3 Karten
Paperback
Beck'sche Reihe Band 1605

Werner Herzog
Spanien
4., neubearbeitete Auflage. 1998
197 Seiten mit 27 Abbildungen und 2 Karten. Paperback
Beck'sche Reihe Band 811

Günter Seufert/Christopher Kubaseck
Die Türkei
Politik – Geschichte – Kultur
2004. 238 Seiten mit 10 Abbildungen und 5 Karten
Paperback
Beck'sche Reihe Band 1603

Verlag C. H. Beck München

Islam – Geschichte und Gegenwart

Werner Ende/Udo Steinbach
Der Islam in der Gegenwart
Entwicklung und Ausbreitung
Kultur und Religion
Staat, Politik und Recht
5., aktualisierte und erweiterte Auflage. 2005
1064 Seiten mit 15 Abbildungen und 1 Karte
Leinen

Navid Kermani
Schöner neuer Orient
Berichte von Städten und Kriegen
2., durchgesehene Auflage. 2003
240 Seiten mit 6 Abbildungen. Gebunden

Gudrun Krämer
Geschichte des Islam
2005. 334 Seiten mit 87 Abbildungen und 5 Karten
Gebunden

SAID
Ich und der Islam
2005. 167 Seiten. Klappenbroschur

Annemarie Schimmel
Die Zeichen Gottes
Die religiöse Welt des Islam
3., unveränderte Auflage. 2002. 404 Seiten mit
8 Kalligraphien von Shams Anwari-Alhoseyni
Leinen

Reinhard Schulze
Geschichte der islamischen Welt im 20. Jahrhundert
2., durchgesehene Auflage. 2003. 477 Seiten mit 6 Karten.
Broschierte Sonderausgabe

Verlag C. H. Beck München

Neue Orientalische Bibliothek – eine Auswahl

Die schönsten Gedichte
aus Pakistan und Indien
Islamische Lyrik aus tausend Jahren
Herausgegeben und übersetzt
von Annemarie Schimmel
1996. 262 Seiten. Leinen

Hafis/Rumi/Omar Chajjam
Die schönsten Gedichte
aus dem klassischen Persien
Übertragen von Cyrus Atabay
Herausgegeben und mit einem Nachwort
versehen von Kurt Scharf
2. Auflage. 2004. 238 Seiten. Leinen

Manfred Taube
Geheime Geschichte der Mongolen
Herkunft, Leben und Aufstieg Dschingis Khans
Aus dem Mongolischen übersetzt und kommentiert
von Manfred Taube
2005. 325 Seiten mit 1 Stammbaum und 2 Karten
Leinen

Tausendundeine Nacht
Nach der ältesten arabischen Handschrift
in der Ausgabe von Muhsin Mahdi
erstmals ins Deutsche übertragen von Claudia Ott
8. Auflage. 2005. 687 Seiten. Leinen

Der Wind wird uns entführen
Moderne persische Dichtung
Ausgewählt, übersetzt und eingeleitet von Kurt Scharf
Mit einem Nachwort von SAID.
2005. 202 Seiten. Leinen

Verlag C. H. Beck München